黎昕 ◎ 主编

闽台文化交流与合作研究

中国书籍出版社
China Book Press

目 录
CONTENTS

第一章　闽台文化渊源及其特征　　1

第一节　闽台区域历史发展的连续性和整体性　　1
第二节　闽台密不可分的文化关系　　5
第三节　闽台文化的共同特质与共生活力　　9

第二章　闽台文化交流合作的底蕴与拓展　　15

第一节　闽台文化交流合作发展的历程　　15
第二节　闽台文化交流合作的地域特征　　21
第三节　闽台文化交流合作的步步提高　　34

第三章　闽台民间文化交流与合作（上）　　43

第一节　闽台宗教文化与民间信仰的历史渊源　　44
第二节　当代闽台宗教文化与民间信仰交流的发展历程　　47
第三节　闽台宗教文化与民间信仰交流的影响　　67

第四章　闽台民间文化交流与合作（下） 73

第一节　闽台宗亲文化交流 73
第二节　闽台民间艺术、民俗文化与基层交流 93
第三节　深化闽台民间文化交流的策略选择 109

第五章　闽台文化对口交流与合作 118

第一节　闽台科技交流与合作 118
第二节　闽台教育交流与合作 127
第三节　闽台出版传媒交流与合作 142
第四节　闽台体育交流与合作 146

第六章　闽台文化产业交流与合作 154

第一节　闽台文化产业交流与合作的现状分析 155
第二节　闽台文化产业交流与合作的问题探讨 169
第三节　加强闽台文化产业交流与合作的对策思路 178

第七章　深化和拓展闽台文化交流与合作 190

第一节　深化闽台文化交流合作面临的新形势 190
第二节　深化闽台文化交流与合作的制约性因素 197
第三节　深化闽台文化交流与合作的思考与前瞻 202

主要参考文献 216
后　记 222

第一章　闽台文化渊源及其特征

闽台文化交流合作有着巨大的潜力和广阔的前景，这不仅是基于现实和前瞻性的判断，也是基于闽台文化极其深厚的历史渊源关系和共同特质。这种渊源和特质具有上千年积淀的基础，表现于文化的方方面面，渗透于两岸社会的各个层面，无论出于何种主观意志的干扰和人为切割，都是无法忽视的客观存在和无法阻断的天然联系。当两岸迎来和平发展的历史机遇，闽台历史文化关系必将在新的历史条件下焕发新的生机。

第一节　闽台区域历史发展的连续性和整体性

从足够宽广的时空视野来看，闽台区域历史上的发展，有着显著的连续性和整体性。闽台地区的早期开发，从根本上看来，是一部汉民族迁移和汉文化传播、开发东南地区的历史。在中国历史的早期，福建与台湾都属于边鄙之地，在汉族文化到来之前，发展相当缓慢。福建在汉代还被视为"瘴疠之地"；隔海相望的台湾，则一直到宋元仍处于刀耕火耨的原始生产方式。以元人汪大渊《岛夷志略》比照于被认为同为记载台湾少数民族社会状况的三国时期的《临海水土志》相关内容可以发现，台湾少数民族居民社会在这千余年间，没有多少实质的进步，台湾社会的实质进步，与福建一样，都是在汉族移民到来以后。尽管二者的发展不是同步的，但其前后时差，恰好构成一种开发顺序的时间衔接链。

汉族迁移、开发东南地区，经历了漫长、渐进和波浪起伏的过程，曾经出现三波大的开发浪潮。

第一波出现于秦汉时期，其标志性事实，就是闽越国的强盛。

秦末闽越族首领无诸率众参与推翻秦朝统治的战争，这说明闽越族深受汉族文化影响并具有了一定实力。汉朝建立后，无诸被封为闽越王。经过汉初数十年的休养生息，闽越国国力增长迅速，逐步成为南中国一支举足轻重的政治力量。鼎盛时期的闽越国，"甲卒不下数十万"，其兴旺状态甚至令王室成员联想到他们祖先勾践的辉煌霸业，曾"数举兵侵陵百越，并兼邻国，以为暴强；阴计奇策，入燔寻阳楼船，欲招会稽之地，以践勾践之迹"[①]。这样一个强盛的王国，没有一定的经济基础是不可想象的，由此可以想见当时东南区域开发的程度。

推动这波开发浪潮的主体力量虽是闽越族，但其物质和精神动力显然都来自中原汉族文化。早在战国时期，中原农业就进入了牛耕和铁制工具时代，并由此推动了一场以大片开发荒地为主题的农业革命。到战国后期，以华夏为主、夏夷融合的农业开发，已延伸到长江南岸的广大地区。汉封闽越国，为中原农业革命成果在东南地区的推广铺平了道路。南方茂密的原始森林，为矿冶业提供了丰富的燃料，从汉初开始，福建地区铁器的使用就已相当普遍，其在各方面应用的广度和深度甚至超过了中原地区。大量考古资料表明，闽越国已有大面积垦田和农耕的能力，稻作农业已成为闽越国的经济基础。这是中原汉族文化传播、影响东南地区，与闽越族生产、生活方式相结合，引起的东南区域第一波开发浪潮。

第二波出现于唐宋之间，其标志性事实，是使东南地区在宋朝达到经济文化全盛状态。

闽越国因公然反叛中央朝廷，于公元前111年被汉朝所灭。汉武帝对桀骜不驯的闽越族采取"取其民而弃其地"的策略，东南区域的发展一时陷入谷底。三

[①] 班固：《汉书》，上海古籍出版社1995年版，第623页。

国时期，东吴基于拓展领地、巩固后方的需要，派军经略闽地，增设郡县。两晋间，北方战乱，汉族南移，东南区域历史逐步走出低谷。唐至五代间，多种政治风云际会，进一步促成了东南区域的开发，并奠定了这一区域走向历史新高峰的基础。一是唐初陈政、陈元光父子受命入闽平乱，促进了闽南地区的开发；二是中唐安史之乱后，迁徙东南的汉族农民骤然增多，大片荒滩、湖泊、盐碱地和沿海滩涂被改造成良田；三是唐末、五代时，王潮、王审知入闽，对东南区域展开全面经营，使东南开发向更加综合、全面发展。

大量汉族移民的到来，是这波开发浪潮的突出特点；而农业技术创新，则是开发进程的根本动力。两宋时期，福建在围海造田、陂塘建筑、水车灌溉、品种改良、经济作物引种等方面的技术运用，都处于全国领先水平，土地开发程度被生动地描述为："水无涓滴不为用，山到崔嵬犹力耕。"以此为基础，东南区域的发展跃上了新的高峰。宋朝福建路"民安土乐业，川原浸灌，田畴膏沃，无凶年之忧"[1]，两百多年间从人口稀少地区一跃而成人口密集乃至过剩地区，制盐、制茶、制瓷、造船、矿冶等手工业全国闻名，银、铜、铅、金、铁、锡等产量居全国前列；商业经济空前发达，元代泉州被称为与埃及亚历山大港并列的世界两大巨港之一；社会事业极其繁荣，人才辈出，时人感慨："而今世之言衣冠文物之盛，必称七闽。"[2]两宋福建进士占全国总数近五分之一。总之，当时福建经济社会呈现一种全盛状态，标志着东南区域尤其是福建发展的又一个历史高峰。

第三波出现于明清以后，其标志性事实，就是台湾的开发。

台湾之为东南区域开发的一部分，其实在第二波开发浪潮的初期就已见端倪。其标志性事件就是吴国派军"浮海求夷洲及亶洲"和隋朝三次派兵入流求。这些事件说明台湾已经进入大陆政权的开发视野，只是限于技术条件，尚未能设治。宋元以后，福建开发已臻完成，其雄厚的经济技术条件及人口过剩所产生的强大辐射力，必然促使开发浪潮涌向作为东南区域表层空间的台湾这块农

---

[1] 脱脱：《宋史·地理志》，上海古籍出版社1995年版，第308页。
[2] 陈必复：《南宋群贤小集·端隐吟稿序》（汲古阁景宋钞南宋群贤六十家小集），上海古籍流通处1921年版。

业宝地。开发台湾的主力军，就是过去开发福建的主力军的后裔，再也没有什么能比这一事实更能表明台湾的开发是整个东南开发进程的一部分的了。从明末到近代，大陆移民台湾大体有四次高潮。一是明崇祯年间应郑芝龙之招徕，大批沿海农民入台垦殖；荷兰殖民者也采取鼓励大陆移民政策。二是郑成功收复台湾时，带去大批官兵、家属以及受招徕的农民。三是清朝统一台湾并解除海禁后，入台人口大增。四是1885年台湾建省引起的又一次移民高潮。

与这四波移民潮相对应的，是台湾土地开发的一轮轮拓展。汉人到台初期和荷据时期，开发地主要局限于台南附近；郑氏政权时代，开始分别往南、北拓展到高雄、嘉义等地，有些开发点分布到北部的基隆、淡水及台中等地；清朝统一台湾后，开发大军开始大规模向北部推进，原先的开发点也逐步扩大，连成一片，到嘉庆、道光年间，台湾西部及宜兰地区绝大部分已开发完毕；1874年，沈葆桢受命办理台湾事务，开辟东西通道以促进台湾东部开发，开发区域继续向各高山荒埔延伸。到19世纪90年代，在农业土地资源的意义上，台湾已完成了全岛开发。

与台湾土地开发相伴随，可以看到一种与前此东南区域开发浪潮惊人相似的另一种进程，那就是地方建置的跟进完善。这个过程可以用学术界常用的一个术语来描述，那就是"内地化"。到19世纪80年代中期，当台湾农业意义上的土地资源开发基本完成的时候，台湾同样升格为内地的一个省级建置，并具有了4府（州）17县（厅）的地方建置格局。如果不是后来各种外来因素的干涉，台湾省建置与内地各省不会有任何差别。因此，立足于足够宽广的时空视野，可以清晰地看到，台湾的开发，是福建开发的继续和延伸，这一连续过程是不能割断的，否则就看不到台湾历史的本质，也理不出台湾历史发展的头绪。对于从福建到台湾，整个东南地区的开发史，当有一个连续的整体观。无论其历史差异性如何，都应该先抓住这个最根本的主线，才能看清种种复杂的历史现象及其内在联系。

第二节　闽台密不可分的文化关系

在东南区域第三波开发浪潮中，出现了一种新的文化因素，那就是殖民者所带来的西方海洋文化的影响。这种影响激活了东南区域固有的"水行山处"，"以舟为车，以楫为马"，勇于冒险的闽越文化遗风，以及宋元时代阿拉伯文化所带来的经商传统。横亘于两岸之间的台湾海峡，成为东南经济生活的新的重要舞台，并由此锻造出整个区域文化的新品质。如果说，第一、第二波开发浪潮推动了东南地区大陆部分的文化的内地化的话，那么，第三波浪潮则是在继续将这种内地化推向台湾的同时，又推动了整个东南区域文化的本土化。总体来看，从闽越国崛起，到宋代经济社会全盛，再到台湾的开发和建省，呈现出一种以汉族文化传播至东南区域为主线的逐步递进、绵长连贯的历史过程；而汉文化影响下闽越文化的辉煌，宋代东南文化的内地化，以及清代东南文化的本土化，则构成东南区域文化发展的几个内在相连的环节。这几个环节的完成，使东南区域整合为一个相对成形的文化单元——既不能脱离汉文化母体而存在，又保持其内在牵连和独特个性。这就是以台湾海峡为纽带的闽台区域文化的形成。

闽台区域文化的形成与闽台开发历史进程相联系。由于该历史进程并非同步完成而是依次推进，闽、台文化当然不可能完全一样。以福建汉族为主体的开发大军，将闽文化带到台湾，在跨海开发中，增强了海洋文化的色彩，这是一个重要区别。此外，台湾在1895年以后经历了比较特别的历史，也使台湾文化具有了更加多元的色彩。但是这依然没有改变闽、台文化与生俱来的密切联系。这种联系一般被概括为"地缘相近，血缘相亲，文缘相承，商缘相连，法缘相循"的"五缘"关系。

地缘是指闽台地理相近的天然关系。台湾与福建隔海峡相望，海峡宽度在100～200公里之间，福建省的平潭岛离台湾新竹只有68海里，是大陆与台湾之间最近的地方。从东山岛至澎湖列岛之间，有一条浅海带，称为"东山陆架"，只有 40 米左右，最浅的才 10 多米。在远古时期由于冰期的出现，海平面下降，台湾海峡曾露出海面，古人类和动物可以通行。据科学家研究和统计，台湾岛已发现有 64 种兽类源于大陆。

亲缘是指闽台居民具有密切的血缘关系。考古资料表明，从旧石器时代到新石器时代，台湾许多古人类遗迹与福建相应遗址，无论是生活年代还是文化特征都极其相近相似。福建最早的先住民是闽族和闽越族。汉武帝灭闽越国时，部分闽越人驾船入海，有人推测闽越人从这时候开始进入台湾，成为台湾平埔人和山地少数民族的祖先。三国时《临海水土志》载"夷洲在临海东南，去郡二千里。土地无霜，草木不死。四面是山，众山夷所居，山顶有越王射的……"，表明夷洲土著与大陆古越族存在族源关系，这一记叙已被现代 DNA 技术所证明。而台湾的汉族同胞，有 80% 祖籍地在福建，原先台湾人称福建和广东移民为"唐山人"，清朝刘良璧《重修福建台湾府志》载，台湾各地以福建地名命名的有 91 处，皆因移民怀念故土之故。1988 年台湾出版《台湾族谱目录》，收录 200 多个姓氏族谱，多追溯祖先来自大陆中原，如"江夏黄氏""颍川陈氏""延陵吴氏"等，这种样式，与福建族谱如出一辙。闽台居民有着共同的祖先，社会学家用"越源汉流"来概括闽台人民悠久的民族源流。

商缘是指闽台自古以来都有着特别密切的经贸关系。早在隋唐以前，闽台就有人员和贸易往来，福建铜铁等金属产品和瓷器输入台湾，提高了当地生产力。宋元时期，台湾在行政上开始归属福建，两岸经贸往来更加紧密。明清两朝，随着福建向台湾移民陡然增多，两地农工产品及生产技术交流急剧增长，郑成功收复台湾和康熙统一台湾，都极大地强化了海峡两岸的经贸关系。日本窃据台湾时期，闽台经贸往来并没有被切断。新中国建立后，两岸处于政治、军事对峙状况，但即使是台海关系最紧张的时候，依然是"人不通船通，船不通货通"。随着大陆改革开放和台湾当局"解禁"，闽台经贸关系以前所未有的速度深化和发展，厦门经济特区成为台商进军大陆的第一波"登陆"前沿。30 多年来，台湾一直是福建最大的境外投资来源地之一，是福建最重要的贸易伙伴。

法缘是指台湾最早在行政上隶属福建，奠定了中国拥有台湾主权的法理基础。三国时代孙权派兵"浮海求夷洲及亶洲"，是中国政府经略台湾之始。隋炀帝三次派人去流求，表明台湾一直在中国政府视界以内。宋驻军澎湖、元设澎湖巡检司，均隶属福建晋江县。明朝民间跨海开发台湾有成者，都是福建人。郑成功收复台湾，照明朝体制设立承天府和天兴、万年二县。清朝统一台湾后，在明郑旧建置基础上设立台湾府，隶属福建。福建自宋时即有八州军，称"八闽"，继之增设福宁府，称"九闽"，台湾加入后，又称"十闽"。其后直至1885年台湾建省，仍然称作"福建台湾省"。因此，从历史上看，闽、台总是连在一起的，闽台之间有着密不可分的法缘关系。

文缘是指闽台特殊的文化关系。在"五缘"关系中，与两岸人民生活最密不可分，最能够拉近彼此距离、引起情感共鸣并激发认同感的，就是文缘。文缘内涵丰富，包括语言、社会教化、民间文艺、习俗、信仰等，故又被称为语缘、艺缘、俗缘、神缘。

语言——语言相通是闽台文化密切关系最直接的体现。台湾地区说闽南话的人口占到全台湾人口的80%。闽南话在台湾又被称为"河洛话"，表明其源自中原古汉语。台湾闽南话是漳州话、泉州话、厦门话掺和的产物，它与大陆闽南地区的闽南话虽然有各种口音差别，但互相都能交流，不存在任何障碍。此外，台湾还有不少人讲客家话、福州话等，也都能与福建人攀上乡亲之谊。

社会教化——台湾的儒学教育，完全是受福建朱子理学的影响。郑成功收复台湾时，从福建带走大批文人学士，局势安定之后，就在台湾建圣庙、办学校。清朝统一台湾后，随着地方行政建置的完善，府、县儒学次第设立。由于台湾初辟，文教人才不足，教育官员和教师几乎都从福建引进，福建的朱子理学传统，从此就在台湾生根发芽。闽台传统文化的核心部分，有着强大的共同基础。

民间文艺——台湾传统的民间文艺生活，与福建非常相似。如今在台湾流传的主要剧种有车鼓弄、梨园戏、乱弹、西平戏、高甲戏、傀儡戏、布袋戏、歌仔戏、闽剧等多种，台湾流行的戏剧基本上是福建原籍所流行的家乡戏或地方戏。南音、伬唱、十番、评话等福建地方音乐、曲艺，在台湾也有很广泛的知音。还有雕刻、彩绘、陶瓷、版画、皮影、漆艺、剪纸、刺绣等民间美术，闽台两岸也有很深的渊源。

风俗习惯——台湾民间的风俗习惯，几乎是闽南、粤东各地的翻版，只要稍一用心，便可举出许多例证。两岸岁时年节极为相似，正月初一春节、正月初九"天公生"、正月十五元宵、正月二十九拗九节、三月三上元节、四月五清明节、四月八浴佛节、五月五端午节、六月初一或十五的半年节、七月七七夕节、七月十五中元节、八月十五中秋节、九月九重阳节、十月十五下元节、冬至节搓丸、腊月廿三祭灶、除夕年夜饭，以及众多民间神祇的信仰节庆日等，闽台大抵相同。民间生丧婚嫁习俗、民居建筑、饮食习惯、吉彩和禁忌乃至生产生活用具等，都极其相似。

民间信仰——台湾民间信仰也绝大多数是随福建移民迁徙而传进岛内的。台湾民间所崇拜的神祇，大部分与福建地方神有密切关系。据统计，台湾的庙宇超过15 000座。除了中国传统神明以外，其他都属于福建各地民间供奉的神明，诸如天上圣母、广泽尊王、观音、佛祖、保生大帝、开漳圣王、福德正神、临水夫人等。最有影响力的天上圣母，就是根源于福建湄洲的妈祖。闽台还流传着很古老的蛇崇拜，东汉许慎的《说文解字》解释"闽"字为"东南越蛇种"，就是说闽族是以蛇为图腾或崇拜对象的原始部落。至今在闽西还能看到"蛇王宫""蛇腾寺"等遗址，闽东一带畲族老年妇女发髻上大多插有弯曲蛇形的"蛇簪"。闽北闽江边上的南平樟湖镇，至今保留着祭蛇的民间文化活动，以及建于明代的"蛇王庙"。漳州平和县文峰镇三平村一带人们，把蛇当作保佑家居平安的神物，尊称蛇为"侍者公"。无独有偶，台湾少数民族也有很古老的崇蛇传统，比如排湾人、鲁凯人和布农人。排湾人和鲁凯人把百步蛇作为祖灵的象征和图腾，他们的服饰很讲究，少女的围裙上都有百步蛇花纹；布农人服饰上也都有百步蛇图案，甚至以百步蛇文身，他们有高超的狩猎技能，但从不捕蛇类，不吃蛇肉。这些传统，显然与闽台先民同出一源的原始蛇图腾崇拜密切相关。

第三节　闽台文化的共同特质与共生活力

英国著名历史学家汤因比用生存环境的挑战和人类的应战来解释文明的产生和发展。他认为一种文明在通过人类迁徙转移到新的地方后，在新环境的挑战下，往往创造出比其在原生地带更加辉煌的成就；尤其是当这种转移发生在两个跨海地带之间时，刺激力就更大，促进文明成长的作用也更加明显。汤因比的研究主要着眼于不同文明之间的比较，他所揭示的多数是跨文化现象。与这些文化现象有着本质的不同，台湾海峡两岸文化是一种同质的建构，海峡并未成为文化歧异的鸿沟，而是成为强化文化联系的通道。尽管如此，从海峡两岸构成一个完整的区域来看，汤因比的文明播迁理论仍可以为我们诠释闽台文化提供一些参照。

闽台文化是汉族农业文化在南移的过程中，应对东南区域特殊的自然地理条件的"新环境的刺激"而形成的一种大陆文化与海洋文化相结合的复合型的区域文化。从一个大的范围来看，台湾海峡的确构成一种刺激区域文化成长的天然空间。福建依山面海，西北内陆多为崇山峻岭，东南则相对平缓，沿海则密布海湾和延伸入海的岛屿；与此相隔一衣带水，台湾则呈东部多山，西部平缓地势，与福建地形相呼应，形成一个以陆架相连的海峡为轴心，以沿海平地为双边平台，以山区为腹地的广袤地带。自然资源的有限和地势特点，决定了内陆农业开发完成之后必然向海上延伸。事实上，如前所述，整个区域的农业开发正是循福建内地到沿海、跨海峡进入台湾后，又循西部沿海到东部山地的序列进展。在汉族文化应对这个天然空间的"新环境的刺激"过程中，有两个因素对其文化内涵特征产生了重大影响。

一是不断强化的与内地文化的联系。汉族文化向东南区域的传播，不是在一次大迁徙中完成的，而是陆续地、逐波地进行，进入福建和进入台湾都是如此。这种历时性的传播，使得新地方的文化与其原生地带不是产生疏离的关系，而是不断强化的关系，也就是所谓"内地化"效应。人们可以看到，无论是移居福建，还是移居台湾，汉族农业社会的基层结构及其文化都是与内地高度一致的；移民的过程，实际上是传统农业社会的不断扩展、复制的过程。因此，从文化的主体内涵来讲，闽台文化并没有流失大陆农业文化的主要特质，中原汉族文化在闽台区域文化的形成和发展中，始终起着基础和主导的作用。

二是海峡地带在这个相对成形的天然空间中的辐辏效应。因地势的关系，福建境内的主要河流都由西、北往东、南流入台湾海峡，而台湾的河流则大都由东往西流入海峡。这些河流是农业社会导引资源流通的重要载体，加上两岸互相延伸的诸多岛屿，台湾海峡遂成为聚合两岸资源和通向外界的天然通道。这是孕育海洋文化的自然条件。事实上，宋元以后，在阿拉伯商业文化和西方殖民者带来的海商文化的影响下，台湾海峡在聚合整个东南区域资源和解构传统农业社会自然经济方面的作用越来越明显，滨海地带的经济文化迅速崛起，并且不断萌发向外开拓的冲动，这是传统农业社会应对"新环境的刺激"而进化的新的文化基因，也是闽台文化的重要特征所在。

由于山区腹地复杂地理条件的限制和海洋活动的不稳定性，海峡的聚合纵深并不是无远弗届；同时，由于传统农业社会相对静态的根性，并不是所有的山区都能主动回应海峡的聚合。正因为如此，我们看到海峡环境所激发出来的新的文化基因，在各地所表现出来的程度有很大的不同。但是，就整个东南区域的发展进程来看，最活跃、最能反映区域历史发展趋向的，无疑是这种新的文化基因的成长。从明清到近代，闽东南沿海和台湾的迅速发展充分说明了这一点。由于区域行政建置的一体性，个别地带的发展足以带动腹地农业和手工业商品化的发展，促进全区域的物品流通，也拓展了"转货四方，罟师估人高帆健橹，疾榜击汰，出没于雾涛风浪中"[①]，向海外寻求生计的渠道。因此，总体而言，对于闽台区域文化的共同特质，我们还是可以用以下四个方面来概括。

进取性。东南区域的居民绝大多数都是来自中原的移民，冒险犯难是移民最

---

① 《中国地方志集成·福建府县志辑》（22）上海书店出版社2000年版，第488页。

突出的生存体验，因此闽台居民多有开拓进取的传统品格。古代移民入闽后，先是开发闽西北山区，然后向沿海平原开拓，然后再向台湾发展，其间经过一再的移民经历，加上西方海洋商业文化的影响，其冒险犯难和开拓进取的品格不断得到强化。因此我们看到，越是接近沿海地带，进取性越强，闽南人、台湾人的这种品格表现得最为突出。

务实性。移民面临的是生存考验，严峻的现实迫使他们必须抛弃幻想，少说空话，一切从实际出发，注重实利、实用、实效；福建山多田少，资源有限，南宋以后即呈人口过剩局面，民生问题始终突出，这种状况也迫使人们更多地考虑日常生活问题。因此，闽人质胜于文，"其君子无仕不仕，无造次辨丽之智，盘辟鞠躬而重为邪；小人帖帖愿谨，自取衣食而已……"[1]。清朝有个游宦台湾十余年的官员翟灏，曾感叹台湾漳、泉籍民的所谓"义举"，都是"有所为而为"而非"为其所当为"[2]，这也是台湾人凡事求功利的典型性格表现。

恋根性。闽台人走南闯北，不论走到哪里，都不会改变对乡土的认同和对故园的怀念，叶落归根，寻宗谒祖，衣锦还乡，造福桑梓的意识很强，对本土的历史和传统文化表现出极大的尊重。近代以来，中国思想界曾多次出现批判传统文化的思潮，闽人在学界者不少，但很少见闽人有极端否定传统文化者，相反，却有陈季同、辜鸿铭、林语堂等文化名人，大量向西方译介中国文化。日本对台湾实行50年的殖民"同化"政策，也未能改变台湾人的固有文化传统。

包容性。东南区域远离传统政治文化中心，与"方外"文化接触较多，汉族文化说到底也是一种融合性文化，因此该区域文化表现出很强的包容性，"闽越之间，岛夷斯杂"[3]，"廛肆杂四方之俗，航海皆异国之商"[4]是这种状况的真实写照。其中闽南和台湾的多元文化表现尤为突出，除了主体的汉文化，中亚文化、西方基督教文化、东洋文化和台湾少数民族文化，无不具有宽松的生存空

---

[1] 何乔远：《闽书》第1册，福建人民出版社1994年版，第942页。
[2] 翟灏：《台阳笔记》，台湾文献史料丛刊本，台湾大通书局1987年印行，第17页。
[3] 李日方等编：《文苑英华》第3册，中华书局1966年版，第2328页。
[4] 郑侠：《西塘集》卷七，文渊阁四库全书本。

间；而通过华侨外移的本土文化，也都能与当地文化平和相处。

以上述共同特质为基础，闽台文化曾经在以下方面表现出很强的共生活力。

一是科技方面引进和创新的能力。如前所述，东南区域开发的历次浪潮，都是在汉族农业文化的影响下推进的，其中，科学技术的引进和创新起了关键的作用。在第一波浪潮中最富有革命性意义的技术进步，是汉族农耕技术和铁器的引进和运用。第二波浪潮中的技术进步更加全面，水利、围垦技术的改进，新式灌溉工具、轻便农具的发明，粮食品种的改良，耕作制的改进，经济作物的推广，等等，使农业精耕细作得以实现，并带来社会文化全盛的局面。第三波浪潮则得益于航海、造船技术的进步。受郑和下西洋的刺激，福建造船、航海技术取得新的发展。明朝中期以后，随着漳州月港的兴起，闽南沿海造船业非常发达，民间便能私造"高大如楼，可容百人"的大船，"扬帆外国，交易射利"[1]。这些技术进步，使趋于饱和状态的福建农业经济，获得了新的增长空间；加上初来乍到的殖民者带来的西方海洋文化的影响，海上活动的技术条件更加完备。正是在这样的条件下，台湾的开发才成为可能。而到了近代，以洋务运动为契机，福建很快取得科技优势，并迅速影响台湾，借重于福建船政局的有利资源，台湾很快实现了近代化的起步。

二是促进文化与经济二者互动的能力。在自然经济条件下，具有得天独厚的农业条件的地区显然占有优势，因此我们看到，素有福建"粮仓"之称的闽北地区，在宋代农业的大发展中成为福建经济最发达的地区。与此相适应，闽北地区也成为整个东南区域的文化渊薮。农产品的富足滋养了大批脱产文化人，才有了孕育朱子理学的社会条件。而理学和教育事业的发达，不但进一步促进了农业开发，而且带动了相关产业的勃兴，使闽北很快成为全国著名的印刷出版中心，造纸、矿冶等手工业也闻名遐迩。到了明清时期，商品经济的发展使全省经济重心转移到闽南，随即文化重心也跟着南移。明朝前期，闽南地区的文化还相对落后，明朝中期以后，泉、漳科举人数迅速增加，很快超过文化名郡建宁、兴化，后期

---

[1] 《中国地方志集成·福建府县志辑》（30），上海书店出版社2000年版，第403页。

甚至超过福州，居全省第一、二位；与此同时，执学术文化之牛耳的理学重心，也转移到了闽南。明清之际，福建理学的代表人物，几乎都是闽南人。清朝《晋江县志》卷十二载："俗多急公好义，凡遇城池文庙公署之兴修水利桥路寺观倾重赀以济者，指不胜屈。"读书人仕途不顺便改业从商，经商有成后再倾资办学以造就后人的事例，不胜枚举。那些弃儒从商的知识分子，无论在组织能力、经营管理水平方面，还是在拓展活动空间方面，无疑都有明显的智力优势。经营规模越大，对知识的依赖也越强。郑成功的商业集团中，就麇集了大量的知识精英，他在厦门设有储贤馆、储才馆，除了招徕军政人才，也吸纳商业人才，还用儒家正学的仁、义、礼、智、信来命名他的商业分支机构，派往内陆和海外活动。儒商合一、亦儒亦商，成为当时商人追求的崇高价值。由此可见，与经济紧密结合和互动，的确是闽台文化活力的重要表现。

  三是不断整合区域文化差异的能力。在区域文化发展过程中，区域内部的文化发展也是不平衡的，这就必须通过文化传播，使先进地区的文化不断整合落后地区的文化，从而实现整个区域文化品质的大面积提高。在闽台区域文化的成长过程中，这样大规模的区域内部的文化传播、整合，有过多次。宋朝发祥于闽北的理学文化，无疑是当时时代的先进文化。朱熹到同安、漳州等地任职，不遗余力地创办学校、倡导理学，有力地促进了闽南文化的发展。这种文化传播，对闽南地区发展的深远意义是不言而喻的。到了明清时期，闽南海商文化以及在这种文化刺激下崛起的儒学，则又是当时区域内的先进文化。这种文化随着郑成功收复台湾和清朝统一台湾而传入台湾，大大加快了台湾农业开发的进程，形成了区域内部的又一次文化大传播。一方面是随着开发移民带去大量的民俗文化，另一方面是官方带动和鼓励的儒家正统文化传播，两方面结合，实现了以闽南文化为主流的福建文化对台湾地区的大整合，从而使整个区域文化品质得到大的提升。近代以后，海峡两岸之间先进文化整合的事例，最典型的莫过于船政文化的传播。在西方列强和日本的觊觎、侵扰之下，船政大臣沈葆桢基于两岸一体的海防建设需要，以在福建办船政的成功经验来推动台湾的近代化事业，开山筑路、兴学办电报、设煤矿，其中许多技术、人才、设备都来自福建。这是在面临近代西方文化冲击的特殊历史条件下的海峡两岸文化整合，对台湾近代经济的发展起到了巨大作用。

这种发自区域内部的文化活力，在闽台两岸作为一体政区或具有特殊行政关系的时期，一直都有很突出的表现。但随着近代国势的衰落和外来侵略的干扰，区域内部联系被突然打断，区域文化活力也遭到扼杀。1895年，日本通过不平等的《马关条约》强行割占台湾和澎湖列岛。在50年的殖民统治期间，日本千方百计阻断台湾与祖国大陆的文化联系，用高压手段推行"同化"政策，企图改变台湾文化的固有属性。1945年日本战败，台湾回归中国，闽、台两岸历史文化关系迅速弥合。1949年之后，两岸又进入隔绝状态。这段数十年的特殊历史，破坏了闽台文化共生的固有空间，使福建经济社会发展受到极大限制；台湾虽然凭借优越的国际经济助力，曾经跃上"亚洲四小龙"的位置，但随着世界经济格局的变更和经济区域化浪潮的推进，缺失腹地支撑和海峡通道脉络不畅所带来的后遗症，正越来越严重地困扰台湾经济的正常发展。有识之士已经看到在海峡西岸经济区战略下构建整个环海峡经济区的现实可能性。在新的历史条件下，闽台文化交流合作在当代的延续，已成必然之势。

闽台文化作为一种区域历史进化的产物，有着深厚的历史积淀，不可能因不足百年的历史异常而改变。事实上，30余年来，随着两岸关系的松动，正是这种深厚的历史文化积淀，激发、引领着两岸各方面关系的发展。经过近代化、现代化潮流的冲击，海峡两岸都步入了快速发展的轨道。随着全球化步伐的加快和区域经济合作的加强，海峡两岸相互依托、共同发展已经成为势不可挡的历史趋势。福建在对台关系中，占据着天时、地利、人和各方面无可替代的优势，以源远流长的"五缘"关系为纽带维系起来的文化一体感，正越来越明晰地回到两岸人民心中。这种关系是新的历史条件下加强闽台文化交流与合作的可靠基础。可以预见，随着两岸关系的日趋紧密，新的东南发展热潮必将历史性重现。

第二章 闽台文化交流合作的底蕴与拓展

文化是人类在社会历史发展进程中所创造的物质财富和精神财富的总和。中华文化是维系台湾与祖国大陆密不可分的精神纽带和重要财富，移民是文化传播的载体。"自古闽台一家亲"，既是血缘的亲，又是文化的亲，体现着闽台地域的历史统一性和不可分割性。人为因素隔绝30多年之后，海峡两岸文化交流合作的恢复与发展，先出于闽然后泛沿海再进腹地推广，正是闽台血浓于水的文化渊源与独特优势的体现。闽越文化、中原文化、海洋文化，以及闽南文化、客家文化、妈祖文化、关帝文化等等，在闽台两地都具有历史和现实的影响，积淀了深厚的共同文化底蕴；深化闽台两地文化交流与合作，对于进一步增进两地人民感情、促进两岸共同家园建设、维护两岸关系和平稳定、弘扬中华优秀文化等都具有积极与深远的意义。

第一节 闽台文化交流合作发展的历程

在远古时代，台湾与福建地缘相连，有着割不断的绵绵乡情。中华文化在台湾的传播与发展，与台湾移民社会形成和发展的历史进程同步，中华文化的语言、文字、价值观念、思维方式、生活习俗、节日礼仪和文化伦理等从中原等地移民福建而流传福建，再经由福建等地移民开发台湾而移植到台湾，台湾区域文化主体上是福建等省的移民所带来的中华文化①。闽台文化亲缘关系，不仅是总体意义上的同文同种，而且是同宗共祖、家族亲缘、闽客方言、宗教信仰、民间习俗等直接具体的传承，这是两岸都认可的客观事实，过去和现在是这样，将来也还会是这样。至于台湾地域文化的特殊性，则体现在不断兼收并蓄外来文化元素的多样性和开放性特征。

由于人为因素，台湾与祖国大陆的交往中断了30多年，直至20世纪70年代末，祖国大陆确立"和平统一、一国两制"的大政方针，海峡两岸关系有所改善，台湾民众到大陆寻根谒祖、探亲旅游、投资经商的人数与日俱增，首先是福建成为两岸同胞沟通感情、增进了解、共叙手足之情的基地。两岸文化交流包括文学艺术、教育、科学、卫生、体育、出版、新闻等众多领域，30多年来，闽台文化交流合作经历了一个从单向到双向、从间接到直接、从简单到多元的曲折、渐进发展过程，并逐步进入目前的"大交流、大合作、大发展"局面。闽台文化交流合作大致历经五个阶段：

第一阶段（1979—1986年）：大陆单方推动阶段。在此期间，因台湾岛内尚处于军事"戒严"，大陆方面下大力推动已中断30多年的两岸之间联系与交流的恢复。1978年，党的十一届三中全会确定了改革开放的基本国策，进行了思想上、政治上、组织上的拨乱反正。1979年元旦，全国人大常委会的《告台湾同胞书》宣布"和平统一祖国"的基本方针，提出"我们希望双方尽快地实现通航通邮，以利双方同胞直接接触，互通讯息，探亲访友，旅游观光，进行学术文化体育工艺观摩"的建议。②1980年2月，经国务院、中央军委批准，台湾海峡开始恢复自由通航。1981年9月30日，全国人大常委会叶剑英委员长发表《关于台湾回归祖国实现和平统一的方针政策》（被称为"叶九条"），提出建议双方共同为"开展学术、文化、体育交流提供方便，达成有关协议"③。同年10月4

---

① 方彦富：《中华文化在台湾发展的探究》，海峡出版发行集团海峡书局2013年出版，第33页。
② 《人民日报》1979年1月1日第1版。
③ 《人民日报》1981年10月1日第1版。

日，在福建省纪念辛亥革命七十周年座谈会上，中共福建省委书记项南指出，目前福建在两岸关系中可以做4件事：一是开始与台湾接触；二是闽台两地人民探亲、访友不受任何限制，台湾同胞经福建去任何地方都将提供一切方便；三是欢迎台湾同胞来闽定居，来去自由；四是欢迎台湾商人到福建投资。10月11日，福建省邮电局宣布随时准备与台湾通邮、通电的三项决定；10月18日，福建省航管局、民航局分别宣布，随时准备与台湾通航。1982年7月13日，福建沿海原霞浦三砂、平潭、东山、惠安等4个"台湾渔民接待站"改称为"台湾同胞接待站"。[1]在此期间，通过香港，东南亚等第三地回到福建探亲谒祖、"合火"祭祀、进香朝拜，以及投资问路的台湾同胞一直行之不辍。闽台文化艺术交流也以此为契机开始复苏，主要表现在两个方面：一是设立闽台文化艺术科研机构。1980年教育部与福建省共建的厦门大学台湾研究所（2004年改为厦门大学台湾研究院）成为全国最早的台湾研究学术机构；1986年，经文化部批准，在原厦门市文化局剧目创作室的基础上，扩大编制正式成立的厦门市台湾艺术研究室（1993年改为厦门市台湾艺术研究所），成为福建省文化厅直接领导下的对台艺术研究机构。二是民间（或半官方组织）的文化艺术交流活动开始有组织地进行，两岸民间文化交往更加频繁。

第二阶段（1987—1991年）：交流合作的探索阶段。1987年7月，台湾当局解除"戒严令"，准许一般民众赴大陆探亲，在岛内立马掀起了一股"登陆探亲热"。与此同时，大陆公布对台湾进行教育交流的规定，并鼓励两岸轮流举办单边或多边学术研讨会、组团互访。次年，台湾当局开放大陆学者入台参观访问。1988年5月1日，福建省批准沿海19个港口为台湾轮船停泊点，凡由台、澎、金、马直接乘船来闽的台湾同胞都可在这些停泊点入出境，并可直接申办"台湾同胞登船证"或"台湾同胞旅行证"。在此期间闽台文化交流合作主要表现在：一是宗教界的往来最热络。如1988年，台湾灵济寺盛满法师和瑞源法师、以杜金菊为团长的台南大仙寺比丘尼参观团、高雄弘化寺川孝法师和法

---

[1] 福建省地方志编纂委员会：《福建省志·闽台关系志》，福建人民出版社2008年出版，第299页。

成法师、台湾宽彻法师先后来福建访问；1989年，台湾的宏善法师、振满法师、净良法师等相继访闽（当年最为轰动的当数台湾宜兰县苏澳港的200多名妈祖信众冲破台湾当局的"三不"禁令，公开乘船从海上直航到达莆田湄洲岛妈祖祖庙进香，并请回了100多尊新"湄洲妈"）；1989年4月，来自海内外专家学者共70多人参加了在漳州举办的"纪念吴夲诞辰1010周年学术讨论会"并出版发行了《吴真人学术研究文集》，成立了"吴夲研究会"；1990年12月，"陈元光与漳州开发国际学术讨论会"在漳州举行，来自两岸及海外专家学者140多人参会交流，并出版了《陈元光与漳州开发国际学术讨论会论文集》。二是接待台湾媒体，推动闽台艺人的互动演出。各剧种剧团应邀赴台商业演出，引发了台湾演艺团体邀请福建剧作家、导演等赴台参与戏剧创作，以及台湾艺人来闽投师学艺等交流与合作。三是随着闽台文化艺术交流的开展，两岸地方戏剧学术研究、学术交流也悄然兴起，并推动了戏剧交流演出的进行，不仅将文化艺术交流从单纯的演出提高到更高的层面，而且还通过学术交流，逐步使两岸文化艺术交流常态化。

第三阶段（1992—2000年）：实质进展阶段。1992年7月31日，台湾当局研拟的"台湾地区与大陆地区人民关系条例"（简称"两岸关系条例"）颁布实施，虽然两岸民间经济文化直接交往在岛内仍受到诸多限制，但总算是有了"合法"的依据。台湾当局批准公立大学校长及公务员可以到大陆从事文教活动，同时开放大陆专业人士可以到台湾讲学。1993年，两岸"汪辜会谈"签署了四项事务性协议；1995年1月30日，江泽民提出了八项主张，强调坚持"一个中国"原则不放松，但不以政治分歧干扰两岸民间经贸与文化等各方面的交流与合作。在此期间，闽台文化教育交流合作日趋热络，体现骨肉相聚的心态。如1994年8月1日，厦门口岸获准为直抵厦门的台湾同胞办理一次有效的"台湾居民来往大陆通行证"；至1996年底，福建省政府已批准了沿海12个对台渔工劳务输出点；福建省社科及教育界结合地方建设需要和办学实际，举办各种研讨会，内容涉及经贸、科技、海洋、环保、管理、人文、城市规划建设、文化习俗、教育、法学法规等领域；闽台宗教界交流与合作更趋热烈，1997年，开漳圣王首次入台巡安，受到岛内百万信众迎送。

第四阶段（2001—2007年）：官方冷民间热的阶段。2000年，台湾执政党轮替，坚持"台独"立场的民进党陈水扁当局倒行逆施，以消极态度对待两岸的文化、学术交流。但是，失去政权的国民党、岛内的民间机构与有识之士对两岸文化教育交流合作的热情持续高涨，形成了震动发展的格局。如客家祖地文化展示对台交流魅力。2000年底，"第16届世界客属恳亲大会"在龙岩召开，同时举办"客家族谱展""寻根与认亲族谱选展"；2003年成立的"中国闽西客家论坛组织"，发掘与研究客家文化成效显著，《客家祖地——闽西》《闽台客家情》《闽台客家血缘关系》等关于客家的学术专著对闽台客家交流发挥积极有效的作用。又如"神缘交流"更热火。2001年、2004年、2006年台湾信众均恭请开漳圣王到台湾巡安；2006年9月24日至29日，来自台湾岛内50多家妈祖宫庙代表——台湾妈祖联谊会暨大甲镇澜宫湄洲谒祖进香团4300余位信众，分别乘坐5艘包船和厦金小三通航线客轮，从台湾直航厦门，与先期到大陆的台商、妈祖信众组成轰动两岸、迄今规模最大的（7000余人）妈祖祖庙进香的民俗交流活动。再如闽台族谱的对接交流方兴未艾，展示"两岸同根，闽台一家"。2007年9月在福州举办的首届海峡百姓论坛暨闽台族谱展，展出明清以来158个姓氏的1000多部族谱共2000余册，还有唐宋以来各姓氏祖先的画像、照片等500多幅；同年11月，首届漳台两地族谱对接展举行，两岸有关领导和谱牒专家学者、台商、宗亲代表计200余人出席了族谱展开幕仪式，此次展出的两地族谱中，共记载了5万多由漳州迁往台湾各姓氏开基祖的资料，展出两地民间保存的族谱近700册，是漳台两地民间族谱联展数量最多的一次。

第五阶段（2008年迄今）：进入双向互动的热络阶段。2008年，台湾政局发生变化，国民党重新执政。在双方都承认"九二共识"的基础上，两岸两会恢复协商，两岸关系朝向更加平稳和融洽的方向发展，尤其是"两岸经济合作框架协议"（ECFA）签署之后，两岸经贸关系进入机制化、制度化发展的新里程。但两岸关系发展不仅仅是经济领域的交流与合作，更重要的是促进两岸之间全面交流与往来，尤其是促进两岸文化教育领域交流与合作的正常化、机制化与制度化，亟待弘扬中华文化、深化同胞情感、消除敌意隔阂、实现心灵沟通、增强民族凝聚力。但从两岸的现实观察，欲扭转从李登辉到陈水扁20年来操弄族群对立的"片面本土教育"与"去中国化"的"文化台独"影响，有着急迫性也面临着诸多困难。

2008年2月，文化部对台文化交流基地工作会议在福建省的武夷山市召开，起草了《2009年—2012年对台文化交流基地建设工作规划》和《努力建设海峡两岸文化交流重要基地》的年度重点调研课题报告。在推动海峡两岸文化教育的交流与合作，中央赋予"海西"特别重要的角色与任务。2009年5月，国务院公布《关于支持福建省加快建设海峡西岸经济区的若干意见》，正式将海西纳入国家重要区域发展规划，更强调海西区域经济发展与在海峡两岸经济合作中的重要性。闽台文化交流工作按照福建省委"建设两个先行区"的战略构想，着力先行先试。

一是着力实现对台文化交流"向南移""向下沉"的工作重心转变，进一步扩大闽台文化交流的广度、深度，取得新突破、新进展、新成效。

二是福建被确定为两岸出版交流试验区，厦门成为海峡两岸新闻出版交流与合作基地，加上海峡两岸图书交易会、金门书展、海峡印刷技术展览会、海峡版权（创意）产业精品博览交易会、海峡新闻出版业发展论坛、海峡媒体峰会等平台的搭建，促进了两岸新闻出版业的交流合作与产业对接。据不完全统计，福建输往台湾的出版物已累计达3亿元人民币，是大陆对台出口图书最多的省份。福建开通天下妈祖网站，在台发行50多家闽版期刊，率先对台、港、澳智力作品的版权提供登记保护服务（计算机软件除外），受到了台、港、澳业界欢迎。

三是"十二五"期间，"海西区"要在建立两岸民间与基层往来交流平台与交流机制、推进两岸文教交流机制化进程、构建两岸同胞的民族和文化认同、建设两岸中国人的精神家园等方面拓展更大的空间，发挥更大的作用。

第二节 闽台文化交流合作的地域特征

闽台文化交流推动两岸往来,在打破两岸隔离、增进相互了解、减少误会、融洽感情等方面的作用明显。文化交流没有政治交流那么敏感,也不如经济交流那么重利,它可以更多地选择双方都能接受的内容或主题,有着较大的操作空间,因此,闽台文化交流与合作呈现出许多独有的地域特征,起着先行先试的作用。

一、以理论研究打基础,开拓闽台文化交流合作新途径

闽台文化具一脉相承的亲密关系,体现着闽台地域的历史统一性和不可分割性。近30年来,闽台地域文化研究受到重视,形成气候与潮流。尤其闽台地域文化的"探源"包含着继承与创新,并以闽台地域为中心、以闽台关系为切入点、以闽台文化为讨论对象来论析闽台关系,开拓闽台一日生活圈的空间与途径。

从闽台文化理论研究的背景来看,自1987年台湾当局开放台胞赴大陆探亲以来,在中央赋予对台"特殊政策,灵活措施"的鼓舞下,福建凭借与台湾深厚的历史渊源和独特的区位优势,吸引了大批台湾同胞回祖籍地寻根问祖、旅游观光,恢复海上贸易、投资兴办实业等,对于隔离了30多年的两岸骨肉同胞来说,重新开始相互往来,彼此充满了好奇与疑惑。就大陆对台湾社会文化影响的历史,福建社科学界已经有比较周详的研究与论著,但对于台湾现代社会与文化的种种现象,以及其可能对大陆产生的影响,则是一个新课题,引起学术界更大的重视和投入,一批闽台文化研究的专家学者,把闽台文化研究作为海峡两岸关系理论研究的要项之一,引起社科学界的认真观察和研究。

从岛内政经局势的变迁以观,经由李登辉、陈水扁长达20年"去中国化"

以及"台独"的误导，岛内一些民众对民族文化认同产生偏差，甚至出现"国家认同"的混乱，妨害了两岸关系和平发展。中华各族儿女共同创造的五千年灿烂文化，始终是维系全体中国人的纽带，也是实现和平统一的一个重要基础，通过文化领域的交流与合作，对于两岸人民心灵的沟通、互信的累积、共识的凝聚，乃至于两岸同胞共同弘扬中华文化等方面，都具有重要的意义，闽台社会与闽台文化研究的现实意义也就更加凸显。

总结闽台文化理论研究与研究方法的创新点，主要有以下几方面。

第一，提出闽台"五缘文化"[①]说。有关专家、学者除了对闽台"五缘文化"的内涵和外延做了许多卓有成效的研究和拓展，并通过实践总结出对台工作的"五缘六求"，即发挥闽台之间"五缘"的独特优势，使闽台有更紧密、更直接、更深入、更全面的互动，为促进两岸关系的和平发展、实现祖国的统一大业，做出福建应有的、独特的贡献。

---

① 根据海峡两岸同胞自古就有的特殊关系，1989年4月，闽籍学者、上海社科院研究员林其锬在漳州"纪念吴本诞辰1010周年学术研讨会"上，率先提出以亲缘、地缘、神缘、业缘、物缘为内涵"五缘文化"说。1993年10月，国务院发展研究中心国际技术研究所上海分所建立"五缘文化与华人经济研究室"，林其锬任主任，福建学者吕良弼、林其泉等被聘为研究员，闽、沪两地学者开始合作撰写五缘文化学术专著。1996年9月《人民日报》华东版以《五缘文化华人纽带——亲缘、地缘、神缘、业缘、物缘文化在华东》为题，发表一组上海和福建学者关于五缘文化的文章。1996年11月，福建省五缘文化研究会成立，同时由福建省五缘文化研究会主办的"五缘文化与对外开放研讨会"在福州召开，会议就五缘文化的内涵、理论价值、实践意义以及五缘文化与对外开放的关系等问题，进行了热烈的讨论，且制作专题节目《文化新视点：五缘文化》，并在电视台播出。1999年12月，福建省五缘文化研究会在福州举办"五缘文化与祖国统一大业研讨会"，集中讨论了五缘文化在祖国统一大业中的作用。2000年9月，海峡之声广播电台与福建省五缘文化研究会合作，制作了50集的大型专题系列广播节目《两岸同根——闽台五缘文化》，吕良弼、林国平、徐晓望、林其泉等10位学者参加撰稿，节目连续播出至翌年7月，收到许多台湾听众来信。2001年4月，厦门市翔安区举办"大嶝与金门两岸五缘历史文化研讨会"。2003年11月，由福建省社科联和省五缘文化研究会主办的"海峡两岸五缘关系学术研讨会"在厦门鼓浪屿召开，收到论文48篇，50多位学者出席会议。2005年5月，时任福建省委书记卢展工在会见参加第七届"海交会"和第二届"商交会"来宾时，提出对台工作的"五缘六求"，要求发挥闽台之间"五缘"的独特优势，使闽台有更紧密、更直接、更深入、更全面的互动，为促进祖国统一大业，做出福建应有的贡献。

第二，通过对众多历史资料的梳理，形成研究闽台文化关系的讨论框架。文化问题，尤其是闽台文化的渊源关系，大量地涉及移民历史和移民文化的传播，其实质是个历史问题，而历史研究的任何结论都不是推理而来的。有关专家学者在大量翔实的史料基础上，借助史学界研究的提示，再去梳理那些原始资料，形成对闽台文化关系研究的架构。如由厦门大学人文学院与福建师范大学闽台区域研究中心的一批专家学者，经过十年的努力编辑而成、由九州出版社 2005 年 1 月出版的《台湾文献丛书》[①]，是大陆首部大型台湾文献史料丛书。全套共计 100 册，卷帙浩繁，收录了有关台湾已出版的未曾收入的孤本、珍本、古籍、档案、族谱、私人文件、契约文书、碑刻等大量资料，以最原始、最有力的证据，填补了祖国大陆对台湾历史文化研究在文献资料建设上的缺陷，印证了海峡两岸具有割不断的血缘关系、拥有源远流长的历史文化传统。再如，由福建省地方志编纂委员会编、由福建人民出版社 2008 年出版的《福建省志·闽台关系志》，正是从历史的角度为闽台之间的"五缘"做了全面、准确、深入的诠释，至少有以下四大特点[②]：一是历史性。《闽台关系志》以翔实可靠的历史资料，充分再现了福建与台湾血脉相连的渊源关系。二是时代性。《闽台关系志》汇集了大量从古到今胜于雄辩的史证，揭示了台湾与大陆同属一个中国，海峡两岸同胞本是血脉相连的命运共同体，对于反对与遏制"台独"、反对民族分裂具有特殊的现实意义。三是实用性。《闽台关系志》汇集了丰富难得的文字材料与原始照片，尤其是各个历史时期福建促进和密切闽台关系的真实写照，为关心和推动两岸关系和平发展的各界人士提供了一部深入了解、研究闽台关系发展进程的工具书。四是开创性。《闽台关系志》以志书形式从古到今记述闽台的密切渊源和发展延续，在两岸关系史研究中应是首开先河。

[①] 该文献汇刊按主题归纳为七辑：第一辑"郑氏家族与清初南明相关史料专辑"；第二辑"康熙统一台湾史料专辑"；第三辑"闽台民间关系族谱专辑"；第四辑"台湾相关诗文集"；第五辑"台湾地资料专辑"；第六辑"台湾时间史料专辑"；第七辑"林尔嘉家族及民间文学史料专辑"。

[②] 汪毅夫作"序"，见福建省地方志编纂委员会：《福建省志：闽台关系志》，福建人民出版社 2008 年出版，第 1-2 页。

第三，闽台文化研究。闽台文化是指生活在闽、台两地人民所共同创造的，以闽方言为主要载体的区域文化，它既是中国传统文化的重要组成部分，又富有鲜明的区域文化特色。闽台是一个共同的文化区域，这是福建学者提出来的观点：闽台两地虽然在各自的物华和人文因素上有所差异，但是从文化构成的深层理论上来分析，两地的思想意识、生活习俗、宗族信仰以及民间文艺等都是一脉相通的。专家学者在以下几方面的研究成果显著：一是研究者将文化研究与人类学、民俗学、社会学、宗教学等紧密结合，形成闽台文化研究的新潮流，也开辟了研究的广阔前景。二是闽南文化研究。闽南文化是中华文化的一个重要组成部分，同时又是中华文化中的一个极具鲜明特色的地域文化。它是一种二元结构的文化结合体，也是一种辐射型的区域文化，具有极为丰富深刻的内涵和多姿多彩的表现形式。如以厦门大学和台湾高校的专家学者为主，聘请两岸对闽南文化有较深造诣的相关人士联手历时三年编撰而成的《闽南文化丛书》，分述区域发展史、方言、宗教、文学、戏剧、书院与教育、乡土民俗、民间信仰、社会宗族、海外移民与华人华侨、理学的源流与发展、音乐与工艺美术、文化事业与建筑等14个专题，为目前在两岸上市的最为全面和权威的闽南文化著作。再如，由国台办立项，厦门市政府主持，厦大人文学院具体承担的《闽南文化百科全书》也在出版之中。全书共计14卷，分别为总述、历史卷、文学卷、教育卷、学术卷、方言卷、宗族卷、民俗卷、戏剧音乐卷、华人华侨卷、文化传播卷、建筑与工艺美术卷、宗教与民间信仰卷、对台关系卷。上述两套大型闽南文化图书的出版，把闽南区域文化的学术品位推向一个前所未有的高度：首先，用无可辩驳的历史事实和文化现象，阐述台湾同胞与中华民族血肉相连的紧密关系；其次，用客观公正的学术立场论证台湾文化与大陆文化的息息相关；再者，大力弘扬了中华文化、闽南文化和台湾文化。还有如闽南方言研究。闽南方言作为闽南、台湾等地的母语，有着2000余年历史，加强对闽南方言的形成、发展和传播的研究，就是加强闽南人包括台湾人的历史和演变足迹的研究，这是深刻理解和领悟闽南文化特质的入口，其重要意义是不言而喻的。语言是文化的载体，正因为有了闽南方言这个载体，闽南的歌仔戏、高甲戏、梨园戏、南音、答嘴鼓、锦歌、民谣、童谣等文化元素才能长久地流传，并构成闽南文化的重要部分。可以说，闽南方言是维系闽台文化交流的重要纽带，是两地相互认同的标志。三是台湾文化研究。台湾文化是移植型的文化，其基本特征是牢固地保有母体文化的特质。因此，离开母体文化的特质来谈台湾文化，便成为无源之水、无本之木。因此，从文化的角度来揭示闽台之间的关系，展现台湾文化的传承流变、台湾社会的人文情怀，充分说明中华文化在台湾的流传，特别是闽台文化与中华文化的关系，让祖国大陆和台湾的读者都能清楚地了解，中华文化与台湾文化的源流关系，台湾和福建一样都是以中华文化作为自己社会的根本。增进闽台之间文化亲缘的认识、增强两地文化情结的感受，深具现实意义。

第四，闽台宗教及民俗文化研究。从历史发展与岁月流变中俯瞰闽台宗教的关系与发展，从地缘和血缘构筑而成的闽台民俗文化的普化现象和共同性来挖掘与研究闽台的民俗民风，既符合学术研究的新潮流，也为闽台"五缘文化"学说理论的提升，提供坚实的基础，不仅有学术价值，而且也具有深刻的现实意义。传统儒家思想中的精华非但没有在历史的年轮中隐没，相反，儒、道、释三元合一的思想本质则不断地消弭闽台两地的文化差异，并逐步渗透到两地的移民意识和边缘心态中，构成了互动的文化内涵。民俗是一个民族历史文化长期积淀的产物，反映一个民族的心理特征与文化特质，时至今日，我们仍可以感受到闽台同根同源的文化氛围。以民间信仰为例，两地有着共同的崇拜对象，如对佛祖、观音、玉皇大帝、关帝、城隍、土地等神祇的崇拜，体现了中国传统民间信仰释道儒不分的共性；而开闽王、妈祖、临水夫人、保生大帝、开漳圣王等地方神的崇拜更是只能在闽台两地找到。而南音等民歌小调，木偶头雕刻、花灯等民间工艺，梨园戏、高甲戏、歌仔戏等民间戏曲，都是独具闽台特色的民俗文化，深刻体现了闽台两地深厚的"文缘"。闽台两地的思想意识、生活习俗、宗教信仰研究成为福建学界研究的重要论题之一，专家学者从历史与岁月的流变中研究闽台民俗民风，证明特殊的地缘、血缘关系构筑了独具闽台特色的区域民俗文化，具有内涵的相似性，有着共同的母体"脐带"。

第五，提出"海峡文化"概念。随着福建省海峡文化研究会的挂牌成立以及

"海峡文化论坛"的相继举办,"海峡文化"这个概念越来越引起了专家学者浓厚的兴趣和热情关注。总结学术界的讨论,"海峡文化"概念的提出既基于历史又隐含着一种人文愿望,是一种愿景式的表述形式。"海峡文化"是对"闽台文化"的重新定位,它更关注的是当前两岸文化交流中出现的新情况和新问题,其内涵有四个方面:一是,两岸经济合作框架协议(ECFA)签署之后,如何进一步推动两岸文化的交流与合作;二是,如何深度整合两岸文化资源,开创两地文化交流合作的新局面;三是,如何在新形势下建构海峡两岸人民"共同的价值认同";四是,如何加强两岸文化政策比较研究,促进两岸文化政策的"对接"、两岸文化产业合作对接等。

二、发挥祖地文化优势,建设祖地文化工程

福建是广大台湾同胞的"祖地故土",特殊的地缘、血缘关系构筑了闽台同一风俗区,而相似、相近的民俗文化增强了民族的认同,强化了民族精神,塑造了民族品格,反过来又促进了两岸的文缘交流与商缘往来,拓展闽台文化交融的空间。这主要体现在以下诸方面。

(一)闽台宗亲文化研究走在全国的前面

宗亲文化是民间文化的重要组成部分,它包括谱牒文化、宗祠家庙文化、姓氏历史名人文化等等,凝聚着民族的乡土情、骨肉情与真善美,是中华民族彼此认同的标志,是两岸同胞沟通感情的纽带。福建与台湾都很重视宗亲文化的研究,其内涵大体包括:姓氏源流、世系流派、迁徙开基、家族繁衍、人口分布、郡望堂号、谱牒文化(家训昭穆)、祠堂文化(祭典联匾)、陵墓(祭扫堪舆)、名人文化、事迹典范、文物古迹、艺术著述、佚事传说等。宗亲文化是一门跨学科的综合性文化,它与考古学、人类学、语言学、遗传学、地域学、谱牒学、宗教学、地名学等都有密切的联系,成为做好台湾民众工作的宝贵资源。专家学者坚持与民间力量结合、实事求是的研究方法,明确宗旨、突出重点、推陈出新、与时俱进,取得较好成果。如通过族谱的续修与对接,初步梳理了历代迁台的主要

支派世系及迁徙繁衍、分布、流向，特别是发掘、整理、保存了闽台两地大姓或著姓的族谱、祖祠家庙、昭穆宗辈、碑铭匾联等实物及图文资料，为台胞寻根谒祖提供了可靠的依据或有希望的线索；整理了闽台十大姓氏中三种特别珍贵的族谱，包括闽台共同尊崇的著名历史人物的族谱、台湾政坛头面人物的祖谱、历史上移居台湾不同姓氏著名始祖的谱牒等；通过恳亲大会、共同举办大姓、著姓历史名人学术研讨会或纪念活动，用事实证明"闽台一家"。福建省姓氏源流研究会及其二级机构，与台湾岛内各党派、阶层、族群、团体有着密切的联系，积极组织开展姓氏文化在闽台民间的交流，如各种类型的闽台族谱展、涉台文物展等。2007年9月在福州举办的"两岸同根，闽台一家"为主题的首届海峡百姓论坛暨闽台族谱展，展出明清以来158个姓氏的1000多部族谱共2000余册，还有唐宋以来各姓氏祖先的画像、照片等500多幅。2008年7月25日，泉州与台湾姓氏研究会联手在泉州《中国闽台缘博物馆》举办"闽台族谱对接展示会暨族谱学术报告会"，参加展示的族谱涵盖94个姓氏共2400余册，尤其是还重点选展台湾前十大姓氏及著姓族谱展示，包括王永庆、辜振甫、林挺生、李远哲、许胜发、高玉树等一批知名人士在闽南祖籍地的族谱，以及大姓、著姓原版族谱100多册，同时送到台湾参加"两岸族谱联展"。

（二）深化涉台档案资料的整理收藏

福建省图书馆注意收集入藏福建、台湾地方文献的做法始于20世纪40年代。以谱牒为例，在20世纪50年代初期，福建省图书馆就已收藏家（族）谱近百种之多；到60年代初，又增至200种，216部398册。根据现实的需求，1989年福建省图书馆将闽台地方文献视为统一的特色资源加以收藏、开发、利用，在特藏部内专门成立了地方文献室，从事闽台地方文献的收集、整理、保管、研究业务。①目前，福建省图书馆已基本做到一个姓氏至少一种谱，最多者达到60

---

① 在实际运作中，福建省图书馆对重点收集的福建和台湾地方文献范畴界定为：第一，与福建、台湾两地有关的名人所撰文献资料；第二，记载福建、台湾两地有关情况的文献资料。该馆收集的谱牒文献中所藏家族谱修撰年代上自明朝下迄现代的姓氏谱牒，特别是福建、台港澳以及东南亚华人华侨中的主要姓氏、名门望族之谱牒。

多种谱，收藏重点为历代与福建有关的名人族谱，如王审知、朱熹、蔡襄、郑成功、施琅、林则徐、沈葆祯、陈宝琛、林森、萨镇冰、严复、谢冰心等；明确记载从福建迁居台湾及海外情况的各姓族谱，如《石井本郑氏宗族谱》《青阳蔡氏重修族谱》等；与福建有关的客家人族谱，如《重修闽粤赣武威廖氏通谱》《闽汀华氏族谱》等；福建少数民族族谱，如《白石丁氏古谱》《晋汀粘氏族谱》等；福建古代刻书家族谱，如《书林余氏重修定谱》等；福建罕见姓氏族谱，如《蓬湖祖氏族谱》等。以台湾十大姓氏为例，该馆所藏族谱有：陈姓48种、林姓61种、黄姓41种、张姓20种、李姓16种、王姓17种、吴姓25种、刘姓28种、蔡姓10种、杨姓16种等。从数量上看，或许福建省图书馆的这部分谱牒在国内图书馆界排不上第一，但由于内容信息独特，故现实使用价值较高。1998年冬，福建省图书馆馆藏的部分涉台谱牒曾送到台湾巡展。

此外，上杭县客家族谱馆馆藏的客家族谱，合计有112个姓氏1400多种版本1万多册，成为闽粤赣三省乃至全国收藏客家族谱最多的公共族谱馆，也是世界上唯一的"客族史料馆"。上杭县客家族谱馆通过对客家族谱文献研究，已整理出与两岸客家人血缘关系密切的60个姓氏的族谱，组织编写了60个姓氏的"源流篇"；重点考证了30个姓氏的迁徙图，做好各姓氏客家人的上祖世系、族谱族规、宗祠祖墓、裔孙派衍、名人逸事、修谱序文等图文编撰工作。同时，尽力探寻台湾客家裔孙寻根的实物实照，寻找各姓氏开基一世祖的"祖墓"，努力做到让台湾客家裔孙回祖地后有"谱"可读、有"祠"可拜、有"墓"可祭，加深对客家"根"的记忆。

（三）闽台文化合作交融平台的建设

第一，泉州的"中国闽台缘博物馆"。2006年5月正式对外开放的中国闽台缘博物馆，是经国务院批准的国家级对台专题博物馆，承担对台文史资料的收藏、研究、展示、宣传和交流等功能，是反映祖国大陆（福建）与台湾历史关系的专题博物馆。闽台缘博物馆的几大展馆各具特色，陈列品从历史学、考古学、人类学、社会学、民俗学等多学科角度，通过7个部分21个单元87个组合，以殷实的实物、文献、图片等资料，用举证的方式和对比的方法，从地理、民族、政治、经济、文化等诸多方面,科学、真实、直观、生动地阐述台湾自古是中国的领土,展现两岸同胞一脉相承、手足情深的历史事实,以及两岸源远流长的关系。根据统计,从开馆至2010年底,闽台缘博物馆已经累计接待海内外观众大约300万人次,其中台湾同胞20多万人次。目前,闽台缘博物馆在对台交流交往中的独特地位日益凸显,已经成为研究闽台关系乃至两岸关系的重要学术机构、面向海内外宣传中央对台方针政策的重要阵地、展示福建与海西的重要窗口、两岸同胞相互交流促进合作发展的重要平台,并被中宣部授予爱国主义教育示范基地、团中央授予全国青少年教育基地。

第二,闽南文化生态保护实验区。2007年6月9日,文化部正式批准设立我国第一个国家级文化生态保护区——闽南文化生态保护实验区,实验区包括厦门、漳州、泉州三市。厦、漳、泉三地是台湾同胞的主要祖籍地,也是闽南文化的发祥地和保存地,具有鲜明的闽南文化底蕴。闽南文化属于移民文化,有较强的兼容性和开放性,其内涵除了农耕文化、海商文化之外,更值得一提的是宗族文化、民俗文化、饮食生活习俗、建筑习俗、宗教文化、民间艺术及闽南方言等。

重视宗族亲情、编修族谱和宗祠建筑。闽南广大农村保存着各个姓氏数以万计的老族谱,历史上凡有同姓族人移居台湾或海外,在姓氏族谱中均有所记载,是移居台湾族裔与祖籍地宗亲保持联系的重要依据,最受闽台民众所重视。20世纪80年代末期以来,闽南各地的宗亲会一般做三件事:修葺、重建或扩建宗祠家庙,让其旧貌换新颜;通过姓氏宗亲交流交往,寻求与台湾各宗亲会的对接;为寻根谒祖的台胞提供祭祀祖先的服务。从现实发展来看,其作用不可小觑。据统计,近30年来,从漳州移民台湾的104个姓氏中有50多个回来寻根拜祖。如在漳州市保存的千余座宗祠中,260多座黄氏祠堂均与台湾宗亲有联系,在宗亲会帮助下,台湾黄氏宗亲有17支支脉在漳州找到族源;漳浦佛昙杨氏家庙被确认为与台湾宜兰里杨进士故居为同宗祠;诏安秀篆游氏东升楼锡祉堂与台湾宜兰冬山游氏东兴堂为同宗祠;南靖梅林长教简氏祖祠与台湾嘉义大林内林简氏家庙为同宗祠;龙海角美板桥林氏义庄永泽堂与台湾板桥林家花园祖堂为同宗祠;南靖书洋下坂李氏敦本堂与台湾宜兰李氏敦本堂为同宗祠;南靖书洋萧氏乾源祠与台湾彰化田中萧氏书山祠为同宗祠，等等。吕秀莲曾于 1990 年 8 月 31 日回漳州南靖县书洋乡吕氏芳园祠进香祭祖，并亲自打井水饮喝以示饮水思源；2006 年 4 月，连战回到龙海市马崎村"连氏祠堂"圆了祭祖之梦；同时，江丙坤偕夫人返平和县大溪江氏济阳堂祭祖；2007 年 9 月，国民党副主席林丰正携家眷回漳浦石榴攀龙林龙山堂祭拜祖先。

保存着众多原生态的非物质文化遗产和物质文化遗产。这些非物质文化遗产和物质文化遗产与人们的生产生活融为一体，充分体现了闽南文化的多样性、完整性和独特性，堪称八闽文苑中的奇葩。资料显示，闽南三地的文化遗产项目，分别占我省目前拥有的国家级和省级重点文物保护名录项目总数的 51% 和 43%。泉州拥有 20 处国家级重点文物保护单位、60 处省级重点文物保护单位，11 项首批国家级非物质文化遗产保护项目、20 项省级非物质文化遗产保护项目，数量列省内各设区市之首；漳州是 1986 年公布的第二批国家历史文化名城，现有国家级文保单位 15 处、省级文保单位 58 处，6 个首批国家级非物质文化遗产保护项目、16 个省级非物质文化遗产保护项目；厦门市现有 7 处国保单位、19 处省保单位，5 项首批国家级非物质文化遗产保护项目、8 项省级非物质文化遗产保护项目。根据福建省对涉台文物核查整理的统计，至 2011 年 7 月底，福建全省现登记的涉台文物 1515 处，占全国涉台文物总数的 80% 以上，其中列入全国重点文物保护单位 50 处，省级文物保护单位 279 处，闽南文化生态保护实验区是主要集中地，如仅漳州就有 243 处涉台文物列为保护单位。2005 年福建省政府公布的 101 项省级非物质文化遗产项目中，有 40 多项与台湾有着紧密关系，许多至今仍在台湾岛内广为繁衍传播。

建立起较完备的文化场馆。譬如，在台湾同胞的主要祖籍地泉州，有中国闽台缘博物馆、海外交通史博物馆、泉州博物馆、闽南建筑博物馆、华侨博物馆、南音博物馆、德化陶瓷博物馆、惠安女民俗服饰陈列馆、锦绣庄木偶艺术及其他专题性的博物馆与纪念馆等。在漳州则有漳州市博物馆、芗剧（歌仔戏）艺术中心、徐竹初木偶头雕刻艺术馆、芗城区灯谜艺术、漳浦剪纸艺术中心、天福茶博物院等。

较强的文化学术研究队伍为规划和建设闽南文化生态保护实验区的重要智力支持。作为我国最早开放的经济特区之一的厦门，正着力打造教育之城、科技之城和艺术之城。厦门市不仅有厦门大学、集美大学等十多所高等院校，集中了大批的文化艺术科研人才，并较早设立了闽南文化研究机构，出版有关学术刊物；而且拥有比较先进和完善的文化基础设施，各级各类图书馆、博物馆、艺术馆和美术馆健全。此外，福建社科院、省艺研院、省属高校的一批专家学者长年致力于闽南文化研究，其研究成果在全国有一定影响，具有较为明显的科研和学术优势。

海内外闽南乡亲、闽南籍闽商是保护和弘扬闽南文化的重要力量。在闽南，无论是政府、社会、民众，还是台胞、侨胞，无不希望闽南文化代代相传、薪火不息；热心文教、回馈桑梓，更是海内外闽南乡亲和闽南籍闽商的共同心愿和实际行动。在闽南，许多文化设施场馆、民间信仰场所、民俗文化活动都是由闽南乡亲、闽南籍的闽商捐资兴建或捐助开展。闽南还是福建省经济发展最快、最活跃、基础最扎实的地区，为闽南文化生态保护可持续发展奠定坚实的基础。

福建省及厦、漳、泉各级党委政府高度重视社会经济文化协调发展以及闽南文化生态的整体性保护。福建省委、省政府组织专家学者，经过周密研究和多方论证，制定了《闽南文化生态保护区规划纲要》，强调对闽南地区文化生态的整体性保护要坚持试点先行、总结巩固、规范交流并推广。根据《福建省民族民间文化保护条例》和《闽南文化生态保护实验区规划纲要》，福建已经出台了闽南文化生态保护实验区示范点、示范园区建设方案草案。首批30个闽南文化生态保护实验区示范点、示范园区中，泉州有梨园戏、提线木偶戏、晋江布袋木偶戏、高甲戏、泉州北管、泉州南音、浔埔女习俗、闽南民间音乐舞蹈、端午习俗、蚶江对渡10个示范点和泉州古城区、安溪县茶文化、德化县瓷文化3个保护示范园区；厦门有青礁保生大帝文化、漆线雕技艺、南音、高甲戏、歌仔戏、莲花褒歌6个示范点和鼓浪屿文化保护示范园区；漳州有芗剧（歌仔戏）、布袋木偶戏、漳浦民间剪纸艺术、保生大帝信俗、漳州锦歌、开漳文化、三平祖师信俗、长教古村落文化、大地土楼群9个示范点和东山关帝文化保护示范园区等。第二批闽南文化生态保护实验区则有漳州历史街区保护示范园区等4个园区，以及泉州花灯保护示范点等16个保护点。2008年9月，厦门市制订的《厦门市闽南文化生态保护实验区建设规划》通过施行；2009年，《漳州市闽南文化生态保护实验区建设规划》通过施行；2010年4月《泉州市闽南文化生态保护实验区建设规划》通过施行。2011年福建将组织第一批闽南文化生态保护实验区30个示范点的评估验收，完成《闽南文化生态保护区总体规划》的编制并组织实施。

总而言之，厚实的文化遗产积淀、民间和社会各界的热忱支持、雄厚的经济基础、党委政府部门的重视，都为闽南文化生态保护实验区创造了相当优越的综合环境。2010年福建省批准设立第一个省级"妈祖文化生态保护园区"，在国家级闽南文化生态保护实验区先后分两批设立50个示范点（示范园区），在海峡两岸具有较大影响力，并成为海峡两岸乃至于世界文化交流的重要载体。

第三，充分发挥"海峡品牌"在对台交流中的影响与功效。主要体现四个方面：一是提升对台交流平台的层级、扩大影响、增强实效。在福建每年举办的"海峡论坛、海峡两岸民间艺术节、海峡两岸文化产业博览交易会、莆田湄洲妈祖文化旅游节、闽台对渡文化节暨蚶江海上泼水节、海峡两岸关帝文化节"等已列入文化部、国台办年度重点涉台文化交流的平台建设。二是形成闽台文化交流全方位、宽领域、多层次品牌效应。如福建各地积极举办工艺美术展、民间民俗展、民间技艺展，以及"郑成功文化节""朱子文化节""慈济文化节""关帝文化节"等系列涉台文化交流活动。三是不可低估的"神源"文化交流。闽台神明世俗文化，具有传统性、广泛性与通俗性的共同特点，在台湾一般民众，尤其是中南部民众中有着强大的影响力与吸引力。最典型的有湄洲的妈祖、龙海的保生大帝、漳州的开漳圣王、南安的广泽尊王、安溪的清水祖师、惠安的灵安尊王等等，甚至被升格演化成保佑"民生"的多功能之神。四是福建宁化石壁成为海内外客家人寻根朝圣中心。众多客家的一世祖源自上杭，每年宁化石壁客家公祠举行的"世界客属石壁祖地祭祖大典"、永定每两年举办一届的"中国永定土楼文化节"等活动都吸引了众多台湾客属宗亲回到祖地寻根祭祖，成为传承与弘扬客家文化的感性而有效的平台。

（四）法规政策的助力

涉台立法先行先试是福建省地方立法的一大特色，创造了诸多地方涉台立法的全国"之最"，为丰富中国特色社会主义法律体系进行了有益探索，为推动闽台交流与合作做出了重要贡献。福建省先后共制定专项涉台地方性法规 11 项，其中已废止 2 部，现行有效的涉台地方性法规 9 部，这些法规多数属全国首创。在福建省人大常委会和福州市、厦门市人大常委会制定的众多地方性法规中有 60 多项含有涉台条款，其中已废止 16 个涉台条款，现行有效的有 48 个涉台条款。这些地方性法规和涉台条款，为扩大对台开放，鼓励台胞来闽投资、台生来闽就读，促进闽台文化领域的交流合作，推动两岸关系发展等方面都发挥了积极作用。根据《福建省"十二五"时期文化改革发展专项规划》，福建将加强文化资源整合，提高文化产业规模化、集约化、专业化水平，打造全国重要文化产业基地；促进闽台文化交流合作，深化闽台文化艺术人才对接，使海西成为两岸文化和民间交流合作先行先试的平台。为此，将在政策扶植、信息服务、平台搭建、渠道疏通等方面，发挥法律和地方性法规的服务与保障功能。此外，在中央财政资金的支持下，福建涉台文物资源得到进一步丰富充实，涉台文物数量明显增长。资料显示，2008 年启动的涉台文物保护工程以来，中央财政累计拨出专款 1.37 亿元，支持福建 141 个涉台文物保护工程项目，目前已有 29 个项目竣工，61 个项目正保护修复，开工率达 63.8%。至 2011 年 7 月福建涉台文物中有全国重点文物保护单位 50 处、省级文物保护单位 279 处，分别比 2007 年福建开展涉台文物专题调查时增长了 51% 和 203.3%。此外，全省有 48 个全国重点涉台文物保护项目列入国家《"十二五"文物保护规划》和《"十二五"抢救性文物保护设施建设规划》，269 个省级文物保护单位列入国家《"十二五"文物保护规划》，申请中央资金补助达 13.04 亿元[①]。

---

① 《福建日报》2011 年 8 月 25 日。

第三节　闽台文化交流合作的步步提高

从民间自发的文化往来，到两岸文化业界携手共同打造文化产业链，闽台文化交流与合作高潮迭起，好戏连台。福建先后打造了海峡两岸图书交易会、文化艺术博览会、旅游博览会、茶业博览会、金门书展、中华文化发展方略高层论坛等文化交流品牌，呈现出全方位、多层次交融合作的局面，在两岸关系和平发展的进程中发挥着越来越重要的作用。

一、咫尺比邻的地缘便捷优势更加凸显

目前，福建是大陆赴台交通方式最多、航线最灵活、航班最密的省份，拥有福建沿海与金门、马祖地区直接往来，厦门海上客运直航台湾本岛，福州和厦门空中直航台湾三种方式；闽台直航航线12条，包括海上4条，空中8条；每周海空直航航班达377个。随着两岸人员往来的日益密切，2013年闽台间新增了多条海空航线。如断航120年的台南安平港至厦门港海上客运直航重新开启，晋江机场开通至台北的首条对台直航定期航线，武夷山机场增设为两岸季节性旅游包机航点。交通运输部向福建省下放福建沿海与金门、马祖地区直接往来管理权限；高雄首条连接大陆的海上定期客运航线——厦门至高雄海上客运班轮航线开通；连江黄岐至马祖客运航线成功试航；平潭至台北海上客滚航线也于2013年10月开通，这标志着福建正式开通至台北、高雄海上客运班轮航线，至此，闽台之间已有厦门至基隆、台中、高雄以及平潭至台中、台北共5条客滚定期航线，从周一到周六天天都有直航台湾的航班。闽台之间一湾浅浅的海峡已从人为阻断的"黑水沟"转化为两岸城际全面对接的"黄金线"，是两岸间最经济、最便捷的海上通道，为两岸文化教育交流合作创造更为突出的闽台优势。

二、深化对接、共享成果

第一，随着闽台经济文化交流合作的繁荣与深化，两地文化对接的成果更加丰硕，不仅有诸多的首创，形成固定的交流平台，还呈现出"往来高端化、活动品牌化、交流持续化、形式多样化、内容多元化、机制常态化"等诸多特点。近年来，福建努力建设对台文化交流基地，尽心打造"福建文化宝岛行"，如入岛举办的闽台族谱对接展、两岸图书交易活动、妈祖金身和妈祖文物巡展活动、开展与台湾媒体交流合作等活动，吸引了两岸同业组织的积极参与，在组团规模和交流区域上屡创大陆赴台交流新高。2006年起，闽台业界牵手连续在台湾大型公共场所成功举办的"妈祖之光"大型文艺晚会，更成为一张亮丽的名片。一大批以妈祖文化、客家文化、闽南文化为载体的"海峡两岸民间艺术节"，如"中国·湄洲妈祖文化节""闽台对渡文化节暨蚶江海上泼水节""海峡两岸关帝文化旅游节""闽南文化节""开漳圣王文化节"等节庆创新活动受到闽台两地同胞的热烈欢迎，不仅成为大陆地区对台交流的重点项目，而且成为最具地方特色民俗节庆的中国品牌。

第二，海峡两岸（厦门）文化产业博览交易会成为大陆地区吸引台湾企业参展最多的综合性文化展会。创办于2008年的海峡两岸（厦门）文化产业博览交易会，是中国大陆唯一以"海峡两岸"命名，并由两岸共同举办的综合性文化产业博览交易会，以"一脉传承·创意未来"为总主题，以"弘扬中华文化、推动两岸文化市场融合"为宗旨，以中华文化为纽带，深化两岸文化交流与产业对接，已成功举办六届。经过六年的培育，海峡两岸文博会规模逐年扩大，在文化投资交易、产业合作等方面实现新的突破，不仅设有影视产业展区、文化创意设计展区等专题展区，还含有海峡两岸图书交易会、厦门国际动漫节、厦门国际体育用品博览会，并设立了海峡文化产权交易区。2013年10月25日至28日在中国厦门国际会议展览中心隆重举行的第六届海峡两岸文博会，总展览面积达9.5万平方米，共计4800个展位，主体展览2540个展位，海峡两岸图书交易会1016个展位，厦门国际动漫节（含动漫网游展区）762个展位，体育用品博览会508个展位；推出工艺美术、创意设计、数字内容和影视演艺四大产业板块，并升级文化创意旅游展区、博物馆展区、非物质文化遗产展区、省市主题展区等。两岸还联手举办两岸最高级别工艺美术展、海峡工业设计大奖赛、亚洲六城设计论坛、两岸新一代设计展、中华云数字内容大奖赛、全球设计奖获奖作品展示、两岸数字内容采购说明会等高级别活动。"两会两节一展"的大文博格局，使得文博会成为一场内容丰富、异彩纷呈的文化创意盛宴，并通过建设文化产业领域中城市、企业、创意、产品、人才的橱窗，实现两岸文化产业的对接效益，成为孵化两岸文化创意人才的第一平台。

第三，闽台教育合作交融的亮点。教育是文化的延伸，历史上闽台教育制度一脉相承，存在一体化的密切联系与交融。闽台区域文化的形成，一方面是伴随着福建移民浪潮将福建文化在岛内不断传播扩展，另一方面则是闽台之间教育交融作用的结果，促进岛内宗族制度和封建科举教育制度的形成。在福建先民筚路蓝缕开发台湾之初，由于文风未盛，岛内社会尚处组建之中，历代封建统治者都很注意举办教育，以"兴学"教化，宗族制度普遍建立，社会风气逐步好转。早在明朝郑成功政权时期，咨议参军陈永华就已经在台南建立孔庙，旁置明伦堂督课学子，每三年举行两次科举，选育人才。[①]清朝统领台湾后，台湾长期属福建管辖，在岛内建立起与祖国大陆相一致的教育制度，闽台教育一体化的格局逐步形成，其主要特征有三：一是具有完全一致的教育宗旨；二是同属一个教育行政体制；三是福建为台湾官立学校提供充分的条件。如岛内各类学校的教师大都是从福建派去的，所需教材也由福建调拨[②]。从中华教育的传播历史以观，台湾教育的发展，无论是学校类型、教育思想、教学方式、管理方法等，无不受到福建教育的影响；此外，得益于闽籍移民中的知识分子、游学以及仕宦之士的努力。在福建教育制度移植台湾的过程中也产生了一些变异，形成了台湾教育与福建不尽相同的某些特殊性，在一定程度上丰富了中华教育的内涵。但不可否认，共同

---

① 江日升：《台湾外记》卷六。
② 黄新宪：《闽台教育的交融与发展》，福建人民出版社2003年版，第3-5页。

思想文化熏陶促成的闽台教育交融毕竟是一个大趋势。从总体上说，闽台两地教育交融的直接结果，使得台湾的教育事业获得长足的发展，促成了岛内有影响力士绅阶层的形成，以及台湾民众对故土家园的向心力，同时也使得台湾民众爱国思想和反侵略意识普遍增强。若从现代教育理论来看，闽台两地民众同操乡音，共守习俗，乃生命个体在日常生活环境中所获经验使然，更主要体现的是一种同根共源的文化背景。闽台之间为"学得"某种文化而进行的长期、密切的教育交往，显示的是一种共同的文化价值追求，是两地民众自觉而执着的精神趋同，即便是两地分离时期也存在着或明或隐的纠缠关系。

闽台文化教育的渊源相同，在发展的过程中互相浸染，对两地社会的变革与转型都产生积极的影响。教育先行是福建既定的战略，在两岸关系和平发展的大格局下，以资源互补互利、互相借鉴为宗旨的闽台教育合作，成为闽台文化交流的一个新突破口，可以预见，通过闽台两地有识之士的努力，闽台文化教育交融必将进入一个全新的发展阶段。在新的时期，虽然海峡两岸政治制度和社会背景差异，教育发展走过不同的道路，但"血浓于水"的情缘，让闽台教育的交流与合作一下子就冲破时间的藩篱和海峡的阻隔。近年来，闽台教育合作日趋频繁，内容广泛，成效明显，呈现出很强的互补性和交融性，成为两岸文化交流合作先行先试的亮点，创造出多领域、多层次、全方位的闽台教育交融的新格局。闽台教育合作日趋频繁，领域广泛、层次多元，呈现出很强的互补性和交融性，在某种程度上成为展示闽台文化交流合作的一个"窗口"。

第四，推动闽台协力保护同源文化。在传统文化的保护上，两岸一直交流协作。闽台非物质文化遗产在沧桑岁月中形成，在悠久历史中联姻。目前，在福建省已有353项省级非物质文化遗产中，涉台项目达97项，主要集中在传统技艺、传统戏剧、民俗这三类，在闽台地区影响广泛。[①]迄今，福建省入选联合国教科文组织《人类非物质文化遗产代表作名录》有4个项目，入选《急需保护的人类非物质文化遗产名录》有2项，包括妈祖信俗、南音、水密隔舱福船营造技艺等，

---

① 天涯客：《非遗法施行将推动保护两岸同源文化》，《海峡瞭望》2014年2月，总第226期。

涉及闽台共有的传统文化。其中妈祖信俗的申报，由于得到了台湾地区马祖信众的积极支持，成为中国首个世界级文化遗产的信俗类非遗项目，这对保护马祖文化、传承信仰习俗、挖掘文化内涵、推动广泛传播、扩大世界影响都具有积极的促进作用和重要的现实意义。闽台对渡文化节暨蚶江海上泼水节延续了数百年，是全国乃至全世界独有的、最具特色的海上泼水民俗活动，在2011年5月23日国务院公布的第三批国家级非物质文化遗产名录榜上有名。

文化同根同源，台湾的非物质遗产大多来源于福建，加强保护并传承在沧桑岁月中形成的同源的闽台非物质文化遗产，越来越受到闽台两地有关专家学者的高度重视。目前，福建与台湾共有39项民间艺术、55位民间艺人被列入国家非物质文化遗产名录；由福建师范大学申报的"闽台濒危非物质文化遗产的传承与保护性利用研究"课题获得国家社科基金项目支持；闽台有关机构又开始联手推动漳州"哪吒鼓乐"[①]申报国家级非物质文化遗产。

三、开启闽台文创经济的崭新时代

2008年，集设计研发、产权交易、信息发布等为一体的"闽台文化产业园"在福州正式运营，57家台资企业先后入驻，2011年实现产值342亿元人民币，其中台资文创企业产值达到30亿元人民币。2010年，由厦门根深智业文化创意产业集团投资建设的厦门牛庄对台文化创意产业园投入运营，已有10多家台湾知名文化创意企业签约入驻。2011年12月27日，由海峡两岸文化创意产业有关企事业单位、个人及地方主管机构自愿组成的涉及海峡两岸文化创业产业交流的非营利性社会组织——福建省海峡文化创意产业协会在福州成立。据了解，目前有登记在册会员135人，有6位台湾文化创意行业的代表加入了该协会，会员

---

① "哪吒鼓乐"主要流传于漳州的芗城、龙海、南靖一带和台湾部分地区，在台湾俗称为"法子鼓"，以"咬旗"阵式为其表演的绝活，明代时从道教圣地西闾山传入，至今已有600多年历史，成为漳州民间信仰遗存的的古老吟唱表演，并随着漳州入台先民的足迹延伸，将这种习俗传入台湾。

类别涵盖了出版发行、广播影视、动漫游戏、新媒体、广告创意、演艺娱乐等领域，同时开通了海峡两岸文化创意产业资讯门户平台——海峡文创网（www.hxci.cn）和协会网站，为两岸文化创意产业发展搭建信息发布与交流、资源和项目展示、政策咨询和服务的平台。于2009年4月在台北成立的"中华两岸连锁经营协会"在福州成立了大陆唯一的执行总部——福建分会，于2013年12月1日在福州主办了"台湾文化创意产业河西合作论坛"，来自海峡两岸的专家学者就繁荣两岸文创产业提出合作的构想，探讨寻求闽台文创产业合作共赢的方法与途径，希望同根同源的闽台两地，能携手为海峡两岸文化创意合作搭建平台，开启两岸文创经济新时代，造福两岸人民。

四、海峡论坛追求两岸人民的"中国梦"

"人心"之桥连接两岸。"海峡论坛"坚持面向基层民众不动摇，以鲜明的草根性特色成为两岸交流合作深入扎根的重要平台，在推进两岸关系和平发展进程中发挥独特的作用。从首届的"开拓之举"到第二届"基层民众为主角的两岸交流时代"的来临，再从第三届的"常态化"、第四届练就"两岸民间交流第一品牌"到第五届的"聚焦亲情、共圆梦想"，一路前行的海峡论坛格外彰显海西色彩与闽台"缘素"，也让台湾社会与民众体会到福建在两岸交流中的区位优势。2009—2013年的五届"海峡论坛"，已累计发布了124项利台政策，内容涉及两岸人员往来、经贸、旅游、文教交流、社会生活、权益保障等诸多方面，既有关乎两岸交流合作的政策，也有便利海西区与台湾之间区域互利双赢的举措，为台湾民众带来沉甸甸的实惠，成为推动两岸关系和平发展不可或缺的组成部分。譬如，由两岸73家单位共襄盛举的"聚焦亲情、共圆梦想"的第五届"海峡论坛"于2013年6月22日落幕，以"扩大民间交流、加强两岸合作、促进共同发展"为主题的4大板块28项活动在福建各个城市展开，台湾22个县（市）都组团参加，其中有15位县（市）长率团出席，巩固了两岸携手公益、惠泽民生的新实践，见证了两岸加强了解、增进认同、汇聚民心、凝聚力量的行稳致远之势。在此届论坛上，国务院台办主任张志军宣布大陆将出台 31 项促进两岸交流合作的政策措施，其中 6 项为有关部门委托颁布，包括方便台胞签注、开放台胞赴大陆专业资格考试、维护台胞合法权益、增设海峡两岸交流基地、设立首批海峡两岸文化交流基地、推进两岸出版交流合作等。正是这些呼应民众心声和愿望的政策措施，增进两岸同胞福祉，扩大并深化两岸经济合作，促进各自经济的发展，更为建设两岸共同家园积累了有益经验，让蕴藏于两岸民间的智慧与力量得到最大程度的汇聚和升腾。

五、通过机制创新打造闽台共同精神家园

"两岸一家亲"重在实践，文化是最重要的黏合剂，文化交流合作已经成为改善和密切两岸关系的润滑剂。紧密的"地缘、血缘、文缘、商缘、法缘"五缘关系就像是搭在福建和台湾之间的五座大桥，体现了闽台区域文化的同根同源、丰富多彩及独树一帜，闽台文化所积淀的独特关系和优势是其他省份所无法取代的，这既为我们做好对台文化交流提供了良好的基础条件，更赋予我们做好这项工作的特殊的使命感和责任感。

第一，创建两岸民间性、草根性、广泛性交流合作的独特平台。"人心"之桥连接两岸。"海峡论坛"坚持面向基层民众不动摇，以鲜明的草根性特色成为两岸交流合作深入扎根的重要平台，在推进两岸关系和平发展进程中发挥独特的作用。这体现在参与主办的单位更多、基层色彩更浓、活动形式多样、特色明显、内涵丰富、领域更宽。譬如：为两岸青年、职工、妇女三大群体搭桥；拉紧姓氏宗亲、同乡社团、民间信仰、大陆配偶四条纽带；深入文化、教育、医疗、法律、工商五大领域；缩短了农、渔、水利、乡镇村里、社区协会、公益慈善等六大基层组织之间的距离。再如，第五届海峡论坛新增了两岸城镇化建设论坛、海峡金融论坛、闽台同名村镇续缘之旅和闽台"同名村、心连心"联谊活动周等 8 项活动，首次将"世界闽南文化节"和"两岸公益论坛""海峡两岸关爱自然志愿服务论坛"纳入其中。"海峡职工论坛""两岸城镇化建设论坛""海峡两岸婚姻家

庭论坛""台湾特色庙会"等,让两岸基层民众亲眼看见、亲自体验、亲身感受两岸关系前行的点点滴滴。

第二,抛开分歧、回归人性的闽台一家亲互动。随着血脉亲情历久弥新,福建祖地文化成为两岸同胞交流合作的桥梁与纽带,闽台民间信俗已成为台湾同胞心灵深处的原乡记忆,闽台之间县市、社区、园区的对口交流合作逐步向民间深层扎根,是"两岸一家人""共有的精神家园"理念逐步入岛的写照。2013年9月间,由福建省对外交流协会、《两岸传媒》、台湾联合报系和福州三坊七巷文化街区管委会共同主办的"两岸交流图片展"在三坊七巷隆重举行,100多幅记录两岸交流历史场景的精彩瞬间,展现最多的是闽台之间的交流交往的历史,呈现的其实是两岸一家亲的温馨画面。"两岸交流图片展"在福州首展后继续在大陆台商聚集区巡回展出,主办方还积极推动赴台展出。照片是历史的纪录,让两岸人民共同回首两岸交流破冰开始的隔阂与陌生,到如今的熟悉与融合,更加珍惜现在。这一年间,福建省还举办了世界闽南文化节、闽台同名村镇续缘之旅和"同名村、心连心"联谊活动,推动妈祖之光、土楼神韵、福建文化宝岛行等赴台巡演,促进了祖地文化交流;涉台宗亲、同乡、民间信仰、婚姻等"四个纽带"数据库建设已完成数据采集和软件设计工作;新建了三明宁化石壁、福州三坊七巷两个海峡两岸交流基地和29处国家级重点涉台文物保护单位;在在均让众多台湾民众和大陆同胞一起共享文化盛宴。福建诸多方面的先行先试,见证了作为两岸文化直接往来的综合枢纽在福建的日益完善,使在闽的台湾同胞更有信心创业,更加快乐生活。因此,打造两岸同胞宜居宜业的美好共同家园和参与国际竞争的区域平台,将成为一股新潮流。

第三,努力创建两岸文化交流合作的长期化、制度化、常态化保障机制。"天下之势,以渐而成;天下之事,以积而固。"中华文化发展已到了继续探讨方略、凝聚共识的关口。一方面,福建主动寻求与台湾文化同行的沟通联系,通过与台湾行政部门、文化机构、演艺公司、高等院校等签订双方交流合作意向,共同创建长期化、制度化、常态化的交流合作保障机制;进一步研究制定灵活的鼓励办法,创新合作机制,吸纳台湾同胞来闽投资文化产业,建立生产基地、地区总部、研发和营销中心等等，寻求闽台文化交融合作共赢的方法与途径。另一方面，促成了以"探讨中华文化，凝聚发展共识"为主题的首届"中华文化发展方略·两岸四地文化沙龙"于 2013 年 11 月在福州举行[①]。

当下，两岸关系正处于和平发展的势头，闽台文化交流合作正站在新的起点上。在 2013 年 3 月 17 日中央政府完成换届之后，李克强总理在人民大会堂金色大厅回答台湾《联合报》记者提问时，曾这样来解释两岸同生共长的关系：大陆和台湾是我们的共同家园，把它一道维护好、建设好，使其花团锦簇，花好总有月圆时。"中国梦"不只是大陆同胞的梦，也是台湾同胞的梦；"中国梦"不只是汉族人民的梦，也是全国各少数民族的梦；"中国梦"不只是历史的梦，更是时代的梦。"地缘相近"是基础、"血缘相亲"是历史、"文缘相承"是关键、"商缘相连"谋发展、"法缘相循"谋统一，愿两岸同胞能勇敢地伸出自己的双手，把"中国梦"对接、让"中国梦"合拢，进而共同锻造美丽共同家园的"两岸梦"。

---

① 由中华文化发展促进会、中国文化院及中国华艺广播公司等社会团体和两岸传媒合力于 2013 年 11 月 6—7 日在福州举办的首届"中华文化发展方略·两岸四地文化沙龙"，以"探讨中华文化，凝聚发展共识"为主题，邀集两岸四地文化界知名人士，深入探讨中华文化发展方略，为中华文化传承发展引入新视角、注入新思路。与会者达成八项共识，简述如下：1. 中华文化是两岸四地同胞共存共享的精神家园，为推进两岸关系和平发展、实现中华民族繁荣复兴提供了丰富资源和不竭动力。2. 两岸四地同胞理应携手并肩、共同应对国际文化的竞争挑战。3. 彼此间的文化交流合作应秉持"求同存异、取长补短、互相尊重、相互包容"原则，不断扩大交流合作范围，深化交流合作内涵，丰富交流合作形式，完善交流合作机制，努力形成"资源共享、优势互补、互惠共赢、共同发展"的局面，推动中华文化之凝聚，促进中华文化之认同。4. 中华文化应保持民族性、展现包容性、赋予时代性，广泛吸收世界文化的优秀成果，不断拓展中华文化的时代内涵。5. 两岸四地应主动作为，大力发展文化产业、打造文化品牌，努力扩大文化贸易开创文化市场、积极加强文化交流、参与文明对话，不断更新传播理念、拓展传播渠道，共同建构分工合作的中华文化国际传播体系。6. 中华文化复兴需要民众参与，必须实现精英文化与民间文化融合发展。7. 应当高度重视对青少年进行传统文化教育，用中华文化精华滋养灵魂，用中华文化精髓形塑价值。8. 文化创新是文化发展的内在动力，中华文化只有不断创新才能历久弥新。

第三章　闽台民间文化交流与合作（上）

民间文化（folkculture），是指由社会底层的劳动人民创造的、古往今来就存在于民间传统中的自发的民众通俗文化。福建与台湾一衣带水，闽台人民同根同缘，血脉相连；闽台语言相通、习俗相同，宗教信仰一脉相承，民间文化关系源远流长，是维系两岸同胞民族感情和文化认同的重要精神纽带。闽台民间文化交流既有历史的渊源，又有现实的需求。改革开放30多年来，闽台民间文化交流在曲折中不断向前推进，经历了一个从无到有、从单向到双向、从间接到直接、从简单到多元的渐进发展过程，取得了显著的成效。

中国的民间文化博大精深，内涵丰富，大致可以分为宗亲文化、民俗文化、民间文学、民间艺术、宗教文化与民间信仰等。考察改革开放以来30多年间闽台民间文化交流的主要内容，亦可将其分为闽台民间信仰交流、闽台宗教文化交流、闽台宗亲文化交流、闽台民间艺术交流、闽台民俗文化交流、闽台基层交流等几个层面。本章着重就闽台宗教文化与民间信仰的历史渊源、当代闽台宗教文化与民间信仰交流的发展历程及其对两岸关系的影响进行分析与探讨。

第一节　闽台宗教文化与民间信仰的历史渊源

众所周知,以佛教、道教为代表的宗教文化以及种类繁多的民间信仰是维系两岸同胞民族感情和文化认同的重要精神纽带。闽台宗教文化与民间信仰交流因其特殊地位发挥着特殊的作用,在两岸文化交流与民间往来中占据了极其重要的位置,其意义和影响大大超越了民间信仰本身。

闽台两地一衣带水的天然地缘优势,使得台湾的宗教信仰大多来自或源于福建。从历史发展来看,厦台佛教、道教一脉相承,基督教、天主教关系密切,民间信仰同根同源,在形成和发展的过程中,不仅具有明确的传承关系和密切的互动关系,而且信众的宗教观念、宗教仪轨、信仰方式、信仰体系如出一辙,成为维系两岸同胞亲情的一条重要精神纽带。

一、闽台佛教、道教一脉相承

台湾的佛教兴起于明末郑成功时代而发展于清代,承袭着大陆佛教的传统,属于中国汉传佛教的一部分。闽台佛教同宗同源,有着密不可分的渊源关系:台湾佛教的宗派多数传自福建,台湾佛教寺庙的创建,与福建人的积极参与分不开;闽台两地寺庙互动密切,在修建佛寺时常在经济上相互支持;闽台两地僧人交往频繁,大大促进了两地弘法活动;即使在日据时期,闽台两地的僧人往来和佛教交流仍未中断。此外,福建在佛教文化、佛教教育方面对台湾佛教产生了潜移默化的影响;台湾的佛教音乐、寺庙壁画、佛像塑造工艺等佛教艺术也都传承自福建,与福建大同小异。

作为中国唯一的本土宗教,道教在台湾有广泛的民众基础,台湾道教宫庙林立,有70%以上的台湾人信奉道教。从历史渊源来看,明清之际,道教由福建移民传入台湾，闽台道教同祖同宗，一脉相承。首先，台湾道教的主要派别（如闾山三奶派、茅山派、正一派、清微派）多由福建传入。其次，闽南的道教科仪一直是台湾道教正统的源头，台湾道教深受影响，并传习至今。台湾道士举行斋醮仪式时，所用的各种科仪本、法器、法服等，绝大多数都是由福建尤其是闽南传入。再次，台湾道教所信奉的神祇绝大多数由福建传入，与福建道教奉祀的神灵基本相同，如玉皇大帝、玄天上帝、太上老君、文昌帝君、福德正神（土地公）、城隍、财神等。

二、闽台基督教、天主教关系密切

闽台基督教（这里指基督教新教）关系密切。近代以来，基督教在台湾的传播与福建有着密切的联系。1945年台湾光复之前，只有基督教长老会、真耶稣教会和圣教会这三种教会，前两种都与福建关系极为密切。台湾的基督教长老会于1860年由福建传入，而且在很长一段时期内，台湾教会一直隶属于长老会福建厦门总会。此外，台湾的真耶稣教会也是由福建的一些真耶稣教徒于1925年传入台湾的。另外，闽台基督新教教会之间长期保持着密切往来关系，历久而未间断，两地教会还以闽南语为纽带，使用相同的教会出版物。目前，台湾近50万基督教徒中，有1/3原籍是福建，或出生于福建，或在福建生活工作过。

台湾天主教与福建沿海的天主教一样，都是由西班牙传入，同属于西班牙多明我会。传教士首度入台，也纯因明末赴福州传教引发。据记载，1619年马尼拉天主教多明我会派遣会士马迪尼前往福州传教，因在海上遇到暴风，漂到台湾后发现了这个新大陆。随后，多明我会便于1626年派出6名传教士入台开始传教。1859年，在中断了200年的传教后，天主教再度传入台湾，此后台湾的天主教教务隶属福建教区管辖。1880年被划入厦门教区管辖。直至1913年台湾才脱离厦门教区，成立独立的监牧区。台湾教区和福建教区虽然分家，但两者关系仍十分密切，台湾教徒所用经本、教会年历等，多采用厦门或福州教会的出版物。两地教会在人事往来方面亦颇为紧密，神父、修女常有互相调动，厦门教区修院还为台湾培养神父。

三、闽台民间信仰同根同源

在历史上，福建的民间信仰主要以"分身""分灵""漂流"等途径传入台湾，并逐渐在台湾各地传播，在宝岛生根发芽。如今在台湾影响较大并受到民众广泛崇拜的民间信仰神灵中，有许多是被迁台的闽籍移民奉祀的祖籍神明，其中影响较大的包括湄洲的妈祖（即天上圣母）、龙海的保生大帝、安溪的清水祖师、漳州的开漳圣王、福州的临水夫人、南安的广泽尊王等；也有一些在大陆广泛流传的民间信仰如观音菩萨、玉皇大帝、玄天上帝、关圣帝君和王爷信仰[①]等，亦是随着福建移民开发台湾的历史进程，而逐渐传入台湾各地。台湾当局于1918年、1930年、1960年、1966年、1975年和1981年先后六次对台湾地区各种寺庙的主祀神进行的调查统计显示，在名列前20位的主神中，除了三山国王从广东传入，开台圣王、有应公、义民爷为台湾土生土长的神灵外，其余的均是随移民从福建传入台湾。[②]另据1987年统计，在台湾民众信奉的300多种民间信仰神灵中，80%是由大陆分灵过去的，其中源于福建的占了绝大多数。[③]

在福建寺庙向台湾的分灵过程中，逐渐形成了福建祖庙（根）、台湾开基庙（枝）、台湾分灵庙（叶）的三层关系网络，三者之间有着类似于血统上的承袭关系。历史上，闽台宫庙之间通过进香祭祖、神像巡游等方式，进行良好的互动与交流，以维系和增强这种特殊的联系。清代，除了由台湾开基庙发起，定期组织一些经济实力雄厚、较有势力和影响的分灵庙，到福建祖庙进香谒祖之外，台湾各地分灵庙到在台开基祖庙的进香活动盛况空前。最隆重的当属台南学甲慈济宫

---

① 王爷信仰是闽人对于鬼神的敬畏崇拜演化而来，在闽台民间信仰中占有重要的地位。明清时期，随着大批闽南人迁徙台湾生活定居，王爷信仰也通过"送王船"和请香火分炉等方式传播到台湾各地，成为台湾影响较大的民间信仰之一。
② 林国平：《闽台民间信仰与两岸关系的互动》，《江西师范大学学报》（哲学社会科学版），2003年第4期。
③ 洪荣文：《闽台民间信仰的传承与交流》，《泉州师范学院学报》（社会科学版），2008年第1期。

每年都举行的"上白礁谒祖祭典"此外,台湾分灵庙在谒祖进香后,大多盛情邀请福建祖庙或在台开基庙的神灵绕境巡游,驻跸各分灵宫庙,接受当地信众的顶礼膜拜,为当地禳灾祈福,并借此仪式进一步增强与祖庙神灵的"血缘"联系。清代,北港妈祖赴台南、嘉义两地分灵庙的绕境巡游活动特别隆重。

到了日据时期(1895—1945年),日本当局的殖民"同化"政策无法割断两岸同胞"血浓于水"的骨肉亲情关系,一些台湾信徒想方设法冲破重重阻挠,绕过日本当局的种种限制,组织进香团绕道日本或香港,到福建祖庙进香。据《台湾日日新报》记载,1911年至1924年台湾妈祖庙到大陆进香至少有9次。[①]事实上,台湾妈祖信徒到湄洲祖庙进香的实际次数远远超出此数字。当然,受到当时的客观条件所限,更多的台湾信徒无法到福建祖庙进香,就往往采取权宜之计,前往在台开基祖庙进香,以寄托他们对祖国和故土的思念。如台南学甲慈济宫的"上白礁"进香谒祖祭典,虽然遭到日本殖民者的严厉压制,但仍能在逆境中坚持每年举办,参加者数以万计。

第二节 当代闽台宗教文化与民间信仰交流的发展历程

当代的闽台宗教与民间信仰交流始于20世纪70年代末80年代初,是两岸交流中恢复最早、发展最快、成效最显著的领域。30多年来,尽管两岸关系几经波折,但闽台宗教文化与民间信仰交流始终能突破政治因素的阻碍与干扰,在曲折中不断向前推进,经历了一个从单向到双向、从间接到直接、从简单到多元的渐进发展过程,大致可以分为以下四个阶段:

[①] 福建省地方志编纂委员会编:《福建省志·闽台关系志》,福建人民出版社2008年版,第140页。

一、交流初步恢复阶段（1979—1987年）

这一时期，两岸交流刚刚起步，虽然大陆陆续制定了一系列鼓励台胞回乡探亲、参访以及促进两岸经济文化交流的政策措施，但由于台湾仍处于"戒严"时期，台当局对于两岸民众往来仍予以严格限制，导致两岸民间信仰交流基本上停留在民间自发、个案突破的起步与探索阶段，交流程度规模较小，交流形式也比较单一，交流比较分散，主要以台湾的一些宗教团体、民间信仰宫庙僧众和普通信徒自发组织的赴福建祖庙进香谒祖为主。

以在台湾拥有信众人数最多的第一大民间信仰——妈祖信仰为例，进入20世纪80年代之后，每年都有许多台湾信徒不顾当局的禁令，通过各种渠道，直接或间接来到湄洲妈祖庙进香和恭请妈祖神像，形成了"官不通民通，民通以妈祖为先"的局面。如1981年11月29日，台北县淡水渔民许仁林一行5人驾驶"金鱼发"台轮，专程到湄洲岛妈祖庙进香谒拜，成为两岸隔绝30余年后，妈祖祖庙接待的首批台湾香客。[1] 1987年10月25日（农历九月九日），台湾大甲镇澜宫17名董监事和总干事取道日本前往莆田湄洲岛妈祖庙进香谒祖，参加妈祖升天千年祭祀大典，并迎回一尊湄洲妈祖神像回台奉祀，成为海峡两岸分隔近四十年来，最先登上湄洲岛进香的台湾宗教团体。另据不完全统计，从1983年湄洲祖庙寝殿修复至1987年底台湾当局开放民众赴大陆旅游探亲之前，到湄洲祖庙进香的台湾妈祖信徒就有157批562人，并从祖庙以"分灵"的形式请回妈祖神像76尊。[2] 可以说，闽台之间以妈祖文化为纽带进行的民间信仰交流，开创了两岸民间交流与文化交流的先河。

---

[1] 福建省地方志编纂委员会编：《福建省志·闽台关系志》，福建人民出版社2008年版，第391页。
[2] 福建省地方志编纂委员会编：《福建省志·闽台关系志》，福建人民出版社2008年版，第141页。

二、双向交流开启阶段（1988—2000年）

1987年下半年台湾当局宣布"解严"和开放民众赴大陆探亲以后，台湾民众回乡寻根谒祖的人数与日俱增，台湾的宗教与民间信仰团体、普通信众踊跃前往福建进香谒祖、参访交流，掀起了一波又一波两岸宗教与民间信仰交流的热潮。20世纪80年代末90年代初，随着台湾当局逐步松绑两岸民众往来的限制，两岸交流"只来不往"的单向格局逐渐被打破，闽台宗教与民间信仰交流进入新阶段，无论在交流的互动性还是在交流的广度与深度方面都有所突破。主要表现在以下几方面。

（一）台湾民间信仰宫庙僧众、信徒纷纷到福建进香谒祖、参访交流

台湾妈祖信众到福建祖庙进香谒祖的络绎不绝，人数不断增加。1989年5月，台湾宜兰南方澳南天宫组织225人的进香团，分乘19艘渔船，带着5尊从湄洲庙"分灵"去的妈祖像，从海上直航湄洲祖庙进香，并请回了38尊小型妈祖神像和2尊大型妈祖神像，开创了1949年后两岸大型船队直航的先例。此后每年前往湄洲妈祖祖庙进香的台胞就达数万人。据统计，从1984年至2000年，到湄洲进香的台湾妈祖庙共有1275座次。泉州天后宫每年也吸引了成千上万名台湾信众前来进香谒祖。

闽台关公信仰文化交流也开始恢复。1988年8月，高雄文衡殿信众10人抵达漳州东山关帝庙进行朝拜进香，并敬赠给祖庭一方"追源谒祖"的匾额，成为两岸恢复交流后第一家来大陆祖庙进香的台湾关帝宫庙。1990年7月，台湾方面派专家亲临东山关帝庙朝圣考察，确认东山关帝庙是台湾关帝信仰的发祥地。1991年，宜兰礁溪协天庙也组织400余人的进香团到东山朝圣认祖。

台湾信奉保生大帝、清水祖师、王爷等民间神灵的民众也不甘落后，纷纷踏上福建故土进香朝拜。例如，1988年4月24日，台湾屏东县进香团一行71人，手捧从台湾带来的两尊真人雕像，前往白礁慈济宫进香；临别前，许多香客还用瓶子装满了当年吴真人制药用的"龙泉井"水，以示饮水思源之意。1990年4

月，台湾保生大帝联谊会会长、学甲慈济宫董事长周大围和顾问李炳南先生到福建祖宫进香谒祖，并带来在台湾组织发动筹募的人民币120万元，捐资重修白礁慈济祖宫。5月，组织438人的庞大进香团到泉州花桥慈济宫吴真人行医处参谒。进香团成员有69位病人，得到花桥宫义诊医师的治疗，一时传为佳话。此后，台湾保生大帝信众前来福建祖庙进香谒祖更是络绎不绝。据不完全统计，仅来青礁宫与白礁宫进香的台胞平均每年就达数万人次。又如，1988年以来，台湾信众到被誉为闽台王爷信仰总庙的泉州富美宫（主神为萧太傅）进香谒祖的络绎不绝。据统计，1988年6月至1995年6月间，到富美宫进香谒祖的宫庙共有85座，进香团150批4743人次。[①]1991年10月，高雄市数十名萧太傅信徒特意乘小船跨越海峡直达富美宫进香，在海峡两岸引起轰动。再如，1988年秋，11月17日，台中县龙井乡龙泉岩组织62名信众回安溪清水岩祖庙谒祖，成为新时期第一个来安溪朝圣的台湾清水祖师分炉团队。1988年，台湾闽南同乡会理事、中华理教总会常务理事柯世钦也率团20多人回清水岩祖庙进香谒祖。从此前来清水岩寺朝拜的台胞络绎不绝。据统计，从1990年至1993年，先后有桃园福山岩、台南清水岩、高雄龙凤宫等70多个宫庙团体组织信众回安溪清水岩进香。[②]台湾信众在进香谒祖的同时，还慷慨解囊捐资修建祖庙。据1993年清水祖师庙管委会提供的资料显示，到此进香的台湾信徒共捐献人民币20多万元，台币80多万元，美元1万多元。[③]

与此同时，福建还举行了多次以民间信仰为主题的学术研讨会，如1987年10月在湄洲举行的纪念妈祖逝世一千周年学术研讨会、1989年4月在漳州举办的纪念吴夲（即保生大帝）诞辰1010周年学术研讨会、1998年12月在安溪举行的清水祖师文化研讨会等，邀请台湾专家学者参与交流，共同推进两岸民间信仰的学术研究。

---

① 郑国栋：《萧太傅崇拜与富美宫的历史作用》，《泉州道教文化》1995年12月，第8、9期合刊，第7页。
② 林国平：《闽台民间信仰源流》，福建人民出版社2003年版，第261页。
③ 陈元煦、黄永治：《闽台及东南亚之清水祖师信仰》，《福建师范大学学报》（哲学社会科学版），1995年第2期。

（二）越来越多的福建民间信仰宫庙僧众、专家学者、普通信众赴台交流、参访

随着台湾当局逐步放宽大陆专业人士与专家学者赴台交流、讲学的限制，闽台民间信仰交流"只来不往"的单向格局开始逐渐被打破，越来越多的福建专家学者赴台从事田野调查、参加研讨会，与台湾同行就学术议题交流切磋。1993年10月，福建妈祖民俗文物赴台展出6个月，参观的台湾民众总计达到80余万人次，正式拉开了闽台妈祖文化由单向转变为双向交流的序幕。

一些较有影响力的民间信仰宫庙也纷纷组团赴台交流、参访，与台湾各宫庙团体、宗教界人士、专家学者与普通信众进行了沟通与交流。例如，1993年，泉州富美宫董事长率团访问台湾30多座分庙，被台湾媒体评为"对提升两岸宗教文化交流甚有助益"。1997年元月，漳州东山关帝庙访问团赴台交流参访，与20多家台湾各地的主要关帝庙结缘，并参加了由宜兰礁溪协天庙主办、台湾寺庙整编委员会协办的"关圣帝君海峡两岸文化交流座谈会"，与台湾500多位关帝宫庙代表人士相聚一堂，交流研讨，增进了解，共同弘扬关帝文化。1997年3月和1999年3月，安溪县先后组织了两次"安溪县清水岩民俗访问团"赴台参访，促进了安溪祖庙与台湾分炉间的联谊与交流。

（三）福建祖庙神灵赴台巡游成为最受信众欢迎、影响最大的交流活动

1995年至2000年，先后有来自福建祖庙的关帝、妈祖、开漳圣王、清水祖师、保生大帝和玄天上帝等神灵金身赴台绕境巡游，受到数百万台湾信众的热烈欢迎与顶礼膜拜，在岛内引起极大的轰动效应。1995年1月至7月，东山关帝庙关公神像巡游台湾历时半年有余，轰动台湾全岛，数十万各界信徒争相膜拜，开创了两岸分隔40多年来大陆神像首度跨海赴台巡香的先河。1997年1月，为满足台湾广大信徒朝拜妈祖金身的强烈愿望，湄洲妈祖庙应台湾知名人士陈适庸邀请，组成湄洲妈祖金身巡游台湾护驾团，护送湄洲妈祖金身，飞赴台湾进行为期102天的巡游。在此期间，共驻跸34座妈祖分灵宫庙，巡游台湾19个县、市，吸引超过1000万人次的台湾信众前往朝拜，出现了"万人空巷""全城沸腾"、"十里长街迎妈祖，火树银花不夜天"的盛况，引发了全岛令人叹为观止的"妈祖热"。此次活动，被台湾媒体誉为"世纪之行"，并被评为当年十大新闻之最。

此次妈祖原始金身巡游台湾，是千年以来的第一次，创造了两岸恢复交流以后入岛交流时间最长、覆盖区域最广、牵动人数最多的纪录，其意义十分重大，影响也已超越事件本身，成为两岸文化交流的重要里程碑。1998年12月27日，安溪清水岩祖师金尊首次渡过台湾海峡，巡游了台北、桃园、新竹、南投、彰化、宜兰、台南、高雄等县、市21座分炉，为期近百天，所到之处，信众们举行隆重的庆典、法会、巡境等活动，竞相顶礼膜拜。《台湾时报》《联合报》《中国时报》《中华日报》等报刊和各地电台、电视台纷纷进行报道，形成了继妈祖巡台后的又一次民间迎神高潮。1999年12月，南靖和溪慈济行宫保生大帝金身出巡台湾，巡游了南投、台中、彰化、台南和台北等地，驻跸保生大帝宫庙7座。

（四）大型文化节庆活动的创办，提升了交流的规模和影响力

福建各地先后创办了东山关帝文化节（1991年开始举办）、湄洲妈祖文化节（1994年开始举办）等大型文化节庆活动，每次活动都吸引了成千上万的台湾各界人士参加，极大提升了闽台民间信仰交流的规模效应与影响力。例如，从1991年起，每逢农历五月十三日关帝圣诞，漳州东山都会举办关帝文化节，前来参加的台湾香客逐年递增，成为当地一年一度的盛事，堪称大陆最早举办的涉台文化节庆活动之一，如今已成为大陆举办届数最多、持续时间最长的涉台文化节庆活动，极大提升了闽台关帝文化交流的影响力。又如，从1994年开始，每年莆田市人民政府都在湄洲岛举办湄洲妈祖文化旅游节，每届活动都吸引了数千乃至上万名两岸妈祖信徒参加，成功打响妈祖故乡独特的文化品牌，现已成为重要的涉台旅游节庆活动和两岸民间文化交流的重要平台。

（五）交流的内容由民间信仰逐步扩展到宗教领域

从20世纪80年代末开始，台湾佛教僧众纷纷渡海来福建名刹寻根谒祖、求法受教、参访修行；一些台湾道教团体和普通信徒不顾台湾当局的禁令，前往福建祖庙寻根谒祖，掀开了闽台佛教、道教交流的序幕。进入90年代以后，闽台宗教界人士的互访交流方兴未艾。福建在积极邀请台湾宗教界人士前来参访交流的同时，也开始组团赴台参访。但相比民间信仰而言，闽台佛教、道教、基督教与天主教交流的规模较小，形式也主要以互访交流和学术研讨为主。

闽台佛教界互动良好。其中较为重要、较有影响的交流活动主要有：1988年，台湾灵济寺圣满法师和瑞源法师、以杜金菊为团长的台南大仙寺比丘尼参访团、高雄弘化寺传孝法师和法成法师、台湾宽彻法师先后访问福建。1989年，台湾宏善法师、振满法师和净良法师等相继来福建参访。1992年，台湾弘法寺方丈开证上人、慈恩寺方丈传孝法师访问厦门南普陀寺；同年7月，台湾大香山观音寺负责人率台湾僧人160多人访问厦门。1994年9月，89岁高龄的台湾著名高僧印顺法师返回大陆礼拜祖庭，第一站便访问了年轻时曾经讲学的厦门南普陀寺，并欣然挥毫题词"感三宝深恩重来此地，见一片光明喜乐无量"。1995年12月，福建佛教协会会长界诠法师应邀访台，对台湾佛教的现状进行考察，并访问了台湾法鼓山佛学研究所。1996年6月，武夷山天心永乐禅寺举行大殿落成典礼，台湾佛教界有300多人参加。同年7月，台湾组成以两岸佛教交流委员会主任委员净良法师为团长的台湾佛教界祝贺访问团参加福州鼓山涌泉寺普法方丈升座庆典。1998年7月，福建佛学院院长学诚法师、福建佛学院女众部副教务长全慧法师、闽南佛学院教务长海如法师与济群法师等应台北法鼓山中华佛学研究所之邀，前往台湾参加两岸佛学教育交流座谈会，学诚法师还做了《两岸佛学教育交流之建议》的发言。同年11月，闽侯雪峰崇圣寺方丈广霖法师与福州怡山西禅寺院首座传和法师联袂赴台进行为期一个月的弘法活动。1999年10月，以中国佛教协会副会长、南普陀寺方丈圣辉法师为团长的佛教教育代表团一行21人赴台参加第二届两岸禅学研讨会，并参访了福严佛学院、玄奘大学、圆光寺等12个佛教寺院和院校。

闽台道教交流方兴未艾。重要的交流活动有：1997年3月20日至4月2日，福建省道教协会会长林舟率领25人的福建道教交流访问团访问台湾，参访了台湾33个道教宫庙，首开福建道教界赴台交流的先河，在台湾引起轰动。访问团参加了在三清宫举行的太上老君圣诞大典庆祝活动，进行科仪文化交流，其后参访了台湾中华道教总会、台湾省道教会、宜兰县道教会、台南县道教会等道教团体以及松山慈惠堂、北港朝天宫、下营上帝宫等33个道教宫庙。[①] 1998年

---

① 詹石窗、林安梧主编：《闽南宗教》，福建人民出版社2007年版，第96页。

1月，台湾中华道教总会理事长陈进富和台湾道教积善协会理事长藏忠望率领台湾道教积善协会大陆文化交流访问团一行200多人来福建访问。7月，以台湾道教总庙三清宫副主委黄姓煌为团长的台湾道教总庙三清宫代表团一行78人访问福建，并参加泉州元妙观"六月初七天门开"宗教活动，进行科仪文化交流。11月，福建省道教协会会长林舟再次访问台湾，在台北参加罗天大醮，并主持玄帝坛。1999年12月17日至26日，以福建省道教协会副秘书长吴历田为团长的泉州道教协会访问团一行20人赴台交流参访，参访了台湾各地的24个宫庙。

闽台基督教、天主教交流也拉开序幕。重要的交流活动有：1993年4月26日至29日，台湾山地歌唱团温梅桂牧师一行来访，在福建神学院、福州花巷堂、苍霞堂、连江琯头等演出。1995年1月6日至23日，福建省基督教协会牧师团一行9人访问台湾，这是福建省基督教协会也是大陆的基督教会首次访台，开创了新时期两岸基督教会交流的先河。同年4月，在福建省天主教"两会"的斡旋下，台湾天主教章一士神父在其家乡光泽教堂同韩克允神父共祭，令章神父感动不已。6月30日至7月7日，台湾基督教访问团一行以黄约翰牧师为团长访问福建，考察大陆教会的运作管理情况。1996年7月1至11日，赵国俊牧师率领的"台湾基督教青年访问团"一行20余人参观访问了福州、武夷山、莆田、泉州、石狮、晋江、厦门等地教会。所到之处与当地青年教牧人员亲切座谈、交流、分享，互赠礼物，气氛相当热烈。同年10月，福建省组织了以省基督教协会副会长郑玉桂牧师为团长的福建省宗教研究会代表团第二次赴台交流访问。1997年5月21日至26日，台湾赖炳炯牧师访问福州、厦门、漳州等教会。同年12月2日至12日，中国天主教大陆代表团一行13人首次赴台参访交流，福建省天主教"两会"秘书长池惠中作为副团长随行。1998年2月28日至3月3日，台湾信义神学院俞继斌院长来访，并在福州铺前堂主日证道。2000年10月，台北"基督教之家"访问团章肇鹏长老等在福建神学院主领早灵修。通过这些交流交往，闽台基督教、天主教界逐步消除了误解，培养了互信。

三、交流逐步拓展阶段（2001—2007年）

2000年奉行"台独"分裂立场的民进党上台执政后，对于两岸文化交流采取消极的态度，但台湾民间人士对于推进两岸文化交流尤其是宗教文化与民间信仰交流的热情依旧不减，大陆也陆续出台一系列措施支持两岸文化交流。因此，在民进党执政八年间，两岸政治关系的僵持并未影响两岸宗教与民间信仰交流的进一步拓展，闽台宗教文化与民间信仰交流也迈上新的台阶，进入新的发展阶段。

这一时期，闽台民间信仰交流的形式仍然以传统的信众进香、金身巡游、文化节庆、学术研讨和文化参访等交流活动为主，但上述交流活动的举办层级、频率、规模与影响较以往均有所提升。

在信众进香方面，随着福建沿海与金门、马祖地区直接往来航线的开辟，台湾信众到福建祖庙进香谒祖的次数更加频繁，人数不断增加。以妈祖信仰为例，据统计，1986—2004年，到湄洲祖庙朝拜妈祖的台胞累计达127.8万人次。[1]其中较大规模的进香朝拜活动有：2000年7月，台湾大甲镇澜宫董事长颜清标、副董事长郑铭坤组织进香团约2000多人到湄洲岛妈祖庙及贤良港祖祠进香，盛况空前，在海峡两岸引起轰动；2001年1月，马祖岛平安谒祖进香团500人，从马祖直航福建马尾，到湄洲妈祖庙谒祖进香，成为台湾当局开放福建沿海与金门、马祖地区直接往来后，第一个循福建沿海与金门、马祖地区直接往来渠道到大陆的团队，2005年3月，台湾彰化市南瑶宫组织1 079名信众到湄洲妈祖庙进香；2006年9月，台湾大甲镇澜宫组织台湾妈祖联谊会的50多家妈祖宫庙，4 300多名信众组成大型进香团，护送来自台湾各地的35尊妈祖神像，到泉州、莆田等地妈祖祖庙进香，创下了台湾信众到湄洲岛进香人数最多、规模最大的纪录。

在学术研究方面，福建各地先后多次举办有关妈祖、保生大帝、开漳圣王、清水祖师和临水夫人等以民间信仰文化为主题的学术研讨会、座谈会，吸引了

---

[1] 福建省地方志编纂委员会编：《福建省志·闽台关系志》福建人民出版社2008年版，第141页。

许多台湾学者参加，带动了闽台学术界研究民间信仰的热潮。例如，2005年11月1日，首届"湄洲妈祖·海峡论坛"在湄洲岛举行，300多名两岸三地专家学者聚首畅谈"妈祖文化与两岸情缘"；至2013年为止，该论坛已经成功举办了九届，成为两岸研究妈祖文化的重要平台。又如，2007年9月15日，安溪清水岩举行了"清水祖师文化交流座谈会"，来自中国台湾、香港、澳门地区以及新加坡、马来西亚等国的清水祖师分炉、分庙负责人、信众代表及对祖师文化有深入研究的专家、学者500多人齐聚一堂，共商如何进一步弘扬清水祖师文化，促进海内外乡亲联谊。

在神像巡游方面，这一时期福建祖庙金身巡游台湾的活动越来越频繁。据不完全统计，2001年至2007年，来自福建祖庙的妈祖、关帝、开漳圣王、保生大帝等神灵金身先后10次赴台湾、金门、马祖和澎湖等地巡游，接受岛内信众朝拜。其中仅妈祖金身赴台巡游就达4次之多，分别是：2002年5月，湄洲妈祖金身首次通过海上直航方式巡游大小金门岛，行经之处万人空巷，男女老幼顶礼膜拜，被台湾媒体称为"创世纪的两岸宗教盛事"；7月，泉州天后宫妈祖金身也通过直航方式赴澎湖巡游；9月，号称世界上最古老的妈祖神像——漳州千年金身黑面妈祖抵达台湾，展开为期100多天的妈祖全岛绕境祈福活动。2007年12月，泉州天后宫妈祖金身在时隔5年之后，再度前往台湾澎湖和金门展开为期4天的巡游，受到了当地民众的热烈欢迎以及地方政商知名人士的高规格接待，在岛内引起广泛关注和强烈反响。在其他民间信仰神像赴台巡游方面，2001年3月至6月，安溪石门玉湖殿保生大帝神像赴台巡游三个多月。2005年11月至2006年5月，漳州古武庙关公神像赴台巡游长达半年之久，共巡游了全台各地122座关帝庙，所到之处，备受尊敬，香火旺盛，盛况空前。2007年8月，海沧青礁慈济祖宫保生大帝神像成功巡游金门、澎湖两地，神像的起驾、迎驾和巡游活动，均受到两地万人空巷的欢迎。此外，云霄威惠庙的开漳圣王神像分别在2001年2月和2004年7月两次被台湾信众恭请入岛巡安，每次都受到台胞隆重的迎接和欢送，并受到百万信众的迎送和顶礼膜拜。2006年3月15日，漳州檀林威惠庙的开漳圣王神像、官园威惠庙的两尊魏妈金身也同时应高雄道教协会之邀，入岛巡安56天，其中一尊魏妈金身还在高雄左营慈安宫定居。

闽台民间信仰交流在坚持传统的基础上亦有所突破与创新，在日益频繁的交流中出现了一些新的交流形式，搭建了一些新的交流平台。如2004年6月，莆田市组织79套161件妈祖文物赴台举办为期6个月的湄洲妈祖文物特展。此次赴台参展的文物包括原妈祖庙供品明代星图、历代妈祖神像、妈祖庙中各类祭器和其他各类文物，其中有国家一级文物明代设色星图轴、明漆金透雕座灯和清代漆金透雕果盒。这是大陆近年来最大规模的妈祖文物赴台展出活动。2006年10月24日，以台南"山上天后宫"为首的台湾"玉二妈庙"寻根谒祖团一行21人，首次来到铜钵村净山名院，举行了隆重的认祖祭祖仪式，拉开了两岸玉二妈信仰文化交流的序幕。2006年开始，福建省广播影视集团联合湄洲妈祖祖庙董事会、大甲镇澜宫董事会等多家单位，每年都入岛举办"妈祖之光"晚会，打造了又一个两岸妈祖文化交流的新平台，现已成为台湾民众家喻户晓、广泛接受的品牌活动。2007年5月27日至31日，由中华妈祖文化交流协会、台湾妈祖联谊会等联合主办的首届莆台妈祖文化活动周在莆田隆重举行并获得圆满成功。活动周期间，举办一系列妈祖文化展示、展览及表演活动，包括两岸百场木偶戏表演、百队"十音八乐"大会奏、民俗文艺踩街、妈祖贡品展、文峰宫妈祖祭典三献礼仪式、妈祖城规划展示、纪念湄洲妈祖金身巡台十周年座谈会、妈祖文化传播经验交流会等。

此外，福建各地还相继创办了一系列以民间信仰为主题的文化节庆活动，打造了一批闽台民间信仰交流的新平台，如福州和古田先后举办的陈靖姑文化旅游节，漳州举办的开漳圣王文化节和三平祖师文化节，厦门举办的保生大帝文化节等，在两岸民间往来与文化交流中发挥着积极作用。

与此同时，闽台宗教文化交流在两岸宗教界人士的共同努力下亦不受政治因素的干扰，保持良好的发展势头。

一是互访交流日趋热络且规模提升。如2001年8月，由中国佛协组团，福建佛教协会会长学诚法师、副会长兼秘书长本性法师、副会长如沙法师等应台湾中台禅寺邀请，赴台湾参加"中台禅寺新建工程落成启用暨佛像升座开光洒净大典"。2002年2月,应台湾佛教界联合邀请,中国佛教协会副主席、福建省佛教协会名誉会长、南普陀寺方丈圣辉法师率团护送西安法门寺佛指舍利赴台湾供奉一个多月,参与赴台的还有福建佛教协会副会长兼秘书长本性法师及闽南佛学院部分学僧。2002年10月,台湾法鼓山圣严法师率500多人的"大陆佛教圣迹巡礼团"来福建巡礼佛教圣迹,参访他们向往已久的福州鼓山涌泉寺、怡山西禅寺、闽侯雪峰崇圣寺、福清黄檗山万福寺、莆田广化寺和厦门南普陀寺等千年古刹。2003年1月,以台湾中华道教总会秘书长张柽为团长,台湾中华道教总会、中华灵乩协会、台北市道教会等21个单位组成的台湾宗教直航两岸文化交流参访团一行72人到厦门、泉州道观朝圣与参访。同年9月5日至14日,台湾庄百亿长老、郑家常长老、苏义雄长老、寇绍捷长老一行访问福建,就教会行政管理、教会传道工作以及教职人员水平等方面与福建基督教教牧人员进行了充分热烈的交流,并为福建基督教会相关人员举行了培灵大会。2006年10月12日,台湾原"总统凯歌堂牧师"周联华牧师来福州访问,先后参访了福建省神学院、花巷基督教堂,并为神学院的学生讲道。同年12月,福建省基督教"两会"(即福建省基督教协会和福建省基督教"三自爱国"运动会委员会)组织福建省宗教研究所一行8人第三次访问台湾。在台期间,两岸代表团举行了题为"两岸基督教文化交流"的专题座谈会,就圣经基本道理等问题进行了交流;席间,两岸基督教会就加强两岸基督教界的交流与互访达成共识。2007年1月15日,福州鼓山涌泉寺方丈普法法师一行20人应台湾省佛教会之邀率团访台,参加16日举行的"海峡两岸佛教文化法脉交流联谊会"。同年8月,应台北市佛教协会邀请,福建省佛教协会副会长兼秘书长本性法师一行12人,赴台进行为期一周的佛教参访。在台期间,考察团一行走访了台湾中国佛教会、台北市佛教会、高雄佛光山、台北法鼓山、南投中台禅寺、慈航菩萨曾经驻锡过的汐止弥勒内院、慈航菩萨纪念堂、静修院、基隆月眉山灵泉寺、中坜圆光寺等,受到台湾佛教界的热烈欢迎。

二是学术研讨更加深入,涉及佛教、道教、基督教的各个方面。如2006年5月,海峡两岸佛教文化学术研讨会在福州举行,两岸有关专家学者及两岸佛教界大德高僧共400余人参加了学术研讨。同年8月,来自海峡两岸的30多名专家学者在厦门台湾民俗村举办首届两岸观世音文化研讨会，共同思考和探讨长期以来维系闽台两地民众精神纽带的观世音文化现象。

三是大型佛教交流活动陆续举办，掀起了闽台宗教文化交流的高潮。如2003年7月，厦门南普陀寺举行了一场"海峡两岸暨港澳佛教界为降伏非典国泰民安世界和平祈福大法会"，来自两岸四地的佛教界代表5000多人齐聚厦门，共同为国泰民安、祖国统一、世界和平祈福，与会的台湾代表几乎包括当代台湾佛教的精英，突破了台湾当局借"非典"阻滞两岸交流的防线。2006年5月，福州鼓山涌泉寺举办以鼓山法系为代表的海峡两岸佛教文化交流活动，来自台湾佛教界25个县、市的600多名高僧长老回山礼祖，闽台佛教界共同举行了海峡两岸祈福法会，共同祝愿神州大地风调雨顺、两岸人民幸福安康，还共同签署了《促进两岸佛教文化交流福州倡议书》，举办了海峡两岸佛教学术研讨会、鼓山法系圆桌座谈会、两岸佛教书画联展以及"鼓山之光"大型文艺晚会等活动。2007年9月，福建省佛教协会举办的"慈航菩萨圣像回归祖庭暨海峡两岸和平发展祈福大法会"在厦门、福州、泰宁等地隆重举行，这是首个以"回归"为主题的两岸大型宗教活动，台湾佛教界组成260多人的慈航菩萨圣像护送团，护送慈航菩萨圣像回闽，在海内外产生了广泛的影响。

四、交流全面深化阶段（2008年至今）

2008年国民党重新执政以后，两岸关系步入和平发展的轨道，随着两岸关系的不断改善，闽台宗教文化与民间信仰交流借着两岸关系缓和的东风进入全面深化发展的新阶段，不断取得新突破、新进展、新成效。

（一）交流活动的举办层级、频率、规模与影响不断提升

这主要表现在以下几方面：交流次数从少数到频繁并朝常态化发展；交流规模不断扩大，从零散自发到大型组团；参与人数大幅增加，从成百上千到成千上万；交流的主体也由普通信众扩展为一般民众与高僧大德、宗教领袖、专家学者、民意代表和政府官员共同参与。2010年，借着妈祖信俗申遗成功的契机，湄洲

妈祖文化旅游节正式升格为国家级节庆活动。海峡论坛、关帝文化旅游节、开漳圣王文化节、保生大帝文化节、闽台佛教文化交流周和中华梦乡福清石竹山梦文化节等大型交流活动也分别得到国台办、文化部等中央部门以及福建各级地方政府的大力扶持，并被列入对台交流重点项目，每项活动举行之时都吸引了成千上万甚至数万名台湾各界人士尤其是基层民众的踊跃参与，在两岸交流方面也发挥着愈来愈正面积极的影响。试举以下交流活动为例。

2008年10月31日至11月2日，第十届湄洲妈祖文化旅游节期间，"天下妈祖回娘家"活动在莆田举办，包括台湾地区115个宫庙600多名信众在内的全世界300多家妈祖宫庙1000多名妈祖信众捧着300多尊妈祖神像集中"回娘家"谒祖进香，成为有史以来台湾宫庙主要负责人来莆田最多、最集中的一次。

2011年6月，"第三届海峡论坛·闽台佛教文化交流周"在福州举行，此次交流活动在两岸佛教交流史上规模最大、代表性最为广泛，台湾"中国佛教会"理事长圆宗长老、台湾"中国佛教会"名誉理事长净良长老以及台湾24个县市佛教会理事长等600多位台湾佛教界人士应邀参加。

2012年6月15日，两岸上千家妈祖宫庙代表3000多人齐聚莆田湄洲天后广场拜谒妈祖，其中由云林北港朝天宫组织的台湾妈祖宫庙156家、代表830多人，来自台湾中南部的宫庙占70%以上，中小宫庙占80%，初次来大陆的台湾信众约占90%。6月17日，由海峡两岸10家宫庙和组织共同举办的两岸民间宫庙叙缘交流会在厦门开幕，海峡两岸158家宫庙近300名代表参加，其中台湾宫庙106家，大陆宫庙52家。

2013年11月，第十五届"中国·湄洲妈祖文化旅游节"在莆田湄洲岛举行，来自海峡两岸的上万名妈祖信众会聚湄洲，共谒妈祖。主要活动包括开幕式、妈祖文化旅游品牌推广大会、第九届"湄洲妈祖·海峡论坛"、莆仙戏优秀剧目展演、海峡两岸民俗展、向莆铁路沿线地区系列团游湄洲活动等。

2013年6月，第二十二届海峡两岸关帝文化旅游节东山岛举行，海峡两岸文化名人、关帝信众、旅游投资商、企业家等2000多人欢聚东山，共襄盛会。本次盛会以"缘系关帝，和谐两岸"为主题，凸显了民间、对台、文化、海洋、旅游五大亮点，主要活动包括关帝祭祀庆典仪式、关帝出巡民俗文化踩街活动、项目推介与签约和"东山风物丛书"首发式等。

2014年6月，第四届中华梦乡福清石竹山梦文化节在福清石竹山举行。本届梦文化节由福建省道教协会主办，石竹山道院承办，被列入国台办2014年重点规划交流项目，吸引海峡两岸四地数万人共同参与，其中首次吸引台湾千人大团前来参加"圆梦之旅"，是目前全国规模最大、群众参与范围最广的梦文化盛会。活动期间举行开幕仪式、九仙分炉台湾送驾仪式、具有浓厚民俗特色的两岸四地绕境活动、朝山活动以及第二届海峡两岸民间宫庙叙缘交流会。

此外，台湾基督教团体访问福建的频率越来越高，来访人数也越来越多，这有利于加深闽台基督教会的相互认识与了解，增进闽台两地教牧人员与教徒之间的情感交流，为闽台基督教会进一步深化交流合作奠定了基础。2012年3月，应中国基督教两会的邀请，台湾蒲公英希望基金会董事长魏悌香牧师和台湾新北市召会欧阳家立长老率领台湾基督教教会联合参访团访问大陆。访问团一行26人，包括台湾各主要教会、神学院校和教会机构及学术界的主要牧长和负责人，在访问上海和北京之后，最后到访福建，对福建省民族与宗教事务厅、福建省基督教两会、福建神学院及福州教会进行正式的访问交流。2013年4月26日至27日，台湾基督教教会联合参访团一行22人再次到访福建，访问了福建省基督教两会、福建神学院及福州教会；参观了福建神学院新校区的建设现场；还参访了福州上渡基督教堂和中洲基督教堂，并就堂会的各项事工分享交流。11月13日至16日，以台湾基督教东门圣教会郑忠和主任牧师为团长的圣教会访问团一行6人应邀访问福建。这是台湾基督教圣教会第一次正式组团到访福建省教会。访问团一行访问了福建省基督教两会，参观了福建神学院新老校区，参访了福州、福清、三明等地教会。

（二）交流活动的形式日趋多元，层次越来越高

闽台双方在延续信众进香、金身巡游、文化节庆、学术研讨和文化参访等传统交流形式的基础上，不断创新交流形式，拓展交流内涵，推动闽台宗教与民间信仰交流朝多元化、深层次发展。

闽台合作申报国家非物质文化遗产。如2008年，福建省古田县、福州市仓山区与台湾方面合作申报"陈靖姑信俗"为国家非物质文化遗产并获得成功，开创了两岸联手申报国家非物质文化遗产的先河。

闽台宫庙轮流举办民间信仰文化节庆活动。如从2010年开始，台北市保安宫、台南学甲慈济宫、漳州白礁慈济宫和厦门海沧青礁慈济宫等四座闽台著名的保生大帝宫庙轮流举办海峡两岸保生慈济文化节，每四年轮一次，力求不断扩大保生慈济文化节的规模和影响，让更多人了解保生大帝的信仰与精神。2010年4月，海峡两岸保生慈济文化节首次移师台湾，在由台北大龙峒保安宫承办，成为两岸民间文化交流的一大盛事。

闽台两地联合承办大型宗教交流活动。如2013年6月13日至17日，"第五届海峡论坛·闽台佛教文化交流周"突破前四届活动的模式，首次由闽台两地佛教协会联合承办，分两个阶段在厦门、金门两地分别举行开、闭幕式和相关活动。包括台湾各大山头方丈等德高望重的佛教界长老、台湾中南部佛学院法师、学者在内的两岸佛教界人士约300余人共襄盛举。主要活动包括开闭幕式、两岸和平祈福法会、闽台佛教交流圆桌会议、佛教教育交流研讨会、闽台佛教交流互动性座谈会等。

闽台宗教院校开展教育交流与合作。如2011年7月，由中国佛教协会副会长、闽南佛学院院长圣辉法师率领的"闽南佛学院法师赴台交流参访团"一行60人，前往台湾进行为期10天的参访交流活动。2013年5月24日至6月2日，闽南佛学院第十三届本科毕业班赴台参学团共138人在院长圣辉大和尚、团长界象法师、副团长净心法师的带领下，赴台进行为期10天的参访交流，足迹遍及台湾全岛，访佛教的主要寺庙，拜访了宝岛德高望重的诸山长老和著名的大德法师，所到之处，无不受到热烈欢迎及高规格的接待和礼遇。2013年6月13日，闽南佛学院与台湾圆光佛学院签订教育合作交流协议，开创两岸宗教院校与宗教教育交流合作的先河。

闽台艺人共同创作剧目。如闽台木偶戏艺人共同创作和演出反映妈祖生平事迹的木偶剧《海峡女神》。该剧由漳州市木偶剧团和台北市木偶剧团的演员共同演绎,讲述了"妈祖"林默娘为保海峡两岸众乡亲平安,与妖王黑蛟精一伙殊死搏斗的故事,弘扬了爱国爱乡的福建精神。

闽台电视媒体合作拍摄以民间信仰为题材的影视作品。如2009年厦门广电集团与台湾民视合作拍摄以保生大帝信仰为题材的神话电视剧《神医大道公》,首开两岸主流媒体合作拍摄电视剧的先河,堪称海峡两岸影视合作的"破冰之旅"。2010年5月开始,《神医大道公》先后在两岸主流频道(包括台湾民视、央视、厦门卫视和其他大陆省市地方电视台)以及东南亚国家的电视台播出,取得了不俗的收视率,观众反应良好。

福建道教神灵分炉台湾。如2010年1月2日,以"共谒九仙,梦圆两岸"为主题的海峡两岸道教圆梦之旅暨第二届中华梦乡福清石竹山梦文化节在福清石竹山下隆重举行,该活动的重头戏是石竹山九仙信仰分炉台湾仪式,来自台湾道教总庙无极三清总道院、台湾净明忠孝道教会等台湾宫观的近500名道教信众与大陆各地的道教信众一同见证了石竹山何氏九仙分炉台湾的盛况。此后,福州市500多个道教宫观负责人赴台参加在基隆举行的闭幕式。这是近60年来第一次按照传统民间习俗并融入道教规仪,实现大陆道教宫庙地方供神分炉台湾,也是半个多世纪以来,规模最大、代表性最为广泛的两岸道教交流活动。

福建祖庙向台湾宫庙赠送民间信仰神像。如2011年12月,一尊高1.28米、重1.1吨,价值1.8亿元的翡翠妈祖像由湄州妈祖祖庙赠送分灵至台中大甲镇澜宫。

台湾神像来福建巡游。如2011年9月25日,两岸妈祖信众千余人参加了台北三宫妈祖巡安仙游暨仙台妈祖文化交流活动,来自台北三座妈祖宫的妈祖金身像在仙游县鲤南镇绕境巡安,并永久进驻仙游县鲤南仙霞宫。

(三)交流的内容逐步拓展,领域不断拓宽

与早些年相比,近年来闽台民间信仰交流不仅仅局限于妈祖、保生大帝、关公、开漳圣王、清水祖师、临水夫人等在岛内影响较大的神灵,玉二妈、广泽尊王、保仪尊王、齐天大圣、三平祖师、定光古佛、白马尊王、田公元帅、水部尚书等信众也纷纷加入交流的行列中,这使得闽台民间信仰交流日趋深化。

玉二妈信仰交流。2009年2月，嘉义市天后宫组织台湾全岛25家宫庙的650名信众，恭奉92尊玉二妈神像抵达净山名院谒祖朝圣，这是台湾玉二妈祖348年后首次回娘家探亲。2011年1月，陈秀卿、萧镇煌带领台湾8个宫庙82人的进香团，护送台湾玉二妈"令驾"到东山净山名院安座，并进行寻根谒祖和文化交流活动。

广泽尊王信仰交流。从2010年起，南安开始举办以"弘扬凤山文化，同谒广泽圣王，共享太平和谐"国际凤山文化旅游节，连续四届都吸引了千余名海内外信众尤其是台湾同胞出席盛会。2013年9月12日至15日，第四届"南安·国际凤山文化旅游节"在福建省南安市隆重举行，本届活动首次被国台办列为2013年度对台交流重点项目，活动规格之高前所未有，来自海内外各地的广泽尊王宫庙代表、台湾信众、海内外南安乡贤等近2000人出席盛会。活动主要内容包括香路之旅、台湾广泽尊王神驾欢迎仪式、台湾广泽尊王信众团踩街系列活动、高甲戏演出、民俗歌舞、开幕式、祭典仪式等。

齐天大圣信仰交流。从2010年开始，顺昌县每年都举行海峡两岸齐天大圣文化旅游节等交流活动，并与台湾宫庙合作开展多种形式的齐天大圣信仰文化交流，共同打造两岸齐天大圣信仰文化圣地，推动两岸齐天大圣信仰文化交流活动向前迈进。2011年6月12日至14日，作为第三届海峡论坛的子活动，海峡两岸（福建顺昌）齐天大圣文化交流活动隆重举行，活动内容包括开幕式、两岸齐天大圣文化研究成果展、齐天大圣文化高端讲座、齐天大圣文化书画摄影展、宝山祖庙朝圣和台湾齐天大圣信众"桃源圣会"等，共邀请到来自台湾的百余名各界人士和信众代表参加。

三平祖师信仰交流。2009年4月，"平和三平祖师文化"参访团首次赴台，进行为期10天的参访交流。2011年11月30日，以"广济·和谐·发展"为主题的第二届海峡两岸漳州三平祖师文化旅游节隆重举行，本届盛会被列入国台办2011年重点规划交流项目，共有来自福建、台湾、香港地区和印尼等海内外的信众代表、专家学者1000多人参加。活动内容包括书画图片展、烟花晚会、开幕典礼、三平祖师文化园开园剪彩仪式、"平和之旅"两日游、芗剧演出等。

定光古佛信仰交流。2008年7月龙岩市就古佛文化邀请台湾有关专家专门召开了海峡两岸定光古佛与客家民间信仰学术研讨会。2010年3月，武平县佛教协会与台湾彰化定光佛庙签订了交流合作协议。5月，武平县客联会与台湾文经发展协会签订了"关于成立海峡两岸定光古佛文化研究会"的合作协议。9月11日，台湾150多名定光信徒专程到武平岩前均庆寺参加定光佛敬香朝拜活动。12月，定光佛金身首度赴台，进行为期8天的绕境巡安活动，受到台湾上万名信众的朝拜，汉剧《古佛缘·客家风》也随团助演。2011年6月，首届海峡客家风情节——定光佛文化节在定光佛信仰发源地龙岩市武平县岩前狮岩均庆院隆重举行，吸引了两岸研究定光佛文化的专家、学者，佛教界代表等1000余人参与。文化节的活动包括开幕式、定光佛祭典朝拜活动、"佛光同源海峡情"大型民俗歌舞表演、定光佛文化学术研讨会、古装汉剧《定光佛传奇》首演等。

白马尊王信仰交流。2011年10月14日至17日，福州鳝溪祖庙白马尊王偕夫人金身由约160名巡安会香文化交流团成员护送，首次前往马祖巡安会香。2012年2月22日下午，台湾马祖"白马尊王"信众一行40人，在台湾连江县议会副议长曹以标带领下，来到福州晋安区鳝溪"白马尊王"祖庙祭拜祖庭，共庆福州鳝溪"白马尊王"千秋圣诞。

田公元帅信仰交流。2009年10月和2011年6月，台湾马祖北竿乡塘岐村田公元帅信众分别组成40人和102人的进香团，到仙游县鲤城街道龙井田圣府祖庙拜谒田公元帅，开展闽台戏神文化交流。

（四）交流活动的品牌效应日益凸显

在官方主导下，福建各地广泛调动各方面力量，主动搭建平台，举办了一系列主题鲜明、形式多样、内容丰富、精彩纷呈的民间信仰交流活动，精心打造了一大批以民间信仰为主题的对台交流的品牌项目。例如，已经成功举行十六届的湄洲妈祖文化旅游节、已举办二十三届的东山关帝文化旅游节、保生大帝文化节、开漳圣王文化节、"妈祖之光"文艺晚会、闽台佛教文化交流周、中华梦乡福清石竹山梦文化节、海峡两岸基督教青年会联合音乐会等大型交流活动，以及整合多项民间信仰交流活动的海峡论坛①经过多年的成功运作与经营，在两岸的影响日趋扩大，品牌效应日益凸显，在两岸民众之中赢得良好的口碑，得到各方的认可与好评，成为闽台宗教文化与民间信仰交流乃至两岸文化交流的知名品牌与重要平台。

（五）入岛交流日趋热络，成效显著

2008年以来，福建在对台交流中更加注重"走出去"，对于赴台举办宗教与民间信仰交流活动更加积极。越来越多的福建专家学者、民间信仰宫庙代表与宗教界人士开始赴台参访交流，从事学术研讨、田野调查、参加文化节庆活动等，改变了长期以来闽台宗教与民间信仰交流存在的"多来少往"的单向不对称局面。再以各方关注度最高、影响最广、最受台湾信众欢迎的福建祖庙金身巡游台湾活动为例：据不完全统计，2008年迄今，福建各地共组织举办了21次金身巡游台湾活动，仅2010年就举办了7次，巡游活动越来越频繁；涉及的神灵越来越多，妈祖、关帝、保生大帝、临水夫人、开漳圣王、广泽尊王、保仪尊王、清水祖师、定光古佛等主要神灵都参与其中；巡游的范围地区越来越广，从台湾本岛扩大到了澎湖、金门、马祖等外岛，在闽台交流交往乃至两岸关系发展中扮演了日益重要的角色。②近年来，福建祖庙金身赴台巡游更有新的发展，闽王王审知、保仪尊王、白马尊王、定光古佛等民间信仰神灵金身均实现了首次入台巡游。例如，"八闽人祖"王审知，应台湾王氏宗亲的恭请，其"神化了"的"金身"分别于2008年1月、2009年6月和2011年6月，分别赴金门、马祖、台湾和澎湖巡安会香，完成闽王金身赴台湾全岛"走透透"的巡安会香行程，在台湾岛内引起相当关注。在闽王金身首次巡安金门时，闽王后裔、台湾民意机构负责人王金平专程赶至金门"接驾"，并亲自为老祖宗闽王王审知全身抬轿。又如，2009年11月29日，在90名保仪尊王信众的护送下，福建安溪大坪乡集应庙保仪尊王金身

---

① 在历届海峡论坛中先后举办了定光佛文化节、妈祖文化交流周、齐天大圣文化节、陈靖姑文化节、开漳圣王文化节、两岸民间宫庙叙缘交流会、闽台佛教文化交流周等宗教及民间信仰交流活动。
② 范正义、林国平：《闽台庙际往来中的巡游现象研究》，《闽台文化交流》2012年第3期。

起驾，经由厦门前往台湾展开为期 6 天的参访和巡游活动。

闽台佛教、道教与基督教界人士也更加积极"走出去"赴台交流参访、参与宗教学术交流。2008 年 10 月，泉州道教协会赴台参加"玄天上帝信仰文化艺术国际学术研讨会"暨"庆祝玄天上帝飞升得道联合庆典"活动，并参访了有关道教宫观。同年 11 月，厦门市佛教协会组团赴台进行参访交流。2009 年 4 月 24 至 29 日，厦门市基督教两会一行 4 人赴台进行友好交流参访活动，这是厦门市基督教两会首次组团赴台访问。访问团参观台湾安息日会台安医院、台湾三育基督学校、安息日会台湾区会，拜会当地教会领袖及教会名人。2010 年 7 月 20 日至 24 日，晋江市佛教协会会长向愿法师率团访问台湾，参访了台北承天禅寺、龙山寺、妙泉寺及高雄光德寺等佛教寺庙。2012 年 4 月，福建省佛教协会组织"福建省佛教学术交流团"一行 10 人赴台参加第一届"人本佛教"学术论坛。成员主要由福建省开元佛教文化研究所研究人员与闽南佛学院的讲师组成，由中国佛教协会常务理事、福建省佛教协会副会长兼秘书长、福州开元寺方丈本性法师为团长。2013 年 4 月，本性法师再度率领福建省佛教协会参访团一行 10 余人赴台交流。同年 8 月 27 日至 9 月 1 日，由中国大陆基督教两会与台湾基督教界联合主办的首届海峡两岸基督教论坛在台湾举行。中国大陆基督教两会组派以傅先伟长老为团长的 84 人参加论坛，福建省基督教三自爱国会主席岳清华等基督教界 10 位教牧骨干也应邀参加。此次论坛，是两岸基督教界首次在台湾举办的大型交流活动，进一步增进了两岸基督教界的彼此了解与友谊。

第三节　闽台宗教文化与民间信仰交流的影响

改革开放 30 多年来，闽台宗教文化与民间信仰交流借着两岸关系缓和的东风而不断深化发展，在领域、形式、规模、内涵等方面都取得重大突破，呈现出前所未有的蓬勃发展局面，在闽台交流合作与两岸关系的发展进程中发挥着独特的桥梁和纽带作用，在政治、经济、文化等方面都对海峡两岸产生了积极而深远的影响。

一、提升了台湾民众对中华文化与祖国大陆的认同，增进了两岸同胞的亲情乡谊和民族感情

1949年以来，由于两岸长期处于隔绝状态，台湾民众对大陆缺乏了解，有的甚至还带有不少隔阂、偏见与刻板印象。改革开放以来，闽台宗教与民间信仰交流的日趋深化，使得台湾宗教界人士和普通信众亲身感受到大陆日新月异的新面貌以及改革开放的伟大成就，改变了他们对大陆的片面认识、误解与刻板印象，增进了他们对大陆的了解与认同感。如2002年10月，台湾法鼓山圣严法师率团访问福建期间，在接受采访时表示，以前对大陆的了解大多是耳闻，印象中的大陆是落后与苍凉的，访问了以后才知道原来那些都是不真实的。

另外，闽台宗教与民间信仰中蕴藏的中华传统文化在一场场形式多样的交流活动中得以传承和弘扬，使得台胞"认祖思乡、两岸同根"的情怀得到进一步升华，提升了台湾民众对中华传统文化的认同，增强了对中华民族的热爱与凝聚力。在此基础上，越来越多的台湾信众借助宗教与民间信仰交流的机会进行谒祖访亲、捐资建庙、修谱续流、修桥铺路、助学兴教，以实际行动投资家乡、建设故里，不但增进了两岸同胞之间的相互了解与认识，消除了彼此的隔阂与误解，而且加深了两岸民众"血浓于水"的亲情乡谊与民族感情，对于两岸关系的良性发展起到了积极的推动作用。

二、促进了两岸文化、经贸、旅游等领域的交流合作，带动了福建地方经济的发展

改革开放以来，福建各地充分利用闽台两地"神缘同"的优势，不断加强闽台宗教与民间信仰交流，成功打造出妈祖、关帝、保生大帝、临水夫人、清水祖

师等一大批颇具地方特色的对台神缘品牌，使之成为各地重要的文化旅游资源与招商引资的重要桥梁，成功地创造了"宗教信仰搭台，经贸唱戏"的闽台合作模式，促进了两岸文化、经贸、旅游等领域的交流合作，带动了福建经济快速发展。

一方面，福建各地通过组织各种以宗教与民间信仰为主题的文化交流活动，吸引了大批台湾民众前来进香谒祖、旅游观光，带动了当地旅游产业的兴旺发达，创造了可观的经济效益和社会效益。近年来，台湾信众组成的进香团与参访团的规模不断扩大，动辄数百上千人乃至数千人，他们到福建进香谒祖、参加交流活动时交通、食宿、祭典、旅游观光等的消费，大大促进了福建经济的发展。如2006年9月台湾妈祖联谊会组织53家会员宫庙的4300多名信众到泉州进香，进香途中租用了200多部车辆，一路上浩浩荡荡，蔚为壮观。他们的到来给泉州酒店业带来了一次消费高潮，导致进香期间泉州一些酒店出现爆满现象。① 而在福建举行的一批颇具规模和影响的两岸宗教与民间信仰文化节庆活动，如湄洲妈祖文化旅游节、东山关帝文化节开漳圣王文化节等，往往成为地方招商引资的重要平台以及闽台两地深化经贸、文化与旅游等领域交流合作的重要载体，成为拉动地方经济发展的重要引擎。

另一方面，随着闽台宗教与民间信仰交流的不断深化，台胞回馈故土和来闽投资创业的热情也不断增强，越来越多的台胞回乡投资兴办企业，带动了福建经济的迅速发展。据统计，截至2012年10月，福建全省累计共批准台资项目12867项，累计284.36亿美元，实际利用台资209.73亿美元。② 截至2013年5月底，福建全省实有台资企业3856家，③ 福建成为台湾企业在大陆落地最为集中的省份。此外，近年来由宗教与民间信仰交流衍生出来的相关宗教文化产业发展方兴未艾，也对福建经济的发展起到添砖加瓦的作用。例如，从2009年起，在泉州举行的每年一届的"海峡两岸佛教用品及工艺品博览会"都会吸引许多两岸

---

① 范正义：《泉州天后宫对推动两岸交流的促进作用》，《莆田学院学报》2010年第1期。
② 《走过2012数据看闽台交流》，2012年12月31日，新华网（http://news.xinhuanet.com/tw/2012-12/31/c_124171991.htm）。
③ 《截至5月底福建省实有台资企业3856户》，2013年6月26日，新华网（http://news.xinhuanet.com/tw/2013-06/26/c_116301818.htm）。

及海外企业前来参展，目前福建的佛教文化产业规模已经走在全国的前列。

三、突破了两岸交流与民间往来的禁区，促进了两岸政治关系的改善与发展

在政治层面，改革开放以来闽台宗教与民间信仰交流的不断深化，突破了两岸交流与民间往来的禁区，在一定程度上促进了两岸政治关系的改善与发展，这种影响主要表现在两个方面。

第一，突破两岸交流"禁区"，率先实现海上"直航"。20世纪80年代以来，在两岸交往渠道不畅的情况下，台湾信众在推动两岸交流上表现出极大的热情、勇气和高度的自主性，他们敢于在"宗教直航"议题上表达自身利益和诉求，通过种种途径疏通台湾当局，迫使台湾当局逐步放开两岸往来的限制，使自己能够以更为便捷、顺畅的方式来福建谒祖进香、参访交流，以实际行动一次次突破两岸交流的"禁区"。而福建方面为了更好地接待台湾信众，也提前促使相关部门不断推出新举措，在入境、通关、交流等方面给予便利。

30多年来，闽台宗教文化与民间信仰交流在两岸交流中创下了多个"第一"的记录，对海峡两岸"三通"尤其是海上直航起到积极的推动作用，促进了两岸政治关系的发展。如1989年5月5日，台湾宜兰南方澳南天宫组成225人的进香团分乘19艘渔船，从海上直航湄洲祖庙进香，开创了1949年后两岸大型船队直航的先例。2002年5月8日至12日，湄洲妈祖金身首次从海上直航巡游金门5天，福建省台办负责人总结其创下了50多年来两岸交往史上的"四个第一"：第一次以海上直航方式出巡；第一次到金门接受信众朝拜；第一次启动湄洲岛3000吨客运码头；第一次实现了湄洲岛与金门、乌丘之间的客运通航。2002年8月泉州天后宫妈祖金身巡游澎湖，冲破台湾当局两岸直航的禁令，对两岸关系也产生不可低估的影响。关于此次直航的意义，正如时任泉州市委书记所指出的那样："标志着半个世纪以来泉台两地盼望已久的直航愿望变为现实，两地海上交通史从此翻开崭新的一页。"澎湖县县长赖峰伟表示，澎湖与泉州之间的"海上

丝路"在中断多年后因为宗教直航再度复航,"是两岸交流史上一大步,也是善意的一步"①。2007年,开台澎湖天后宫开展两岸"民俗交流直航"五周年赴泉州天后宫进香活动,为了使进香活动更便捷,澎湖天后宫试图以台湾"客轮往返载送"的方式,组织信徒到泉州进香。为此,他们发函澎湖县主管机关,请"转呈台湾'陆委会'核备并协助推动本项计划"。7月11日,台湾方面陆委会发函澎湖天后宫,同意天后宫的请求。②最终此次交流得以顺利成行。

第二,闽台政界人士通过题词赠匾、参访宫庙、出席文化节庆活动等方式积极参与闽台宗教与民间信仰交流,在一定程度上化解了两岸政治上的隔阂,增进了两岸政治互信。

台湾政要向福建祖庙以及重大交流活动题词赠匾。如多位台湾政要分别为湄洲妈祖祖庙题赠过墨宝,国民党荣誉主席连战的题词是"神昭海表",亲民党主席宋楚瑜的题词是"圣德配天",新党主席郁慕明的题词是"风调雨顺"。2013年6月,第六届海峡两岸开漳圣王文化节在云霄举行,国民党荣誉主席连战、前台湾海基会董事长江丙坤分别向发来题词祝贺。连战的题词为"圣德显扬",江丙坤的题词是"泽被两岸"。

台湾政界人士来福建祖庙进香谒祖,福建当地政府会派出相应官员与他们互动交流,在一定程度上增进了两岸官方的沟通与了解,化解了两岸政治上的隔阂。如2002年7月24日,澎湖县县长赖峰伟率领澎湖天后宫信徒257人,乘坐"超级星号"客轮,直航泉州天后宫进香谒祖。2005年3月,彰化市市长温国铭率领彰化南瑶宫信徒1000多人到泉州天后宫绕境进香。2005年9月18日,亲民党主席宋楚瑜一行抵达厦门南普陀寺朝拜,为两岸和平、人民幸福祈福。2006年4月18日,国民党荣誉主席连战一行抵达福州鼓山涌泉寺参观朝拜。2007年3月20日,台湾连江(马祖)县县长陈雪生、议长陈振清和民意代表曹尔忠等

---

① 《澎湖宗教直航今赴泉州迎妈祖三通中继站渐成形》,2002年7月23日,南方网(http://www.southcn.com/news/hktwma/liangan/200207230999.htm)。
② 王国龙、吴巍巍:《论当前闽台宗教文化交流的新趋势及其影响》,《闽台关系研究》2012年第2期。

政要亲自为马祖白马尊王神像护驾，与300余名信众一起专程赴福州鳝溪白马尊王祖庙进香谒祖。2011年1月20日，台湾基隆市市长张通荣、副市长柯水源、基隆市议会议长黄景泰等一行到厦门南普陀寺参访。

台湾政要参与神像绕境巡游活动。如2009年6月，闽王王审知金身赴马祖和台湾进行为期10天的巡安交流活动，台湾立法机构负责人王金平、台中市市长胡志强、台中县县长黄仲生和连江县县长陈雪生等政要先后参加了接驾和祭拜等活动。2009年7月，南安凤山寺"广泽尊王"金身首次前往台湾进行为期25天的绕境巡游，受到台湾方面的"享受高规格待遇"：不仅台湾当局领导人马英九送来花篮致贺，立法机构负责人王金平还亲自迎驾主祭，台南市市长许添财则为副主拜。

福建官员赴台参与民间信仰交流活动。如2010年5月6日，率团访台的福建省省长黄小晶一行，专程参加了纪念妈祖诞辰1050周年活动，并前往台中大甲镇澜宫拜谒妈祖。

两岸官员共同参与文化节庆活动。如2010年4月，海峡两岸保生慈济文化节首次移师台湾，由台北大龙峒保安宫承办，台北市市长郝龙斌亲临现场表达祝贺，并与跨海率团前来的全国政协常委黄志贤和厦门海沧保生大帝赴台巡游交流团团长林世粦一起为盛典开锣。

第四章 闽台民间文化交流与合作（下）

本章着重就改革开放以来闽台宗亲文化交流、闽台民俗文化与民间艺术交流、闽台基层交流的发展历程、当代闽台民间文化交流存在的问题和进一步深化闽台民间文化交流的策略进行分析和思考。

第一节 闽台宗亲文化交流

宗亲文化，是在五千年华夏文明的历史长河中，由众多不同血缘的中华姓氏经过传承延续，相互交融，兴衰更替，升华凝练，所形成的一种超越时空与地域，内涵丰富的文化体系，包括族谱、家庙宗祠、坟墓陵园、历史名人等社会的各个层面。[1]闽台人民同根同源，血脉相连，台湾2300万人口中，超过3/4的祖籍地是福建，其中，大约有九成的祖籍在闽南地区；入台的福建移民有500多个姓，占今日台湾千余姓氏的一半以上。因此，开展闽台宗亲文化交流，帮助台湾同胞寻根谒祖，追溯渊源，有利于增进闽台人民血浓于水的亲情，有助于提升台湾同胞对祖籍地和"根"的认识，提升他们对国家和民族的认同。改革开放以来，尤其是台湾当局"解严"之后，台湾同胞掀起了回福建寻根谒祖的热潮，闽台宗亲

---

[1] 蔡嘉源、陈萍：《台湾同胞寻根问祖之钥——论闽台宗亲文化交流》，《福建论坛·人文社会科学版》2009年第6期。

文化交流日益热络，逐渐成为现阶段联系台湾基层民众的一条重要纽带。

一、闽台族谱对接及谱牒文化交流

谱牒又称族谱、宗谱、家乘、家谱等，是一种记录家族迁徙、发展的事迹和家族人物的世系、传记的史书，①福建是台湾同胞的主要祖籍地，为数众多的民间谱牒真实记载了先民移居台湾、开发宝岛、艰苦创业的历史，成为维系闽台乡亲血缘亲情的重要标志和象征。改革开放以来，台湾同胞到福建寻根问祖的络绎不绝，闽台两地积极开展对民间谱牒资料的系统挖掘、整理和研究工作，并通过共同修撰族谱、举办学术研讨会、谱牒展览等形式，寻求闽台族谱对接，广泛开展谱牒文化交流。

（一）联手搜集、整理、修撰或重印族谱

改革开放以后，福建经济的发展以及地方文化的兴盛，带动了福建民间修谱的热潮。在此过程中，一批回乡寻根的台湾同胞尤其是实业家热衷公益事业，对于宗族的修谱活动给予大力支持，不但踊跃为宗族修谱捐资，一些台湾宗亲会还主动提供迁台宗亲的世系资料，与福建宗亲会联手修撰或重印族谱。在闽台宗亲的共同努力下，同一家族的闽台族谱陆续完成对接，形成新谱，实现闽台宗亲世系的延续。例如，闽台前十大姓氏，由于台胞、侨胞回来寻根者甚众，修谱较早，也较普遍，修谱中有福建方面自撰的，也有两岸宗亲会合撰的，数以千计。又如福建《西清王氏族谱》1934 年在福建重修，1972 年台湾宗亲根据此谱进行续修，但仅补充台湾及海外宗亲。1992 年，台湾宗亲捐资，闽台王氏族人携手在福建进行第四次编修，综合闽台族谱，实现闽台族谱对接。再如，2005 年 10 月，两岸马崎连氏宗亲 300 余年来首次联手续修连氏家谱，经过 5 个多月的努力，《马崎连氏族谱》终于问世，首次把连战家族在台湾的"台南马兵营连氏世系图"收入其中。2006 年 4 月，连战回马崎寻根祭祖之时，马崎连氏宗亲会会长连鸿举

---

① 陈名实、陈晖莉：《福建谱牒文化调查研究》，《泉州师范学院学报》2009 年第 1 期。

亲手将《马崎连氏族谱》赠予连战。

此外,闽台一些有实力的宗亲会,更组织对各地的族谱进行系统收集、整理和编撰,如黄氏宗亲会就在《福建黄氏世谱》下编撰出版各县的分谱等等。编撰、重印族谱受到台湾同胞的欢迎,一些台湾政要还为之题词纪念。如谢东闵为谢氏大宗谱编印纪念题词"祖德维扬";林洋港为林氏族谱发刊纪念题词"资孝励忠";台北市原市长许水德,为"重修吾族大族谱纪念"而题词"寻根追源,宏扬伦理"。①

(二)举办闽台族谱展览与族谱对接活动

闽台两地通过族谱展示、对接,初步梳理了历代福建移民迁台的主要支派世系及迁徙繁衍、分布、流向,其所展现的闽台两地大姓、著姓的族谱、祖祠家庙、碑铭匾联等实物及图文资料,为台胞寻根拜祖提供了可靠的依据或有希望的线索。早在1995年,海峡两岸族谱展览在漳州展馆举行,展出漳台两地族谱773部,其中台湾族谱100余部。2003年,泉州海外交通史博物馆曾举办"泉台百个家族迁台族谱展"。2007年9月在福州举办的以"两岸同根,闽台一家"为主题的首届海峡百姓论坛暨闽台族谱展,展出明清以来158个姓氏的1000多部族谱共2000余册,还有唐宋以来各姓氏祖先的画像、照片等500多幅,闽台萧氏、吕氏、许氏进行了族谱对接仪式。11月,首届漳台两地族谱对接展成功举行,此次展出的两地民间族谱近700册,其中来自台湾的族谱近百册,共记载了各姓氏由漳州迁往台湾开基祖的资料5万多份,是收集展出漳台两地民间族谱数量最多的一次,并首次展出了台湾10个主要姓氏祖祠与大陆祖祠的对接。2008年7月25日,泉州与台湾姓氏研究会联手在泉州"中国闽台缘博物馆"举办"闽台族谱对接展示会暨族谱学术报告会",参加展示的族谱涵盖94个姓氏共600余部2400余册。

2009年5月,迄今为止最大规模的闽台族谱展,首届"海峡论坛·闽台姓氏

---

① 蔡嘉源:《积极有序开展闽台宗亲文化交流,增进台胞"血脉亲,中华情"——关于做好台湾民众工作的调研报告》,载《福建社会科学院科研成果选编(2009)》,海峡文艺出版社2011年版,第317页。

族谱和涉台文物展"在厦门市博物馆举办,展品包括5759册姓氏族谱,涉及闽台姓氏141个,近2000名闽台各地代表参观了展览,到场的台湾嘉宾涉及90个姓氏、1100多人。2011年6月,作为第三届"海峡论坛·海峡百姓论坛"的重要活动之一,"闽台族谱对接暨中华百家姓氏联墨展览"共汇集了两岸族谱583部3500多册,联墨100多幅,为远道而来参观交流、寻根谒祖的台湾宗亲提供了生动而翔实的寻根对接资料。2013年6月,在漳州举行的第五届海峡百姓论坛期间,举办了两岸宗亲族谱对接联谊与闽台族谱展,共展出闽台两地100多个姓氏500多部共计3000册族谱,有22个姓氏27部族谱现场对接,并在研究海峡两岸各个姓氏迁徙的基础上,组织各个姓氏把他们族人入闽和迁台情况用图表形式直观表现出来,还重点展现了台湾政要和名人家族的迁徙。

(三)利用特别珍贵的族谱进行入岛展示宣传

近年来,福建重点选择台湾前十大姓氏、著姓及著名人物的族谱进行入岛展示宣传并引起轰动,其中包括三种特别珍贵的族谱:第一,有原始记载又为闽台共同尊崇的著名历史人物的族谱,如闽王王审知、开漳圣王陈元光、民族英雄郑成功、林则徐等;第二,有原始记载的台湾蓝绿头面人物的祖谱,如连战、吴伯雄、江丙坤、萧万长、王金平、李登辉、陈水扁、游锡堃、吕秀莲、张俊宏、许信良等;第三,记载着历史上移居台湾不同姓氏著名始祖的谱牒,如台湾李氏始祖李火德一脉族谱,有30万在台裔孙的"鄞江始祖张氏化公一脉的族谱",有上杭、永定、南靖、台湾四地对接的《上杭大拔张芬吕氏四修族谱》《福建南靖县书洋乡田中村吕厝龙潭楼吕氏族谱》等珍贵族谱。①

2010年5月,由闽台有关方面联合主办的"两岸(闽台)宗亲交流暨姓氏族谱展"在台南市举行,共展出旧族谱有243册,共152件(套),含92个姓氏(其中:原版旧谱117部共188册,旧谱复制本29部55册);可供查阅的新谱有433部1000册,含70个姓氏;东道主台南本地提供的族谱有14册,含9个姓氏。

---

① 蔡嘉源:《积极有序开展闽台宗亲文化交流,增进台胞"血脉亲,中华情"——关于做好台湾民众工作的调研报告》,载《福建社会科学院科研成果选编(2009)》,海峡文艺出版社2011年版,第317页。

2011年5月，历来泉州规模最大的族谱展"泉台百家姓族谱暨中华姓氏联墨巡展"赴台进行为期一个月的巡展，展出族谱190部，共1600多册，涉及泉州迁台姓氏65个，在台湾引起强烈反响。据不完全统计，巡展期间共有3万多名台湾民众参观，并有不少人通过展览找到在大陆的"根"。

（四）大力开展谱牒文化研究

改革开放以来，对于谱牒文化以及闽台族源关系的研究日益受到学术界的重视。1984年，福建人民出版社出版了庄为玑、王连茂编的《闽台关系族谱资料选编》，为闽台宗亲的联络提供大量珍贵史料。1996年，陈支平教授的《福建族谱》专著，由福建人民出版社出版。2005年，陈支平教授主编的《台湾文献汇刊》由九州出版社出版，其中第三辑为"闽台民间关系族谱专辑"，共20册，收录福建沿海地区大量关于移民台湾记载的民间族谱，其中包括陈水扁、吕秀莲、游锡堃等民进党人士先祖的族谱。2009年，陈支平教授主编的《闽台族谱汇刊》（50册）由广西师范大学出版社出版，共收集闽台赵、李、吴、王等姓氏家谱106部，是第一次大规模整理出版的闽台族谱。

闽台学者对旧族谱的挖掘与研究，以及对相关族谱的整理和出版，为谱牒文化研究奠定了坚实的基础。近年来，福建各地纷纷举办闽台谱牒文化研讨会，邀请台湾宗亲和专家学者参与研讨，大力推动了闽台谱牒文化交流。如2003年12月，厦门市炎黄文化研究会等单位举办"中华之根——海峡两岸谱牒研讨会"，对海峡两岸谱牒的编修历史、文化价值、资源利用等问题进行研讨。2013年6月，作为第五届海峡百姓论坛的主题活动之一，"中国梦与谱牒文化"研讨会在福建漳州举行，来自两岸的200余位宗亲代表和专家学者参加研讨会。与会的两岸专家学者围绕"中国梦与谱牒文化"，从不同角度阐述对姓氏谱牒文化与实现中国梦的独特见解。2013年7月13日，由中国闽台缘博物馆主办的首届海峡两岸民间谱牒交流大会顺利召开，海峡两岸谱牒专家、学者和地方文史工作者等110余人参加。大会包括四项重要活动：举行闽台谱牒文献资料展示交流，展示中国闽台缘博物馆重要馆藏谱牒文献120多种共4000多册，以及与会嘉宾所提供的闽台谱牒文献资料400多册；举行两岸谱牒文献资料捐赠仪式，闽台缘博物馆共接受捐赠族谱文献资料 484 册；推广传承中国民间优秀传统节日"晒谱节"；开展两岸族谱文化交流研讨。

二、闽台姓氏文化及宗祠文化交流

中华民族自古以来就有追根溯源、寻根问祖的传统。中华儿女对姓氏文化及宗祠文化的重视正是这种传统的重要表现。中国的姓氏文化与宗祠文化具有悠久的历史，不仅与人们的日常生活息息相关，而且与中华文化的传承发展紧密相连。姓氏不仅是社会成员称呼的一个组成部分，而且是标明家族来源和血缘关系的一种文字符号。宗祠，又称"祠堂""宗庙""家庙"或"祖庙"，是供奉祖先的神灵牌位、举行祭祖活动的场所，又是举行家族内各种仪式、处理家族事务的地方，一向被视为宗族的象征，是凝聚血亲朝宗谒祖的"圣殿"。福建乡村各个姓氏的聚居地，历来都建有家族的宗祠家庙，是海内外宗亲的心灵寄托，是移居台湾族人的"根"。长期以来，姓氏文化与宗祠文化对于旅居台湾的宗亲而言，具有极大的感召力和凝聚力，成为他们踊跃返乡寻根谒祖的动力源泉。20 世纪 80 年代以来，在闽台两地宗亲会以及相关方面的共同努力下，两地姓氏文化与宗祠文化交流日趋密切。

（一）修葺、重建或扩建宗祠家庙

福建有着为数众多的闽台两地"同宗共祖"的宗祠。近年来，福建方面采取有效措施，主动做好一些重要宗祠的保护、修复和扩建工作。如将一些具有重要历史意义的涉台宗祠列入市级、省级文物古迹加以重点保护，投入大量资金（一些台湾宗亲也踊跃捐资）对部分宗祠加以修葺、重建或扩建，尤其是做好一些台湾历史名人（如郑成功的祖祠——南安石井镇的"延平郡王祠"，施琅的祖祠——晋江龙湖镇的施氏大宗祠等）、当代台湾知名人士（如连战、王金平）以及一些台湾著姓（如泉州鲤城区董杨大宗祠，是全国仅有的"董杨联宗"史迹，为台湾及海外董杨宗亲供奉的祖祠）的宗祠修复工作，充实祠堂资料陈列，整治周边环境，并与当地自然景观名胜古迹结合起来，构筑以人文资源为重点的旅游专线，为返闽寻根的台湾同胞创造良好的环境。

（二）台湾政要频频回福建祖籍地祭祖

近年来，台湾社会各界人士来福建寻根祭祖者络绎不绝，一些台湾政坛的知名人士，纷纷委托福建宗亲代其寻找祖源，如马英九、连战、王金平、江丙坤、谢长廷、游锡堃等均系福建宗亲会帮助找到祖源。2008年4月，刚刚在台湾地区领导人选举中获胜的马英九得此确切讯息，随即指派卢月香为特使，到龙岩、清流、连城等地"感恩祭祖"，并许诺找机会回祖籍地祭谢祖先。王金平曾致信请求厦门同安区，帮助寻找祖籍地，当同安宗亲为其提供确凿无误的祖居地后，王金平即题赠"华夏生辉"的贺词。2008年4月，王金平委托其胞兄王珠庆代表他到厦门白礁祖籍地祭祖，到同安北辰山拜谒"八闽人祖"王审知。

也有不少台湾政要专程到福建祖籍地寻根谒祖。1990年8月31日，吕秀莲到漳州南靖县书洋乡吕氏芳园祠进香祭祖，并亲自打井水饮喝，以示饮水思源。2005年9月9日，萧万长第一次携家人前往厦门乌石埔萧氏家庙谒祖。2006年4月，连战回到龙海市马崎村"连氏祠堂"圆了祭祖之梦；江丙坤偕夫人返平和县大溪镇江氏济阳堂祭祖。2007年9月，时任国民党副主席林丰正携家眷回漳浦县石榴镇攀龙林龙山堂祭拜祖先。2000年11月、2008年8月和2012年11月，吴伯雄分别以国民党副主席、国民党主席和国民党荣誉主席的身份三次返回祖籍地福建永定县下洋镇思贤村祭祖。2011年6月，吴伯雄之子，时任台湾桃园县县长的吴志扬到永定祖籍地祭祖。2012年10月4日，前民进党主席谢长廷首次回到祖籍地漳州市东山县铜钵村祭祖，在祖祠"五常堂"祭祖时数度落泪，并表示"饮水思源、慎终追远，这是一个好风俗"。

（三）举办大姓、著姓恳亲交流活动

近年来，在台湾和海外宗亲的要求下，"世界（环球、全球）×姓恳亲大会"陆续在大陆召开，作为台胞主要祖籍地的福建也是主要的举办地之一。2004年11月，泉州全球董杨大宗祠落成庆典暨第九届全球董杨恳亲大会在泉州举行，吸引了两岸四地和海外的董杨宗亲参加。2007年3月，第六届世界苏姓恳亲大会在厦门同安召开，台湾苏姓乡亲组成了100多人的团体前来参加大会。11月，纪念南湖三先生"开莆来学"1450周年文化交流活动暨世界郑氏宗亲恳亲大会在莆田市隆重举行。2008年3月在晋江召开的"第六届环球萧氏宗亲恳亲大会"，来自台湾与海外萧氏宗亲400多人参加恳亲会，因台湾地区领导人选举未能出席大会的萧万长还派前法务部门负责人萧天赞为特使，代表他在大会上致贺词。2011年1月，第十一届"世界六桂恳亲大会"（洪、江、翁、方、龚、汪六个姓氏）在厦门市翔安区召开，来自海峡两岸与东南亚各地的近600个"六桂"社团2000多人参与大会。

（四）轮流举办海峡百姓论坛

2007年开始，由中华海外联谊会、全国台联主办，福建省海外联谊会、福建省中华文化学院、福建省台联、福建省姓氏源流研究会与台湾两岸和平发展论坛、台湾两岸关系发展促进会、高雄市百姓交流协会等闽台民间社团联合承办的海峡百姓论坛在闽台两地轮流举办，成为闽台姓氏宗亲交流交往的重要平台。海峡百姓论坛以"两岸同根，闽台一家"为主题，至2015年为止已先后在福建福州、台湾台中、福建泉州、台湾高雄、福建漳州和台湾高雄成功举办了7届。论坛期间举行了族谱展览与对接、闽台宗亲联谊、学术研讨会等交流活动，通过这个平台，两岸已有近百个姓氏团体进行双向互访，联谊交流，共举办闽台族谱展40多场、姓氏学术研讨会40多场，吸引了海峡两岸近百个姓氏同胞组团参会，实现双向互访与联谊交流，吸引了成千上万台湾同胞、海外侨胞到福建寻根谒祖，为增进两岸同胞情谊、促进两岸和平发展发挥了独特的作用。

2012年6月，第四届海峡百姓论坛在高雄举行，来自两岸的专家学者与宗亲代表2400余人参加论坛，涉及两岸50多个姓氏团体，与会代表有80%来自两岸基层。其中，大陆人士有八成是基层民众，有90%是第一次到台湾；台湾嘉宾有90%来自基层，近半数为高雄当地民众。在本届论坛上，有李、许、张3个姓氏完成族谱对接，有14家姓氏源流研究团体洽签《海峡两岸姓氏源流研究社团长期交流合作协议书》，以推动两岸宗亲交流常态化、机制化。此外，两岸专家学者和宗亲代表就姓氏文化对中华传统文化的影响、两岸姓氏源流关系、闽台姓氏人物的血缘认同等课题进行研讨。

2013年6月，第五届海峡百姓论坛在漳州举行，来自闽台两地80多个姓氏（台湾近40多个）的宗亲会代表、两岸专家学者、在闽台生等1200多人欢聚一堂，互动交流，共叙宗谊。其中，来访台胞有80%为"中南部、中下层、中青年"人士，60%是第一次到大陆。论坛期间，举办了两岸宗亲族谱对接联谊、闽台族谱展、"中国梦与谱牒文化"研讨会等主题活动。两岸13对宗亲团体（姓氏研究社团）签订了长期交流合作协议，寻求建立经常性学术互动机制，全方位开展姓氏宗亲源流研究，协助双方宗亲组织开展寻根、谒祖、会亲等活动，增进族亲双方的亲情乡情和友情，推进两岸宗亲文化交流的常态化、机制化进程，进一步推动宗亲交流长效机制的建立。

（五）设立宗祠博物馆、文化园区或交流中心

2011年5月1日，观天下闽台宗祠博物馆在厦门五缘湾商业街盛大开馆，该博物馆是两岸交流中首个展览宗祠文物的博物馆，占地面积近3000平方米，馆内展出祖宗画像、石磉、佛像、皮影戏、古董家具和明清精品文物等上千件展品。一些台湾宗亲还捐资建设姓氏文化园区，以弘扬宗亲文化。2010年，台湾徐氏宗亲慷慨解囊，决定在祖籍地漳浦县南浦乡大坪村筹建闽台徐氏文化园区，其中前期投资300多万，建设三进式祠堂和坪山堂文物馆各一座，将徐氏祖先遗留的有关文物在文物馆中展览保存，后期还将在此基础上推动闽台徐氏文化园区的规划及建设，总投资将达1200多万元。

2012年6月16日，大陆首个以宗亲文化为主题的对台文化交流中心——海峡两岸（漳州）宗亲文化交流中心在福建漳州成立。该中心设有"三馆一网站"，即"漳台宗亲文化·族谱对接馆""民俗风情馆""史料文物馆"三个展示馆和一个漳台族谱对接网站，为台胞了解漳台历史渊源、宗族演变和社会文化提供方便，成为两岸文化交流的又一平台。

三、闽台历史名人的研究与交流

闽台各姓氏宗亲在不同历史时期均涌现出一批功勋卓著、名垂青史的人物，以及才华横溢、品格高尚的俊杰，包括历朝历代的功臣名将、思想家、科学家、文学家等等。近年来，闽台各界以共同尊崇的历史文化名人为纽带，深入开展对历史文化名人的研究与交流。

（一）举办闽台历史名人的学术研讨会

近年来，闽台两地学术界加大对历史名人的学术研究力度，多次召开以某个历史名人为主题的学术研讨会，如王审知、陈元光、郑成功、施琅、朱熹、黄峭、蔡襄、蔡新、黄道周、连横、林语堂等等。如 1994 年，"连横学术思想暨学术成就研讨会"在漳州举行，两岸 40 多名专家学者对连横的学术思想和学术成就进行了实事求是的探讨。2001 年 12 月和 2003 年 11 月，晋江先后两次举行了"施琅与国家统一"和"施琅与海峡两岸"学术研讨会。2002 年 4 月，"纪念郑成功驱荷复台 340 周年"学术研讨会在厦门举行，来自海峡两岸以及美国、荷兰的 50 余名专家学者参加齐聚鹭岛，共同就两岸人民共同景仰的民族英雄郑成功展开研讨，堪称盛事。2007 年 12 月漳州举办了林语堂国际学术研讨会，来自国内外 160 多位学者出席了本次研讨会。2013 年 6 月 18 日，"郑成功与闽南文化"研讨会在泉州举行，来自海内外多个地区的 45 名专家学者汇聚泉州，针对郑成功与闽南文化之间的关系展开探讨，共同分享郑成功文化的研究成果，挖掘郑成功文化的当代价值。又如，漳州曾两次召开黄道周研究会，台湾黄氏宗亲会每次均组织 200 多人参会。

（二）举办闽台历史名人纪念活动

近年来，闽台对于郑成功、王审知、陈元光等开发闽台的先驱以及对两地社会经济发展做出杰出贡献的历史人物尤为推崇，举办了一系列颇具特色的纪念活动。厦门、泉州等地纷纷举办纪念郑成功的文化节等活动并取得了巨大的成功。2002 年 5 月，郑成功家乡南安市举办规模盛大的"纪念郑成功收复台湾 340 周年"系列活动,内容包括纪念大会、祭奠郑成功陵墓仪式和"郑成功与台湾"学术研讨会、"台湾问题"知识竞赛等,台湾郑氏宗亲、学者专家共200余人与会。2010年9月,南安举行以"成功故里情,两岸一家亲"为主题的首届"泉州·南安郑成功旅游文化节",活动的主要内容包括郑成功文化主题公园奠基仪式、郑成功学术研讨会、纪念郑成功书画展、郑成功民俗活动以及南安市旅游推介会等。

2009年开始,由厦门市思明区人民政府、厦门市文化局联合主办的郑成功文化节,迄今已成功举办六届,吸引了海峡两岸众多民众踊跃参与,成为两岸民间交往和文化交流的有效平台。2013年6月14日至20日,第五届郑成功文化节在厦门与台南两地同时举行,成为首个在台湾举办的海峡论坛项目,并首次由两岸联办。与往届不同的是,本届郑成功文化节的活动主会场设在台南,同期在厦门举行相关活动①;还首次实现厦门与台南两地民间包机直航,来自两岸的郑氏宗亲和民间信众各168人,搭乘厦航专机分赴厦门、台湾参加文化节相关交流活动。

随着两岸关系的改善,福建方面也组团赴台参加纪念郑成功的节庆活动。2009年4月,应台南市文化观光处邀请,泉州海外交通史博物馆赴台南市参加2009年"郑成功文化节"特别展,提供的22艘明郑时期的船舶模型参与此次展览活动。2011年11月,延平王郑成功开台350年联合秋祭在台南市郑成功祖庙盛大举行,除了全台逾50间奉祀郑成功的庙宇参加外,大陆厦门、泉州南安与南平等地也应邀组团参与盛会,两岸联合祭祀郑成功,成为郑成功祖庙建祠300多年来仅见的盛况。

此外,闽台同姓宗亲共同举办历史名人的冥诞纪念活动。晋江龙湖镇是施琅将军的祖居地,在台施氏族裔有12万多人,每逢施琅忌日,都有上百成千施氏族裔组团回乡参与祭祀。2001年9月,晋江举办施琅将军诞辰380周年纪念活动,台湾施姓族裔及各界人士100多人与会。

---

① 主要活动包括台湾郑成功庙建成350周年大典、巡礼活动、厦门市思明区旅游推介会、郑成功文化节民间祭祀活动及延平郡王祠管委会揭牌仪式、思明区非物质文化遗产展、情忆丹青——闽台书画文物展等6个项目。

四、闽台客家文化交流

"客家人"是汉民族中一支重要和独特的民系，闽台客家人同根同宗，闽西是客家民系的发祥地，也是台湾 600 多万客家乡亲的重要祖籍地。客家文化作为联系台湾客家乡亲的精神纽带，在促进两岸民间文化交流中发挥着重要的作用。近些年来，福建积极挖掘、利用客家宗亲文化，大力推动客家文化研究，不断加强与台湾客家宗亲的交流与合作，成功打响"海峡客家"这一文化品牌，使得闽西客家祖地成为台湾客家族群的"朝宗圣地"与两岸文化交流的重要基地。

（一）举办客家文化联谊与交流活动

台湾客家社团有 200 多个。近年来，闽西龙岩、三明两市及其所属各县陆续成立了"客家联谊会"以及"闽西客家联谊会"（1995 年成立）等诸多闽西客家社团，通过举办各种闽台客家宗亲的联谊活动，广邀台湾客家同胞回祖籍地寻根祭祖，组团赴台交流参访，并积极与台湾的众多客家社团开展交流与合作，形成闽台客家联谊工作网络。

近年来，福建先后承办了世界客属恳亲大会、海峡两岸客家高峰论坛等大型的客家文化交流活动，有力推动了两岸客家文化交流。2000 年 11 月，由闽西客家联谊会主办的"第 16 届世界客属恳亲大会"[①]在龙岩召开，来自海峡两岸及世界各地 124 个客属团体的 3500 多人出席。2007 年 9 月，第二届海峡两岸客家高峰论坛[②]在厦门举行，300 多名来自海峡两岸的客家乡亲欢聚一堂，紧紧围绕

---

① 世界客属恳亲大会是国际上具有广泛影响力的华人盛会之一，缘起于 1971 年，是海内外客属乡亲联络乡谊和进行跨国跨地区交往的重要载体，也是各国各地区客家人开展经济合作和文化交流的重要舞台，基本上每隔两年在世界各地有关城市举行一届，截至 2015 年已经举行了 28 届。

② 海峡两岸客家高峰论坛，由大陆学者徐博东与台湾客家大佬、中国国民党中评会主席团主席饶颖奇共同倡议定期举办。2006 年开始，海峡两岸客家高峰论坛先后在北京、厦门、台湾、龙岩、梅州、赣州、宁化等地成功举办七届，影响力不断扩大，对增强两岸民众的认同感，促进两岸经济文化交流、和谐发展发挥了重要作用。

"建设海峡西岸经济区——两岸客家新机遇"这一主题展开深入的研讨,有力地促进了两岸客家乡亲之间的亲情、乡情和友情,沟通、交流与合作,2010年6月,以"深化交流、合作共赢"为主题的第四届海峡两岸客家高峰论坛在龙岩举行,两岸近600名客家乡亲相聚交流客家文化的传承和发扬,参加论坛的台湾客家乡亲有20个团组,共281人,涵盖了台湾主要客属社团以及文教、经贸、青年、妇女、基层组织等各个方面的代表。2012年11月,第25届世界客属恳亲大会在客家祖地福建三明开幕。来自世界20多个国家和地区的200多个客属社团组织2000多名嘉宾,共同参加了这一当前世界上联系广、影响大的华人盛会之一。其中,来自台湾的有19个客家社团200多人,中国国民党荣誉主席吴伯雄出席开幕式,致辞中激励全球客家人心手相连。

从2010年开始,由福建省广播影视集团、龙岩市政府发起并联合两岸多家文化机构、客家社团共同主办,福建海峡卫视具体承办和牵头制播的"客家之歌"大型电视综艺晚会连续四年赴台举办,先后在新北市、桃园县、苗栗县和新竹县等重要客属县市举办了四场,晚会节目丰富多彩,充分展现客家精彩纷呈的历史文化和千姿百态的民俗风情,让全球电视观众欣赏到传统与现代、古老与时尚结合的高质量演出,在两岸引发强烈反响,成为弘扬客家文化、促进两岸文化交流的知名品牌与重要平台。

闽西各县市也纷纷结合当地的客家文化特色举办了一系列两岸客家宗亲的联谊与交流活动。2010年9月,中国音乐家协会与龙岩市委、市政府联合举办了首届海峡客家歌曲创作演唱大赛,包括来自台湾的5个代表队13个作品在内的两岸44个作品进入复赛,在两岸客家乡亲和音乐人的共同努力下,大赛活动取得圆满成功。被台湾及海外客家人奉为"朝宗圣地"的客家祖地——宁化县石壁村"客家公祠"从1995年开始每年10月举行一次"世界客属石壁祖地祭祖大典"。永定县着力构建"海西客家文化城",除了每年举办一届"中国福建(永定)土楼客家文化节"之外,2010年还先后举办"永台妇女客家山歌大赛""永台摄影家摄土楼""永台画家画土楼"等活动,创作大型原生态客家风情歌舞集《土楼神韵》,并于2010年5月和2011年9月两次赴台演出,与海峡卫视联合推出

《土楼情·客家人》系列电视专题片等。此外，长汀县举办"世界客属公祭客家母亲河"（即汀江）活动，上杭县举办"闽西（上杭）国际客属龙舟文化节"，武平县邀请台湾客家宗亲参加每年的"定光古佛祭祀"活动，等等，每项活动都吸引成百上千台湾客家宗亲共襄盛举。

（二）推进客家文化的学术研究与交流

20世纪80年代中后期开始，福建学者尤其是闽西学者在客家学、客家民系和客家文化等方面进行了大量细致的研究。经过20多年的辛勤努力，福建尤其是闽西的客家文化研究取得了不俗的成绩。

在设立研究机构方面，福建各地陆续成立了闽西客家学研究会、宁化县客家研究会、汀州客家研究会、三明市客家文化与华侨研究会、漳州客家研究会联谊会以及主要进行客家文化研究的"客家文化论坛组织·客家文化研究会"等研究机构，一些高校的客家研究机构如龙岩学院客家文化研究所和客家研究中心、三明学院客家文化研究所和厦门大学客家研究中心等也相继成立。在创办学术刊物方面，福建先后创办了《客家纵横》《环球客家》《三明客家》《闽西乡讯》等客家文化研究专业刊物。

在出版研究论著方面，近年来，福建每年都有大量有关客家文化研究的文学艺术作品、学术论文与学术专著面世。仅以1991年成立的宁化县客家研究会（国内第一个县级客家学术机构）为例，该会通过大量的学术研究，编、著、出版了各种书刊30余种、700余万字（2006年统计）。

在参加和举办学术研讨会方面，福建除了选派一大批专家、学者参加海内外各个主要客家组织主办的各种学术研讨会之外，还举办了多次客家学和客家文化研讨会。近年来举行的较大规模、较有影响力的研讨会就有"闽西客家学研讨会""客家方言学术研讨会""汀江与客家人学术研讨会""闽台客家关系学术研讨会""宁化石壁与客家世界学术研讨会"等等，广邀台湾和海外学者参加，就客家文化研究的相关议题进行广泛的交流与探讨。

在两岸客家文化研究的交流与合作方面，近年来，福建的一些客家研究机构与台湾大学客家研究中心、台湾"中央大学"客家学院、台北市客家文化研究推广协会等研究机构以及《客家》《中原周刊》等台湾的客家杂志社与媒体，建立了广泛的交流与合作关系。2010年6月，两岸客家文化研究院在永定成立，并与台湾大学客家研究中心签署交流合作协议，为海峡两岸专家、学者构建客家文化研究、交流的新平台，有助于团结两岸客家力量，整合两岸客家研究，深化两岸客家文化的交流与合作。

（三）收集、保护和展示客家族谱

闽西客家祖地多年来以客家族谱为载体，通过客家族谱的研究和对接，追溯并印证了两岸客家人亲密的血脉渊源，吸引了大批台湾客家宗亲前来寻根谒祖。龙岩市上杭县作为客家主要聚居地和客家文化的发祥地之一，民间保持有大量的族谱。上杭县图书馆从1993年起就开始抢救、收藏、整理散逸在民间的客家族谱和其他珍贵家族史料，并于2000年5月成立了上杭县客家族谱馆。2011年10月更名为客家族谱博物馆。经过多年的努力，如今的上杭客家族谱博物馆共收藏有闽、粤、赣、台客家地区143个姓氏（涵盖了闽台客家百家姓开基始祖族谱和完整的少数民族雷、蓝、钟等姓族谱）2900多部2万多册客家族谱（包括民国以前客家族谱5000多册）、19000多份的民国以前客家契约、近百幅客家祖图及客家神明崇拜图、1000多件客家地方文献资料（含客家文书、药书、医书、账本、道教手抄本、清刻本地方著作等）、客家民俗器物及客家方志等，其中400多件藏品已经被鉴定为文物。该馆已基本建成以客家族谱为中心，涉及客家宗族文献、民俗器物文物为一体的藏品体系，形成一个真实反映客家民族不断迁徙发展的珍贵客家文化资源库，成为大陆目前唯一以收集、整理、研究、展示，并开发利用客家族谱文献资料为海内外客家乡亲寻根问祖、族谱对接服务的专题博物馆，为台湾客家乡亲寻根问祖，了解客家历史文化，提供了相当便利的条件。

近年来，上杭客家族谱馆先后有来自台湾等地的客家人士100多批8000多人次来上杭参观、考察客家族谱，开展族谱寻根与学术交流活动（2010年统计）。此外，上杭客家族谱馆于1997年、2000年、2006年先后参加龙岩市举办的"闽台渊源关系族谱展"、第十六届世界客属恳亲大会的"客家族谱展"，以及在上杭县举办的"'寻根与认亲'客家族谱选展"，吸引了众多的观众；2006年5月还举办了以客家族谱文献为研究对象的"客家族谱文化学术研讨会"。2009年3月18日至4月27日，由两岸有关团体共同主办，上杭客联会和客家族谱馆共同承办的"两岸客家族谱文物展"先后在台湾台北、台中、高雄、苗栗等地进行展出，获得巨大成功。此次客家族谱展共展出各个时期的客家族谱180多部（册）、88个姓氏展板约130幅，还有一些祖图及60个姓氏资料的多媒体电子读物等，累计接待观众2.36万人次，[①]是两岸首次客家族谱交流，在海峡两岸产生了巨大的影响。

五、闽台闽南文化交流

闽南文化是中华文化的一个重要组成部分，也是一个极具鲜明特色的地域文化和族群文化，其范围不仅包括福建南部的泉州、漳州、厦门等地区，还扩展到台湾和东南亚地区。闽南文化在海峡两岸文化交流中具有独特的地位和突出的优势。近年来，福建充分发挥闽南文化优势，深入挖掘闽南文化的丰富内涵[②]，向社会大众宣传普及闽南文化，不断深化闽台民间文化交流，为增强闽南文化认同感与中华民族的凝聚力、推动两岸关系和平发展、促进海峡经济区和海峡文化区建设做出重要贡献。

（一）加强闽南文化研究与学术交流

20世纪80年代后期开始，福建学者尤其是闽南学者对闽南文化的方方面面进行了大量深入细致的研究工作，经过20多年的辛勤努力，闽南文化研究可谓硕果累累。在出版研究成果方面，近年来，一大批高水准、高质量的有关闽南文化研究的学术论文与学术专著相继面世。其中最具代表性的研究成果当属由陈支平、徐泓担任总主编，两岸学者共同参与撰写，由福建人民出版社出版的14卷

[①] 钟巨藩：《发挥客家文化在两岸民间交流中的作用》，《亚太经济》（客家文化与海鲜西岸经济区建设专辑）2010年第5期。
[②] 闽南文化的内涵主要包括：闽南方言、闽南口传文学、闽南物质生活文化（衣、食、住、行）、闽南经贸文化（如福船、郊行等）、闽南民间艺术、闽南民间信仰、闽南民间工艺、闽南民俗、闽南民间医药、闽南民间游艺、闽南学术文化与闽南人的思想性格等等。

本"闽南文化丛书"①，内容涉及闽南区域发展史、闽南海外移民与华侨华人、闽南书院教育、闽南方言、闽南理学、闽南建筑、闽南宗教与民间信仰、闽南民间文学与艺术、闽南乡土民俗、闽南宗族社会等诸多方面，堪称近年来闽南文化研究成果的集大成之作。丛书全面、系统地梳理闽南文化文脉，完整呈现了闽南文化的整体概貌，证明闽南文化与台湾文化在血缘、地缘等方面水乳交融的源流和依存关系。

在机构设置方面，同时闽南各地还先后成立了专门的研究机构和刊物，如漳州师范学院闽台文化研究所及其《闽台文化交流》，厦门市闽南文化研究所及其《闽南文化研究》，泉州市泉州学研究所及其《闽南》，以及在泉州师范学院设立的中国社会科学院文化研究中心闽南文化研究基地、台盟中央闽南文化交流研究基地等，均成为研究闽南文化、刊发研究成果与对台学术交流的重镇。值得一提的是，1996年，漳州师范学院在全国高校率先成立了闽南文化研究所（2003年更名为闽台文化研究所，2012年6月18日成立闽南文化研究院），2013年4月改名为闽南师范大学闽南文化研究院，同年开始招收"闽南文化与两岸交流研究"方向博士生。闽南文化研究院下设学术委员会分会、顾问委员会、办公室、《闽台文化交流》编辑部、东南海疆文化研究所、闽南方言文化研究所、闽南民间信仰研究所、闽南家族文化研究所等，主要研究方向和领域包括闽南家族文化、闽南文献与海疆文化、闽南方言文化与闽南民间信仰，成为集人才培养、科学研究、编辑出版、文化交流、社会服务为一体的综合性教学科研单位，堪称两岸闽南文化研究的重要阵地。该院主办的面向海内外公开发行的专业刊物《闽台文化研究》

---

① "闽南文化丛书"经中央台办批准立项，由厦门市台办和厦门大学人文学院共同策划，以厦门大学和台湾"中研院"的专家学者为主体，聘请两岸对闽南文化有较深造诣的相关人士共同参与。丛书编纂采用双主编制，由厦门大学人文学院院长陈支平和台湾大学历史系原系主任、台湾暨南大学代理校长徐泓教授担任总主编，每卷另设两名分卷主编，也由厦门大学和台湾地区知名学者共同担任。丛书共14卷，每个分卷大约20万字，2007年10月出版第一辑6卷，分别是《闽南区域发展史》《闽南宗教》《闽南书院与教育》《闽南乡土民俗》《闽南海外移民与华侨华人》《闽南理学的源流与发展》。另外8卷即《闽南方言》《闽南文学》《闽南戏剧》《闽南民间信仰》《闽南宗族社会》《闽南音乐与工艺美术》《闽南文化事业》和《闽南建筑》于2008年初出版。

是目前福建省唯一一家闽台文化研究的重要刊物。

在学术交流方面，近年来福建各地举办了一系列关于闽南文化的学术研讨会。如2001年、2003年、2005年、2007年、2009年和2010年，分别在厦门、泉州、漳州、厦门、台北和龙岩先后举办了6届海峡两岸闽南文化研讨会。2006年5月底，由海峡两岸15家民间社团联合推动，在厦门举办了首届"闽南文化论坛"。2013年6月，闽南文化论坛在中国闽台缘博物馆举行，来自海内外众多高校和研究机构的130多名专家学者齐聚一堂，共同探讨和分享闽南文化研究成果，内容涵盖闽南方言、宗教、戏曲、文教等诸多方面。闽南师范大学近年来也先后举办了2012闽南跨文化学术研讨会（2012年11月）、"闽台非物质文化遗产保护"学术研讨会（2013年6月）、2013闽南文化研究国际笔谈会（2013年12月）、"漳台关系与闽南文化"研讨会（2014年4月）等学术交流活动。这些学术研讨会都有来自台湾的专家学者参加，受到两岸的广泛关注，有力促进了闽南文化的研究与两岸学术交流。

（二）建立闽南文化交流基地

近年来，各地通过建立专题博物馆、展示馆，举办专题展览等形式，打造了一批闽南文化交流的重要基地，对于传承与弘扬闽南文化、深化闽台文化交流、促进两岸关系和平发展具有重要意义。设在泉州的中国闽台缘博物馆是一座展示福建与台湾关系的国家级对台专题博物馆，是国台办授予的海峡两岸交流基地。该馆总投资1.8亿元，占地154.2亩，主体建筑分四层，面积为23332平方米，高度为43米，于2006年5月正式对外开放，集收藏、展示、研究、交流和服务等功能为一体。馆内陈列以殷实的实物、文献、图片等资料，科学、全面、客观、生动地展示了海峡两岸在地域、血缘、文化、建制沿革、商贸往来、宗教信仰和民俗风情等方面的历史关系，阐述了台湾自古是中国的领土，两岸同胞一脉相承、手足情深的历史事实。截至2013年底，中国闽台缘博物馆累计接待观众644万多人，其中台湾同胞50多万人次。2013年该馆共接待观众95万余人次，其中台湾同胞近 9 万人次，台胞参观人数比上一年增长 18.92%。[①]2007 年 2 月 18 日至 3 月 4 日，在闽南东山县博物馆举办了"闽台关系考古文物成果展"，展出多年来发掘、珍藏的 5200 多件珍贵文物。展出 7 天，接待来自两岸参观者 35000 多人。

2007 年 6 月，文化部批准在福建省设立首个国家级区域性文化生态保护实验区——闽南文化生态保护实验区。福建省人民政府成立"闽南文化生态保护实验区"工作领导小组，各地先后出台相关的建设规划，加强闽南文化生态保护实验区的领导和保护，统筹、协调厦、漳、泉三地文化生态保护等相关重大事项，力争将其建设成为传承闽南文化遗产，深化两岸文化交流的重要基地、中华民族共有精神家园。

2012 年 11 月 17 日，由福建漳龙集团与漳州师范学院（2013 年 4 月，更名为闽南师范大学）闽南文化研究院共同建立的全国首个全方位介绍闽南文化的特色馆——闽南文化展示馆开馆，闽南文化展示馆分为上下两层，占地面积为 1600 平方米，将从历史学、考古学、人类学、民俗学、社会学等多学科角度，通过区域民系、斯文教化、经济民生、民间技艺、宗教信仰、风尚民俗、垦殖台湾、侨居海外、地灵人杰和研究成果等 10 个主题 22 个单元，配以丰富的实物、翔实的文献、精美的图片等资料，全面、真实、生动地介绍闽南文化丰富深刻的内涵以及多姿多彩的表现形式，力争建设成为传承与弘扬闽南文化、深化闽台文化交流的重要基地。

2013 年 6 月，世界闽南文化展示中心在泉州博物馆开馆，展示中心由主题馆、音乐戏曲展览馆、传统建筑展览馆、传统建筑石构件展示区组成，共展出 2100 多件文物、800 余张照片，生动讲述闽南人从历史走向未来的故事，充分展现闽南文化的深厚底蕴、敢为天下先的开拓进取精神，成为展现闽南文化世界性的重要窗口。

（三）搭建闽南文化交流新平台

近年来，福建通过举办闽南文化节、闽南文化研习营、闽南语歌曲创作演唱

[①]《中国闽台缘博物馆去年接待台胞近 9 万人次》，2014 年 1 月 27 日，新华网（http://news.xinhuanet.com/tw/2014-01/27/c_119147533.htm）。

大赛等大型文化交流活动，搭建起一系列闽南文化交流新平台与新载体，不断推动两岸闽南文化交流向更高层次发展。

2010年2月元宵节期间，泉州成功举办了首届海峡两岸闽南文化节。2011年6月，作为第三届海峡论坛的配套活动，第二届闽南文化节在泉州举行，在两岸引发关注。2012年4月28日至5月4日，由台湾"中华文化总会"发起，协同台南、金门、桃园及当地机构举办的首届世界闽南文化节在台湾举行，台湾当局领导人马英九亲自出席开幕式并致辞，他阐述了闽南文化从大陆传播到台湾的历史，高度推崇闽南文化"进取而不掠夺，开放而不软弱"的精神特质，这一文化认同的态度，在海内外引起了良好的反响。2013年6月16至19日，经两岸相关方面协商，以"弘扬闽南文化，增进合作交流"为主题的2013第二届世界闽南文化节在泉州举行，并纳入第五届海峡论坛。本届文化节吸引了来自30多个国家与地区约2700名受邀嘉宾出席，期间举行了13项文化交流活动[①]，展示了木偶、梨园戏、高甲戏等国家级非物质文化遗产。

2012年8月和2013年7月，漳州师范学院（闽南师范大学）举办了两届闽南文化研习营，搭建了两岸文化交流与青年交流的新载体。活动吸引了来自台湾多所高校的近百名师生参加。活动期间，营员们在漳州、厦门等地，通过听取专题讲座、进行小组讨论、交流座谈、实地考察以及文艺联欢、篮球友谊赛等活动，近距离接触闽南文化发源地，体验闽南文化的博大精深，加深两岸青年友情。

报刊、电台、电视台等现代传媒工具，也是弘扬闽南文化，推动两岸文化交流的重要手段。《海峡导报》《厦门晚报》《台海》等报纸杂志通过两岸"三通"、厦金航线等多种形式入岛交流。福建广播影视集团的"海峡卫视"、厦门广播电视集团的"厦门卫视"和"闽南之声广播"，泉州人民广播电台的"刺桐之声"、

---

① 文化节活动主要包括开幕式暨《闽南风 四海情》文艺晚会、第二届世界泉州同乡恳亲大会暨泉州市海外交流协会成立大会、世界闽南文化展示中心揭牌仪式、设立中国社会科学院闽南文化研究中心、闽南文化论坛、世界华文媒体闽南文化泉州行、南少林武术系列活动、第十届泉州国际南音大会唱、精品剧目展演、招商推介洽谈会、第七届闽台对渡文化节暨蚶江海上泼水节、"魅力瓷都"（德化）大型瓷艺展和参观考察闽南文化生态保护实验区示范点（示范园区）等13个项目。

泉州电视台的"闽南语频道"等，以闽南话节目为主，节目制作精良，主要内容有娱乐、文化、艺术和新闻资讯。有的频道通过卫星传送在台湾实现覆盖，有的通过与台湾媒体合作等形式在台湾播出节目，通过现代通信手段向两岸民众传播丰富多彩的闽南文化。从2006年起，由福建省委宣传部、福建省广播影视集团联合台湾及海外媒体共同主办的全球闽南语歌曲创作演唱大赛已经成功举办了6届（2006年、2008年、2009年、2010年、2011年、2014年），旨在通过大赛的举办，加大闽南语歌曲创作力度，组织两岸及海外优秀闽南语歌手演唱比赛，促进闽南语歌曲创作的繁荣和传唱闽南语歌曲的热潮，传播和弘扬闽南语文化，发扬闽南人的精神，打造权威的闽南语歌曲年赛，使福建成为闽南语歌曲的创作基地，用闽南语这根红线，促进两岸文化交流。

第二节 闽台民间艺术、民俗文化与基层交流

一、闽台民间艺术交流

闽台民间艺术一脉相承，渊源颇深，台湾的南音、梨园戏、歌仔戏、高甲戏、布袋戏、傀儡戏、闽剧、闽西汉剧等民间戏曲以及民歌、民间舞蹈、民间绘画、雕塑（石雕、木雕）、陶艺等民间艺术都是从福建传入的。近年来，闽台民间艺术交流日趋热络，从互相观摩演出，互相学习技艺，到两岸名家同台、青年演员同场竞技，再到全面合作、共同创作艺术精品，呈现出交流形式更加多元化、交流范围与对象日益拓展、交流活动日益品牌化的显著特征，取得了突破性的进展。

（一）学术交流拉开闽台民间艺术交流序幕

20世纪80年代末，学术界成为两岸艺术交流的先锋，闽台民间艺术交流率先"破冰"启航，开启了1949年以来两岸艺术界直接交流的新局面，由两岸共同哺育的歌仔戏逐渐成为闽台民间艺术交流的重点。

1988年，台湾歌仔戏学者陈键铭先生率先来闽南进行田野调查，并与闽南歌仔戏界进行交流。1989年3月，福建省艺术研究所与厦门市台湾艺术研究所[①]共同举办"首届台湾艺术研讨会"，台湾著名音乐家、学者许常惠先生和台北师大音乐研究所所长陈茂萱教授等到会，台湾著名作家、戏剧研究者施叔青女士寄来论文《台湾歌仔戏初探》，这是两岸艺术界学者第一次正式的学术交流，被媒体誉为"两岸艺术界零的突破。"1990年2月，厦门市台湾艺术研究室举办了"闽台地方戏曲研讨会"，邱坤良、王振义、王瑞裕等台湾戏剧界和音乐界12位专家学者到会，廖琼枝、潘玉娇两位资深歌仔戏艺术家也参加了研讨，并与厦门歌仔戏演员进行表演交流。此后，陆续有台湾著名歌仔戏演员叶青等一批演员和学者纷纷来闽南寻根、参访。1992年，台湾歌仔戏学会会长张炫文、秘书长王振义等一行4人访问厦门，和厦门市台湾艺术研究室、厦门市歌仔戏剧团、厦门艺校进行座谈，对两岸歌仔戏唱腔和表演的异同进行了探讨。1995年10月，陈世雄、陈耕、曾学文等8位福建学者赴台参加首次"海峡两岸歌仔戏学术研讨会"，这是两岸分隔40多年以来大陆歌仔戏学界第一次渡海进行学术交流。1997年5月，厦门和漳州两市举办了"海峡两岸歌仔戏创作研讨会"，来自海峡两岸的近百名歌仔戏研究学者和艺术家进行了理论探讨和联谊演出，从理论和艺术实践上对歌仔戏创作进行了探讨和交流。台湾学者专家曾永义、蔡欣欣、石文户、侯寿峰等10余人参加；台湾电视歌仔戏明星黄香莲及其戏班演职人员20多人与会，与厦门、漳州的歌仔戏团同台演出。2001年8月，"百年歌仔——2001年海峡两岸歌仔戏发展交流研讨会"在台北、宜兰、漳州和厦门两岸四地成功举办。两岸学者近百名、演员近500人参与，会期历时近20天，引起两岸社会各界的广泛关注。

[①] 1987年6月，经文化部批准，厦门市台湾艺术研究室正式成立，1993年6月更名为厦门市台湾艺术研究所，成为福建省唯一冠以"艺术研究所"的研究机构。该所致力于两岸文化艺术研究与交流，出版专著有《台湾文化概述》《闽台民间艺术散论》《歌仔艺术研究丛书》（五册）及《百年坎坷歌仔戏》等。先后协办或承办"闽台地方戏曲研究会""闽台音乐研讨会"等大型学术研究会，与台湾大学、台湾艺术学院、台湾歌仔学会、台北现代戏曲文教协会、《民俗曲艺》杂志社等台湾的艺术研究机构保持密切联系。至1995年，共接待来厦门参观访问的台湾文化艺术界人士600多人次。

近年来，随着闽台文化交流的不断扩大，更多的民间艺术成为闽台学术界研讨与交流的内容，涉及南音、北管、阵头、高甲戏、梨园戏、两岸抗战戏剧、传统音乐、民间舞蹈、艺术理论、戏曲舞台美术等等，研讨日益深入，且更为专业化，学术理念与创作实践的交融更为密切。闽台专家学者跨海参加民间艺术研讨会成为常态。如1994年和2001年在台湾举办的高甲戏学术研讨会都邀约福建同行参与，在厦门举办的"闽台地方戏曲音乐研讨会"和闽台南音艺术交流会等民间艺术研讨会也多次邀请台湾专家学者共襄盛举。又如，2006年7月，闽台传统音乐学术研讨会在福州举行，来自台湾中华民俗艺术基金会、台湾师范大学民族音乐研究所、台湾戏曲专科学校、台湾艺术大学等艺术机构的12位专家学者与福建的同行们，围绕闽台传统音乐的历史源流和现实状况等议题展开了深入研讨。

（二）闽台民间艺术团体互访与交流逐步走向常态化

闽台民间艺术团体的互访与交流始于20世纪80年代末，闽台戏曲艺术界的交流扮演了重要的角色。早在1982年元宵节，泉州市组织富有地方特色的南音演唱、花灯盛会和民俗"踩街"活动中，就已经有了台湾南音社团的身影。1989年厦门举办"中秋南音同乐会"，台湾的汉唐乐府、台北闽南乐府、南声国乐社等台湾南音社团首次组团赴大陆交流演出。此后，厦门南乐团又多次赴台湾、金门交流演出。1993年，台湾"一心歌仔戏剧团"应邀参加在福建举行的"海峡（闽台）戏剧节暨福建第19届戏剧会演"，演出了《戏看生死关》，这是台湾歌仔戏在分隔40多年后首次回福建演出，在福建引起轰动。此后，台湾与漳州歌仔戏艺人共同合办"同心社"歌仔戏剧团，招收学员进行培训演出，开创两岸歌仔戏演艺合作的先河。1995年6月，漳州市芗剧团跨过海峡，实现了两岸歌仔戏双向交流，芗剧团一行52人，先后到台北、高雄、台南、彰化等10个城市进行为期50天的文化交流演出。在台期间，两岸歌仔戏界进行了多种形式的交流，最引人注目的是漳州市芗剧团与宜兰兰阳歌仔戏剧团联袂演出了邵江海的力作《谢启娶妻》，这是两岸歌仔戏具有历史意义的第一次合演。

除了南音和歌仔戏之外，这一时期，闽台高甲戏、布袋戏、傀儡戏、梨园戏、闽剧等民间戏曲艺术的交流也方兴未艾。1990年，已80岁高龄的台北"亦宛然"

傀儡艺术大师李天禄赴泉州访问考察，寻根问祖。同年，台北新庄"小西园"掌中剧团团主许王及其秘书许国良父子，赴闽南拜访黄奕缺先生并考察泉州市木偶剧团及晋江县掌中木偶剧团。1991年，已90岁高龄的台湾南部著名"五洲园"掌中戏大师黄海岱，率8人到漳州考察漳州市木偶剧团和福建省艺术学校木偶班学员班。1992年11月，泉州木偶剧团首访台湾，在彰化、云林、台北、高雄、台中和台南等地进行演出，泉州木偶戏大师黄奕缺随团赴台表演和指导，并与台湾布袋木偶前辈艺术家黄海岱进行了交流，轰动一时。1993年9月，泉州木偶剧团一行29人赴台演出，在台北、新竹、台中、台南等地巡回演出，大受好评。1994年3月28日至5月25日，厦门市"金莲升"高甲戏剧团一行45人赴台湾演出，先后在基隆、台北、台南、高雄、金门等地连演45场，观众达10万人次。该团在台湾和金门引起轰动，成为第一个进入金门演出的大陆剧团，台湾报纸以"厦门叩开关闭45年的金门"为题进行专文报道。1997年8月，泉州梨园戏剧团赴台演出，在台北剧院连演四场，演出剧目包括传统的《李亚仙》和新编的《节妇吟》，以及古典折子戏《士久弄》《玉真行》等，场场爆满。1998年4月至5月，福建艺术学校福州市闽剧班共61人赴台巡回演出。1998年，泉州梨园戏老师吴明森、黄雪娥应邀赴台，为台湾陈美娥主持的学习南管戏的"汉唐乐府"训练演员。

　　进入21世纪以来，闽台艺术团体往来更加密切，交流日益频繁。福建民间艺术团体和一些民间艺人赴台交流日趋频繁，走遍岛内乡镇，展演了民间戏曲、民间剪纸、杂技、刺绣、指画、微雕、制印等工艺，深受台湾民众喜爱。其中，福建歌仔戏、南音、高甲戏、梨园戏、木偶戏、闽剧等地方戏曲团体频频应邀访问台湾。近年来，这些团体足迹遍及台湾岛内的北、中、南及金门、马祖等地，已成为闽台交流的"文化使者"。他们频频穿梭海峡两岸，增进两岸乡情，堪称闽台表演艺术文化交流中一道亮丽的风景线，更曾掀起无数热潮。例如，厦门市每年都会组织部分地方戏曲艺术院团赴台湾、金门等地开展交流演出。厦门市歌仔戏剧团先后7次赴台巡演，2006年9月，厦门歌仔戏剧团首次赴台参加在台北市举行的"歌仔戏创作艺术节"，并为台湾戏迷带去了《邵江海》《观世音》

《包公斩侄》等三场戏，受到了台湾戏迷的热烈欢迎。2008年该剧团与台湾唐美云歌仔戏剧团合作，创作大型剧目《蝴蝶之恋》。这是两岸演员、制作群首度全面合作，被称为"两岸歌仔戏艺文结合的里程碑"。2009年1月，厦门歌仔戏剧团一行56人携歌仔戏经典剧目，启程赴台湾宜兰、台北、台中、高雄等四城市进行为期半个月的巡回演出，并创下了一台戏万人观看的火爆场面。2009年7月23日至8月8日，该剧团赴台北、高雄成功巡演《蝴蝶之恋》，被媒体誉为"两岸戏曲合作破冰"，得到台湾各界的广泛赞赏。2012年9月25日至10月10日，由厦门市歌仔戏研习中心、厦门市金莲升高甲剧团和厦门市南乐团三个地方戏专业艺术院团联合组团，赴台湾南部开展为期半个月的"乡音之旅"巡演交流。在台期间，厦门市三个地方戏专业艺术院团约106人分别深入台南市、高雄市和屏东县的社区、乡镇庙口开展共计50场的巡回演出。厦门组织如此大规模、长时间、影响广的赴台湾南部地区的专业戏曲巡演交流活动还是首次，在全省乃至全国也是少有。又如，2008年4月底5月初，应台湾台南市文化中心等邀请，由中华文化联谊会和福建省文化厅共同组派的福建文化艺术交流团共150人赴台南市，参加第七届郑成功文化节，并赴台南市、台北市、台中县、台东县等地演出交流，展演民间传统文化艺术，推进闽台民间艺术交流和发展。交流团由大陆文化人士参访团、福建省艺术馆、省梨园戏实验剧团、厦门金莲升高甲剧团、漳州市芗剧团等5个团队组成，在台湾期间，上述地方戏曲艺术院团表演了一台台精彩纷呈的传统戏曲艺术，省艺术馆还在台南市郑成功纪念馆举办福建民间美术展，将漳浦剪纸、惠安影雕、泉州木偶等列入福建省非物质文化遗产保护名录的民间艺术，介绍给台湾民众。再如，2009年春节期间，福建省杂技团一行85人携新创作杂技精品晚会《家园》赴澎湖过年，七场高水平的艺术演出，更让澎湖乡亲大开眼界、大饱眼福。2008年10月和2009年4月，拥有多位一级演员的福建省实验闽剧院赴马祖、台北、桃园等演出《妈祖的传说》《麻姑献寿》以及以台湾少数民族传说为题材的新编剧目《七色石》等，广受好评。

与此同时，台湾民间艺术团体和民间艺人也纷纷来福建访问与交流，如岛内颇具盛名的"云门舞集"舞团、明华园歌仔戏剧团、黄香莲歌仔戏团、明华园、汉唐乐府、国光剧团、亦宛然掌中剧团、台湾戏曲学院京剧团、台北市乐园、高雄市乐园等艺术团体相继来福建参加艺术节、戏剧节等活动，为福建观众奉上一场场艺术盛宴。2001年1月，台湾台南市丽明歌仔戏剧团和屏东市明兴阁掌中剧团一行45人至漳州参加第三届"花博会"演出活动和艺术交流。2007年4月，在台湾和东南亚地区享有盛誉的台湾廖琼枝歌仔戏演出团首赴厦门演出。2008年3月，海峡两岸南音展演暨民间艺术节在厦门开幕，台湾清雅乐府、台湾汉唐乐府、台北闽南乐府、金门南乐研究社等多个知名南音社团参加展演。2010年12月，台湾高雄如真园掌中剧团团长陈志清赴福建漳州，按传统礼仪拜漳州市木偶剧团名誉团长庄陈华为师傅，向其学习传统木偶艺术表演技巧。

（三）通过举办大型交流活动打造闽台民间艺术交流品牌

近年来，闽台先后联合举办多个大型的民间艺术交流活动，积极打造并推出一批独具特色的闽台民间文化交流品牌，如"福建文化宝岛行"、海峡两岸民间艺术节、海峡两岸歌仔戏艺术家、泉州国际南音大会唱、海峡两岸木偶艺术节、"海峡情·梨园百花春"戏曲晚会等。这些交流活动经过长期经营、媒体行销与闽台双方的合作推广，已经成为独具地方特色、凝聚两岸文化精神内涵的文化品牌活动，形成了两岸文化交流与民间往来的重要机制与平台。例如，2009年11月15日，首届海峡两岸木偶艺术节在福建漳州开幕，来自台湾的四大顶级木偶表演团体和漳州、上海、泉州、湖南四地的木偶剧团同台献艺，为观众奉献了精彩纷呈的演出。2009年，福建组织入岛开展了3批"福建文化宝岛行"大型文化交流系列活动，共涉及10个艺术团体和单位近500人，向岛内民众全面展示了闽台民间艺术的风采。3月，由福建省芳华越剧团、福建省莆仙戏剧院、厦门市南乐团、泉州市木偶团及参访团等5个团队共185人组成"福建文化宝岛行"文化团，赴台开展了为期8天的海峡两岸传统戏曲会演系列文化交流活动，并参加了"台中大甲国际妈祖观光文化节"。4月底5月初，第二批"福建文化宝岛行"5个艺术院团168人前往台南市参加"2009郑成功文化节"，首次深入民进党执政县市交流，填补了大陆文化团赴屏东县、高雄县交流的空白。8月，由福建省京剧院、省艺术馆共129人组成的"福建文化宝岛行"文化团随同陈桦副省长率领的赴台交流团再赴台岛交流,福建京剧院首度入岛交流引起极大轰动,观众达3000多人次,田磊、孙劲梅、王金柱等京剧名角10日至14日在台北和高雄两个城市联袂献演《北风紧》《杨门女将》《李逵探母》《林冲夜奔》等优秀京剧剧目,该院还与当地同行达成了加强交流合作、建立兄弟院团的意向。福建省艺术馆在台中县举办"福建非物质文化精品展"全面展示了福建84项国家级非遗项目,重点展演15个精品项目,吸引了10余家媒体采访报道,慕名而来的当地观众达2万余人次。

自2004年以来,中华文化联谊会与福建省文化厅、厦门市人民政府合作,每年举办一届,连续成功举办了11届主题鲜明、内容丰富的"海峡两岸民间艺术节",艺术节致力于搭建两岸民间文化艺术交流的平台,创造了多项两岸民间艺术交流的"第一":2009年海峡两岸民间艺术节首次实现两岸多门类艺术品种交流,首次将民族民间舞蹈、民乐、台湾北管列入艺术节主要活动项目,并首次举办两岸民族民间舞专题学术研讨;首次实现两岸文化知识产权保护合作交流。2013年10月举行的2013年海峡两岸民间艺术节,共有两岸艺术表演团队、专家学者与各界嘉宾约800人(台湾方面约280人,大陆方面约560人)参与演出和交流活动。本届艺术节为期5天,共开展30场精彩活动,包括22场演出、6场学术交流(座谈)会、1场戏剧工作坊及1个专题展览分别在厦门主会场和漳州分会场举办,涵盖了戏剧、音乐和舞蹈专场演出,戏剧理论研讨、戏剧工作坊、音乐讲座及两岸儿童戏剧教育座谈等学术交流研讨活动,海峡两岸民间艺术节十周年回顾展等丰富内容;交流的两岸民间艺术门类包括歌仔戏、高甲戏、南音、古琴表演、梨园戏、木偶戏、话剧、昆曲、歌舞、民俗阵头、民俗说唱等;活动的广泛性和综合性不仅展示了民间艺术之美和中华优秀传统文化,还拓展了两岸艺术交流的广度和深度。2014年6月27日,"海峡两岸民间艺术节暨彰化传统音乐戏曲节"在台湾彰化县演艺厅隆重开幕,这也是十年来此项活动首次入台举办,共有大陆和台湾文化艺术团体、专家学者、新闻媒体等共约850人(其中大陆180多人)参与各项活动。本届艺术节共安排29场演出,涵盖歌仔戏、高甲戏、梨园戏、木偶戏、昆曲、南音、北管、客家戏、南管舞蹈、戏曲音乐、"鳌龙鱼灯"民间阵头等 11 个艺术门类；举办 3 场学术交流座谈会；两岸相关演出团体还将进行多场联谊活动，以戏会友，增进交流。

二、闽台民俗文化交流

从民俗文化来看，台湾的民俗几乎是福建民俗（尤其是闽南民俗）的翻版，无论是生产习俗还是生活习俗，无论是婚丧喜庆习俗、衣食住行习俗还是岁时节庆习俗，多数来源于福建，两地的传统节日、民俗活动更是如出一辙，大同小异。比如，猜灯谜、民间游神朝拜、踩高跷、划旱船、舞龙、舞狮等等。近年来，闽台两地民俗文化交流方兴未艾，通过展示闽台多元民俗文化，推动两岸民俗文化交流和传承，成为深化闽台民间往来，沟通两岸民众同胞亲情的重要桥梁。

（一）举办大型民俗文化展示活动

近年来，福建各地纷纷举办了大型闽台民俗文化展示活动，旨在挖掘闽台古老民俗文化，促进两岸同胞的民族感情。例如，为配合每年的"台交会"和"9·8 投洽会"，厦门市政府和思明区政府先后举办了多届闽台民俗文化节，整合了美食展示、民俗文化展示、民间艺术表演等丰富多彩的内容。在 2011 年 4 月举行的海峡两岸（厦门思明）民俗文化节上，举行了"圆梦两岸"民间达人秀、民俗文化会演、两岸品质生活展、台湾特色商品展示等。2011 年 2 月 13 日，漳州平和县举办首届海峡两岸"走水尪"[①]民俗文化节，其中的"走水尪"祭祀仪式颇具特色，近百名两岸青壮年人分布在花溪沿途，以接力方式分别抬起"王公、王母和五献大帝"三尊神像，飞奔在渡船头溪中，抬着神像沿着溪水一直往前冲，场面十分壮观，动感强烈。两岸信众抬着神像踏水前行，展示了海峡两岸同胞共同的传统民俗特色文化精髓和血浓于水的两岸亲情。又如，从 2011 年开始，福

---

① "走水尪"传统民俗活动起源于平和县国强乡侯卿庵，迄今已有 700 多年历史，在每年农历正月十一日举行，是当地群众庆祝新年、祈求平安的一种方式。随着陈氏裔孙的外迁，"走水尪"活动也随之流传外地，平和"走水尪"活动与台湾嘉义"王灵宫""炳灵宫"每年在海边举行的"割水香"活动一脉相承，成为植根于两岸民间的精神纽带之一。

州每年都在元宵节前后举行海峡两岸民俗文化节,迄今已成功举行四届,每届都吸引了来自两岸的多支民俗巡游队伍和民俗表演队伍数千人参加,2014年2月13日至14日,2014年海峡两岸民俗文化节在福州闽江公园南园举行,相关活动共分为文化节开幕式、两岸民俗展演大舞台、海峡两岸民俗队伍大巡游、传统民俗项目展示、民俗手工技艺互动体验、海峡两岸美食展示、茉莉花茶艺展示等7大板块。与往届相比,本届民俗文化节活动规模进一步提升,共汇集了来自海峡两岸的26项传统项目展示、10个手工技艺互动项目、11个福州民间武术、21支近千人的民俗巡游队伍,现场演员达2000多人,还有20多个非遗项目的手工技艺集市、35个美食项目闪亮登场,成为文化节举办以来规模最大、项目最多、参与的台湾队伍最多、参演民间艺术团体最多的一次,吸引众多市民前来争相"品尝",预计观众人数突破20万人次。

(二)配合传统节日举行民俗节庆活动

为了加强闽台民俗文化交流,每逢中华民族传统佳节如春节、元宵节、端午节、中秋节来临之际,闽台两地纷纷组织多种形式的民俗节庆活动,开展民俗文化交流,欢度佳节,既烘托了热闹的节日气氛,又增进了两岸民众的同胞情谊。例如,迄今已成功举办12届的"两马同春闹元宵"活动,每年元宵均在福州马尾区举行,由元宵灯会、民俗音乐焰火晚会及民俗踩街活动等组成,已成为颇具地方特色的文化品牌。厦门和金门两地也多次隔海同步燃放焰火,共庆春节、中秋节等喜庆祥和的传统佳节。又如,2005年开始,厦门市思明区在每年元宵节期间都举办海峡两岸元宵民俗文化节,主要活动包括"民俗欢闹贺新春"两岸文艺交流展演、两岸美食展、灯谜文化大展和赏花灯、趣味游园、传统剧目展演等多种民俗游园活动,邀请台湾民俗文化团体前来交流、合演,已成为厦门市民间文化活动的一个特色品牌。再如,2009年至今,每逢新春佳节,漳州市都在漳浦马口东南花都举办海峡两岸新春民俗文化庙会,闽台特色小吃、台湾花灯、传统祈愿树、财神贺岁、传统绘画、灯谜等汇聚一堂,多位台湾闽南语歌星登台献艺,特色表演云集,海峡传统文化艺术气息浓厚。

尤其值得一提的是,2007年开始,在每年的端午节期间,石狮市均隆重举办颇具民俗文化特色的"闽台对渡文化节暨蚶江海上泼水节",迄今已成功举办8届。该节庆活动呈现四个鲜明特色。一是活动规格不断提升。2009年,文化部将该节会列入重点支持项目,中央文明办列入"我们的节日——端午"主题活动,2011年被列入第三届"海峡论坛·闽南文化节"系列活动之一,同时闽台对渡习俗被选入第三批国家级非物质文化遗产名录。二是对渡特色十分鲜明。该节庆活动重点弘扬传统对渡文化,2009年活动期间,715名石狮民间人士包机包船前往台湾鹿港、台北等地进行文化交流;紧接着台湾组成120多人的参访团参加盛会。三是活动规模不断增大。每届文化节都吸引了两岸数万名民众参加。2011年6月,包括台湾鹿港参访团、华冈艺术学校、高雄市谜学研究会等台胞在内的十几万两岸群众参加活动。四是活动内容丰富多彩。海上民俗活动王爷船巡海、海上泼水、海上捉鸭、两岸龙舟赛和陆上活动民俗踩街、两岸南音大会唱、两岸灯谜联猜、攻炮城、公背婆趣味比赛、包粽子比赛等高潮迭起,还同时举行对渡文化论坛、两岸民俗摄影大赛、啤酒节等文化交流活动,演绎一场盛况空前的海上大型民俗文化活动,为海峡两岸同胞奉献一场别具特色的文化盛宴。2014年6月2日,时值农历五月初五端午节,第八届"闽台对渡文化节暨蚶江海上泼水节"在福建泉州石狮市举行,来自海峡两岸的数万名民众集结于此,一起在海上泼水狂欢,共祝端午佳节。本届文化节海上民俗活动有"王爷船巡海""海上泼水""海上捉鸭"等;陆上活动有瑞狮点睛、灯谜联猜、民俗文化庙会、闽台诗歌音乐会等。

(三)其他民俗文化交流

一是闽台灯谜艺术交流蓬勃发展。"灯辉映照两岸人,谜缘沟通海峡情",闽台灯谜艺术交流在闽台民间文化交流中扮演了重要的角色。漳州谜事盛行,艺苑繁荣,迄今已连续举办20多届基层灯谜会猜活动,堪称两岸灯谜艺术交流的重镇。1989年元宵,首届"中华灯谜艺术节"在漳州举行,来自台北、高雄、台南及香港的16名谜界高手,和大陆的近120名谜友欢聚芗城,共襄盛举,拉开了新时期两岸谜学交流的序幕。1993年,漳州市灯谜协会和高雄市谜学研究会结为姐妹会,携手共创中华谜史上第一个文虎基金会,高雄市谜学研究会会长、台湾企业家沈志谦还专门出资设立"沈志谦文虎奖",专门奖励对两岸灯谜艺术交流做出贡献的两岸谜友。截至目前已有数十位两岸谜友获奖。1998年漳州灯谜协会和水仙花少儿艺术团一行35人赴台交流,率先实现了两岸谜界双边交流。在台期间,先后举办4场展猜,拜会了50名台湾谜友,带回了上百册灯谜书刊,收获颇丰。2004年4月,福建省第六届"灯谜艺术节暨海峡两岸谜艺研讨会"在漳州举行,两岸谜界代表共约250人参加了本届灯谜艺术节,两岸谜坛高手竞猜、竞制灯谜;还首次推出"互联网同步竞猜",两岸灯谜爱好者在网上展开实时交流。2012年11月19日,首届漳州天宝香蕉文化节暨福建省第九届灯谜艺术节在漳州开幕,来自两岸和新加坡等地的"谜友"和嘉宾600多人参加了艺术节,当天还举行了漳州灯谜艺术博物馆开馆仪式。

二是闽台传统武术交流方兴未艾。近年来,随着两岸民间往来的提速,闽台传统武术交流走上快车道,不仅每年有近千人次来闽参加传统武术交流,而且台湾方面也积极邀请大陆选手互动。2013年,台中举办武术赛事与两岸赛事活动交流,实现社会赛事"走出去请进来"的局面,让福建成为两岸民俗体育交流的桥头堡。从2009年开始,作为海峡论坛的配套活动,由中华武术协会、福建省体育局等单位联合主办的海峡两岸传统武术交流大赛已先后在厦门、泉州、漳州和莆田等地成功举办了6届,呈现出规格高端化、项目多样化、推广立体化的特征;每届比赛都吸引了海峡两岸数百名武术选手参与,为两岸武术高手和广大武术爱好者提供了一个交流平、切磋、展示中华武艺的平台,已被打造成为两岸武术交流与民俗交流的品牌赛事及两岸民间互动交流的重要平台。如2009年5月,首届"海峡论坛·海峡两岸传统武术交流大赛"在厦门大学明培体育馆举行,来自台湾的265名武术选手嘉宾参加这一盛会。比赛结束后,台湾选手还按各类拳种分别到福州、莆田、泉州、漳州、龙岩等五市进行交流。2014年6月15日—19日,第六届"海峡论坛·海峡两岸传统武术大赛"在莆田举行,本届比赛以"文化同根、传承同源、以武会友、共促两岸缘"为主题,来自海峡两岸的传统武术选手和嘉宾约700多人参加盛会。大赛设有武术套路、民俗体育展演两个项目。武术套路包括各拳种的拳术、器械单练套路,各拳种的徒手、器械对练套路；主要进行中华传统武术各种拳种的交流及比试，重点是由闽台渊源的五组拳、鹤拳、地术拳、自然拳、太极拳等等，重在以武会友、传承同源。参赛选手最小的仅6岁，最大的80岁。民俗体育展演是本届活动的亮点之一，项目包括宋江阵、传统武术阵法、传统南狮、北师、舞龙、麒麟阵等民间民俗体育技艺及阵法。福建各地也结合当地特色举行了传统武术交流活动。如2013年9月13日至15日，福建邵武举办了"海峡两岸·三丰故里"传统武术大赛，共有来自两岸46支队伍、572名武林"英雄"参加比赛，其中台湾地区共有4支队伍25人参赛。

三是一些民俗活动重新传回福建。随着近年来闽台民间文化交流的密切，一些在大陆失传的民俗活动又从台湾重新传回福建。例如，乞龟活动是泉州、澎湖两地乃至闽台地区一个极富特色的古老民俗，其中影响最大的是澎湖乞龟民俗活动，但新中国成立后很长一段时间这一民俗在福建已被废除。近年来，泉州天后宫在开展对台文化交流中，适时将其带回泉州，并将这一传统民俗活动发扬光大。自2007年以来，泉州天后宫与澎湖天后宫每年元宵节期间都在泉州天后宫联手举办"乞龟"民俗活动，双方携手合制"大米龟"，为两岸民众祈福。迄今已经连续举办8届，取得良好社会效益，成为泉州天后宫的一个品牌，有力地推动了闽台民间文化交流，也对弘扬传统文化做出有益尝试。如2014年2月14日，"第八届泉州·澎湖'乞龟'民俗文化活动"在泉州天后宫举行，泉澎两地天后宫合制的5.28万斤"大米龟"登场亮相，重量创下历届之最，吸引大批泉州与台湾澎湖的民众一同赶来"乞龟"，为两岸民众祈福风调雨顺。

三、闽台基层交流

基层交流是两岸全方位交流合作的重要内容，是两岸同胞增加了解、融洽感情的重要途径，是推动两岸关系和平发展的源泉和动力，有助于消除两岸民众的隔阂与误解，增进彼此的亲近感和认同感，扩大两岸合作的机会与空间。近年来，随着两岸全方位交流合作的日益深入，在闽台双方的共同努力与两岸民众的积极参与下，闽台基层交流蓬勃发展，成果斐然，呈现出交流持续化、形式多样化、内容多元化、机制常态化等特点。

（一）举办海峡论坛，搭建两岸基层民间交流平台

举办海峡论坛是贯彻落实胡锦涛总书记在纪念《告台湾同胞书》发表30周年大会上讲话的具体举措。自2009年启动以来，海峡论坛已经成功举办了7届，一路走来，始终坚持以"扩大民间交流、加强两岸合作、促进共同发展"为主题，始终坚持面向基层、面向民众，始终践行着为两岸同胞谋福祉的承诺，已经被打造成为规模最大、人数最多、范围最广的两岸大型基层民间交流活动，为两岸关系和平发展铺就了一条坚实之路。与此同时，每一届的海峡论坛从规模形式、板块设置、交流领域、内容拓展、惠台措施发布等方面，也都在不断完善与创新，每一年都推出全新的交流活动，都有独特的亮点闪耀，都取得了丰硕的成果。总体而言，海峡论坛以其深耕两岸基层、不断创新主体和运作模式的能力，展现出不凡的亲和力与顽强的生命力，呈现出五大主要特色。

一是两岸合作、多方参与。历届海峡论坛无论是主办单位的数量，还是参与的人数，以及涉及领域的广泛都是前所未有的。首届海峡论坛由两岸54个机构和社团联合举办，包括8000多名台湾各界人士在内的两岸上万民众共同参与，台湾25个县市、20多个界别、8个党派派代表参加。此后海峡论坛的主办单位不断增加，参与的两岸民众也连年突破万人。2014年举行的第六届海峡论坛由两岸73家单位（大陆36家、台湾37家）共同主办，是海峡论坛创办以来主办单位最多的一次，吸引了30多个界别的1.2万多名两岸民众前来参与，参加人数再创新高。

二是面向基层，聚焦民间。两岸关系发展的活力在基层交流，海峡论坛的动力在基层民众，面向基层，聚焦民间，让更多的基层民众走到前台来，一直是海峡论坛不变的坚持。自2009年以来，六届海峡论坛先后吸引近6万人次台湾同胞参与，其中大多数都是来自基层，来自台湾中南部和中下阶层的草根民众，许多是通过参加海峡论坛的机会第一次来大陆参访，有的人则连续多次参加海峡论坛。在活动安排方面，历届海峡论坛主要围绕着三大群体（工会、青年、妇女），四大纽带（姓氏宗亲、同乡社团、民间信仰、大陆配偶）、五大领域（文化、教育、医疗、法律、工商)、六大基层组织(农、渔、水利、乡镇村里、社区协会、公益慈善),设计并举办了一系列特色鲜明、内涵丰富、形式多样的品牌活动,分别搭建基层交流平台,使得不同界别的嘉宾都可以参与的活动。

三是领域广泛、议题务实。涉及台湾政党、工会、青少年、妇女、宗教、民间信仰、经贸、农业、水利、科技、金融、体育、医药、新闻出版、影视等30多个界别和行业。交流的议题包括旅游合作、文化沟通、教育研讨、经贸合作、产业对接、县市协作、影视共赏、武术竞技、民间信仰交流、中医药研究、工会交流、青年互动、妇女联谊、宗亲恳谈等议题。活动形式有研讨会、交易会、文艺演出、体育比赛、民俗活动等。

四是与时俱进、创新不断。观察7届海峡论坛,在坚持主题不变的基础上,每一届都遵循着两岸民间交流逐渐累积的量变,都有切合当年两岸关系新形势的主议题。在活动内容安排与交流形式上,每一届都在保留了重点界别、文化、经贸交流板块的基础上,与时俱进,依据当年的两岸交流形势及时调整与创新,做到适应新发展、响应新需求、增添新内容,增设交流活动,力求满足当下两岸民间不断增长的交流需求,也令海峡论坛的品牌魅力历久弥新。第二届海峡论坛围绕"聚焦民生,惠泽两岸"的主议题,吸引了上万名台湾同胞的参与,打破了首届时8000人的纪录,促成了更多的合作共识和成果,打开了以基层民众为主角的"两岸交流新时代"。为增强海峡论坛的品牌效应,从第三届开始,论坛的举办时间、地点和基本模式常态化,固定在每年6月的第二个周六开幕,为期一周,主会场设在厦门,分会场在福建省其他8个设区市。第四届海峡论坛增加了10个活动项目,如第一次把两岸百家不同民间信仰的宫庙代表会聚在一起,创下两岸民间文化交流参与宫庙最多的纪录,第一次推出"海峡影视季"概念品,第一次展开两岸婚姻家庭话题的讨论,第一次召开台湾农民创业发展研讨会等等。以"聚焦亲情、共圆梦想"为主议题的第五届海峡论坛,新增了"两岸城镇化建设论坛"、闽台同名村镇续缘之旅"海峡金融论坛"和闽台"同名村、心连心"联谊活动周等8项活动,首次将"世界闽南文化节"和"两岸公益论坛"、"海峡两岸关爱自然志愿服务论坛"纳入海峡论坛。第六届海峡论坛以"和谐发展、幸福两岸"为主议题,安排了大会活动、基层交流、文化交流、经贸交流四大板块18项活动,其中新增了海峡两岸青少年新媒体文创论坛、海峡两岸社区治理论坛和海峡茶会3项活动。同时在活动形式上推陈出新,运用新的手法,让民众耳目一新。①

五是关注民生,讲求实效。历届海峡论坛先后创办了两岸公益论坛、海峡两岸关爱自然志愿服务论坛、海峡两岸红十字博爱论坛、海峡两岸婚姻家庭论坛、海峡两岸社区治理论坛和两岸基层调解员联谊交流会等民生交流活动,不断拓展基层民生议题,深化两岸在基层治理与民生公益方面的交流合作,促进了两岸民生公益事业的发展。如2014年首届海峡两岸社区治理论坛的举办,推动了两岸社区、社工、社会组织之间的互动,为两岸基层工作者和基层民众的交往、互动、合作开辟了畅通途径,为两岸社区治理理论和实务的交汇、融通、互鉴搭建了宽广平台。此外,海峡论坛坚持每一届都发布新的惠台政策,而且一届比一届更为贴近民心民意,一系列惠台政策的推出与落实,使得越来越多的台湾民众享受到"两岸和平红利",不仅得到台湾民众的普遍赞誉,也一再证明了海峡论坛的应有之义就是关注民生。

综上所述,经过7年的努力运作,海峡论坛的规模持续提升,影响不断扩大,品牌效应日益凸显,充分展现了两岸民间交流的蓬勃活力和旺盛的生命力,获得台湾民众与岛内舆论热切关注与高度评价,已经成为两岸基层民间交流的重要平台,为深化两岸交流合作,夯实两岸共同利益基础,推进两岸关系和平发展发挥了独特而重要的作用。

(二)开展乡镇对接与村里交流,强化闽台亲情纽带联系

为了深化闽台基层交流,强化两岸亲情纽带联系,福建乡镇积极与台湾乡镇开展交流对接,近年来举办了多场大型闽台乡镇对接活动。2009年11月,在首

---

① 比如,第六届海峡论坛大会举办的形式有所创新,将演讲和视频播放相结合,充分展示海峡论坛的活动盛况和两岸基层交流的丰硕成果。青年论坛为增加嘉宾与观众的现场互动,通过主持人串场、主讲嘉宾接受访谈的方式,围绕主题进行现场互动,并通过微博进行网络直播,扩大青年的参与度和受众面。

届海峡两岸现代农业博览会上,漳州率先举办海峡两岸乡镇对口交流对接会,来自台湾嘉义、宜兰、云林、高雄等县市的7个乡镇,与漳州7个乡镇签订对口交流合作协议,探寻双方在产供销以及技术方面的合作渠道。2010年5月,结合福建省经贸文化参访团访台,闽台双方在台湾南投竹山镇共同举办两岸特色乡镇交流大会。全省67个县的106个特色乡镇与台湾22个县市的102个乡镇代表共计700多人济济一堂,共叙闽台乡情,开展对口交流。在会上,闽台特色乡镇根据各自相近的特色产业结成对子,在乡村产业、乡村旅游、农民合作经济组织与农产品加工、营销等诸多领域开展交流合作,对接了一批合作项目,实现优势互补、合作双赢。在历届海峡论坛中,先后举办了两岸乡镇基层调解员联谊交流会、两岸乡镇农业水利合作发展论坛、两岸乡村农田水利建设交流会、两岸民族乡镇发展交流会、两岸特色乡镇农业产业对接交流会等闽台乡镇对接交流活动,推动闽台乡镇交流更加对口深入。如2014年6月,作为第六届海峡论坛系列活动之一的两岸特色乡镇农业产业对接交流会在厦门举行,两岸的农业专家和特色乡镇产业代表,以及在大陆发展的台湾农民逾330人参加了活动。会上,53对闽台特色乡镇签订了产业合作协议,在交流交往、培训辅导、产业对接、经贸合作等方面建立了合作交流机制。对接项目分布在福建各地,涉及水果、蔬菜、花卉、食用菌、茶叶、畜禽、水产、农产品加工、农产品运销等各个领域。此外,在厦门"9·8"投洽会,两岸现代农业博览会、旅游博览会、花卉博览会,妈祖旅游文化节、关帝文化旅游节等活动期间,也都举行闽台乡镇对接活动。

　　除了邀请台湾乡镇代表来闽交流外,福建积极推动省内乡镇团组入岛参访。仅2011年,就有50多个乡镇组团赴台。目前,福建已有300多个乡镇与台湾200多个乡镇开展了对接交流,每年双向交流往来人员达到1万多人次。福建与台湾半数以上的乡镇市公所、市民代表会、农会、渔会、农田水利会、村里长联谊会、调解委员会形成对接交流合作常态机制。

　　"同名村"是指台湾一些村落所冠籍的地名,与大陆祖地"同根、同源、同名",为延续乡情乡谊,联络海峡两岸同名村落的文化传承,从第五届海峡论坛开始举办一系列闽台同名村联谊活动,加强两岸同名村联谊和宗亲交流。2013

年 6 月 13 日,作为第五届海峡论坛主要配套活动之一的"闽台同名村镇续缘之旅"正式启动,活动邀请来自台湾与福建同名的台湾村镇 350 余名乡亲,考察同名村镇、寻根谒祖,参访名胜,通过续缘系列活动,印证两岸割舍不断的血脉亲情,增进闽台同名村镇乡亲的感情,增强台湾基层民众对福建的了解。6 月 16 日,闽台"同名村、心连心"联谊活动周在厦门开幕。来自台湾新北、台南、彰化等 13 个市县,28 个乡、镇、村、里与福建漳州、泉州、厦门与之对应的同名村乡亲开展"同名村"对接,有 19 对闽台"同名村"以"双方互动、互惠双赢"的原则,签署友好交流合作意向。2014 年 6 月,第六届海峡论坛继续举办两岸"同名村、一家亲"联谊活动,主要活动包括"2014 闽台同名村镇续缘之旅"、同名村茶叙恳亲会、"中华情两岸缘"海峡两岸书画名家同名村现场创作交流会、和首届闽台同宗同名村交流大会。此次共邀请台湾同名村镇乡亲 380 人来闽探亲谒祖,他们先后走访了福建各地的同名村镇,探亲谒祖、修缮族谱、考察交流、联谊互动。6 月 16 日,首届闽台同宗同名村交流大会在泉州中国闽台缘博物馆举行,来自两岸 40 多个同宗同名村的 300 多位宗亲代表齐聚泉州,展开了一场两岸寻根对接的联谊大会,台湾同宗同名村代表向中国闽台缘博物馆捐赠 38 套谱牒文献,使博物馆再添珍贵史料。交流会上,闽台同宗同名村代表不仅介绍了同族宗亲迁居的同宗同名村,还就如何开展闽台同宗族裔的寻亲对接、深化闽台同宗聚落的互动交流、推动闽台同族宗姓的亲情交流发表了各自的意见和建议。

第三节 深化闽台民间文化交流的策略选择

闽台民间文化交流既有历史的渊源,又有现实的需求。近年来,随着两岸关系步入和平发展的新时期,在两岸当局的政策支持与民间人士的积极努力下,闽台民间文化交流在延续了 30 多年来紧密互动的良好基础上,顺应时代潮流,获得更好的发展环境,取得了显著的成效,呈现出蓬勃发展的趋势,成为现阶段闽台文化交流乃至两岸交流互动的亮点。在当前两岸关系步入"大交流、大合作、大发展"的新形势下，进一步深化闽台民间文化交流，不仅有利于增进闽台民众的亲情乡谊和民族感情，增进两地同胞的思想沟通和情感交融，而且有利于提升台湾同胞对中华民族、中华文化的认同，必将对深化两岸关系和平发展产生积极的影响。

一、闽台民间文化交流存在的问题

尽管现阶段闽台民间文化交流的发展势头良好，成效显著，但由于受到某些主客观因素的影响与制约，目前闽台民间文化交流仍然存在不少亟待解决的问题。

（一）缺乏统筹安排与长远规划，导致民间文化资源未能得到有效整合

近年来闽台民间文化交流项目虽然不断增加，但由于多年来闽台文化交流始终未能走上制度化、机制化轨道，两地对于民间文化交流也缺乏必要的统筹安排和长远规划，在各个交流项目之间缺少统一的规划、必要的协调与有机的整合，导致各地、各部门没有形成合力，在一定程度上削减了交流的效果。尤其是一些地方在举办闽台间文化交流活动时，带有一定的随意性和盲目性，往往只注重短期效应，缺乏全盘考量和长远规划，项目规划缺少连续性和计划性，活动形式较为单调，不重视充分挖掘闽台民间文化的丰富内涵，因此交流效果很不理想，更遑论形成规模化和品牌效应了。更有甚者，近年来各地争先恐后、竞相打造对台民间文化交流的品牌，甚至出现了对同一民间文化品牌明争暗斗、恶性竞争、相互拆台的局面，致使宝贵的民间文化资源未能得到有效整合。其后果是不但会抵消文化品牌的影响力，而且对于闽台民间文化交流也将产生负面影响，自然无法吸引更多的台胞参与其中，扩大交流活动的影响力。

（二）交流存在不对称，不平衡，闽台双方互动性不足的问题依然突出

一方面，尽管近年来福建赴台进行民间文化交流参访的层级、规模、影响均不断提升，但闽台民间文化交流总体上仍呈现出台湾"来得多"，福建"去得少"的格局，双方互动性不足、交流参访的规模不对等的现象仍然非常突出。相对于

在福建举行的各种交流活动尤其是大型文化节庆活动动辄就能邀请到成千上万的台湾民众参与，福建赴台交流的人员在数量上则要少得多，一个民间文化参访团或表演团队通常只有数十至上百人左右，最多也就数百人。再从交流内容来看，台湾来福建交流的内容涉及民间文化的各个层面，福建赴台交流的内容则多以民间信仰交流、宗亲文化交流和学术参访为主，民俗文化、民间艺术领域的赴台交流活动则相对较少。尤其在民间艺术交流方面，除了民间戏曲之外，鲜见其他民间艺术团体和个人赴台交流。上述问题的产生，主要原因除了台湾当局长期以来出于对两岸交流的防范心态，对大陆民众赴台进行文化交流始终加以严格限制的政策障碍外，也与大陆相关部门的赴台资格审查和审批手续过于烦琐且行政效率不高有一定关系。

另一方面，闽台民间文化交流的不平衡还体现在台湾基层民众、中南部民众和青少年参与程度不够等方面。据统计，2300万台湾同胞中来过大陆的不超过三分之一，职业上多以商界、政界、学界等社会精英为主，地域上则多以北部为主，真正到过福建的普通老百姓尤其是中南部基层民众仍然不多，又由于民间信仰和寻根谒祖的来访位于居民间文化交流的前列，所以前来福建交流的台湾民众以中老年人居多，两岸青少年群体之间的交流仍然偏少，这种不平衡的格局亟待改变。

（三）部分交流活动功利主义色彩浓厚，策划过于粗糙，交流效果不彰

近年来，在闽台民间文化交流活动日趋活跃之际，一些地方却出现了急功近利，"为交流而交流"的现象，导致一些文化交流活动彻底沦为政府装饰门面的"政绩工程"。一些地方政府为了政绩热衷举办大型的民间文化节庆活动，有的活动策划过于随意，既没有经过严密的科学论证，也没有获得广泛的民意支持，往往就是几个领导拍板决定的，带有一定的随意性和盲目性；再加上交流活动往往缺乏严格的经费预算与有效的监督管理，结果造成社会资源的极大浪费。一些地方举行的民间文化交流活动的"物质化"倾向严重，重商重利迹象明显，缺乏实质的文化内涵支撑。还有一些地方举行的民间文化交流活动，虽然立意不错，但由于活动组织策划粗糙，活动流程安排不周，活动项目设置不精，活动形式单调乏味，既未选择当地民众喜闻乐见的活动项目或表现形式，也没有深挖民间文化

内涵办出地方特色来，更未能将文化内涵和经济效益有机结合，使得当地百姓缺乏积极性，也没有从中受益，导致地方政府办节庆、办文化交流民众不参与的情况时有发生。如此缺乏文化底蕴支撑的闽台民间文化交流活动自然难以产生深远的社会影响，更难获得相应的经济效益；最终结果只能是活动草草收场，交流效果难以保障，更遑论形成品牌效应，维持交流活动的可持续发展了。

（四）缺乏经费保障和政策支持，导致部分民间文化资源流失严重

尽管近些年来国家加大了对珍贵的民间文化资源的保护力度，福建也早在2004年就制定了《福建省民族民间文化保护条例》，将保护民间文化资源提上议事日程。近几年来，福建对民间文化资源的保护工作也取得一定成效，但在实践中由于缺乏必要的经费保障，以及政策执行不力等因素，导致一些珍贵的民间文化资源仍在不断流失，不少重要的涉台文物古迹仍然遭到破坏与损毁。[①]由于资金投入不足和缺乏政策支持，一些宝贵的民间文化遗产难以在现代社会得到有效的保护与传承，部分传统的民间艺术形式（如木偶戏、锦歌、南音、高甲戏、闽剧、闽西汉剧等）往往无法建立起适应市场经济的演出经营管理体制与运行机制，这既不利于后备人才的培养，也导致民间艺术的生产创新不足，面临着后继乏人的尴尬境地。一些优秀的民间艺术团体发展落后，人才流失，创作出的艺术精品少之又少，甚至难以维持生计，在市场化的浪潮中不断被边缘化甚至面临被淘汰的命运。此外，由于福建民间文化艺术的产业化、市场化程度不够，闽台民间文

---

① 涉台文物在福建尤其是闽南、闽西分布十分广泛。截至2011年7月底，福建全省共登记涉台文物1515处，占全国涉台文物总数的80%以上，主要包括家庙宗祠、始祖墓葬、石碑石刻、庙宇神宫、名人故居等。但由于国家《文物保护法》较为笼统，长期以来涉台文物认定和保护工作并未引起地方政府的足够重视。在近些年的城市改造以及农村城镇化进程中，城市建设以及房产开发中常常碰到涉台文物古迹或拆迁或保护的问题，有些地方的政府管理部门及房地产开发商没有或不愿重视这些文物古迹的重要社会价值，往往在眼前的经济利益的驱动下，做出破坏或拆除文物古迹的不明智的举动，致使福建各地有不少珍贵的涉台文物古迹屡遭拆毁，也有一些很有价值的涉台文物因缺乏资金而常年失修，破烂不堪，更有一些地方政府以开发之名将涉台文物"卖"给开发商。直到2009年底福建才开始真正重视涉台文物的保护工作，着手启动涉台文物保护工程。2010年制定《福建省涉台文物保护工程管理规定》，并成立福建省涉台文物保护工程领导小组。但近几年来福建各地一些涉台文物遭到损毁的事件仍未完全杜绝。

化交流合作以官方主导为主,缺乏市场机制的保障,也影响到福建民间文化团队赴台交流的积极性以及台湾民间文化团体登陆演出的意愿,在一定程度上阻碍了闽台民间文化交流的深化。

二、深化闽台民间文化交流的思路与对策

闽台民间文化交流既有历史的渊源,又有现实的需求,鉴于以往交流的成效与问题,闽台双方应共同努力,携手合作,破解交流瓶颈,创新交流机制,拓宽交流渠道,构建交流平台,提升交流层次,不断深化民间文化与文化产业、旅游产业的合作力度,努力开拓闽台民间文化交流的新局面,为促进两岸关系和平发展做出贡献。

(一)破解交流瓶颈,创新交流机制

第一,加强组织协调和统筹规划。尽快建立诸如"闽台民间文化交流促进会"之类的组织协调机构。由福建各级政府、涉台、文化、旅游、宗教、公安等相关部门以及闽台两地重要的民间文化团体派出代表组成,主要负责统筹规划闽台民间文化交流的相关事宜,如制定并实施深化闽台民间文化交流的长远规划,建立闽台文化管理部门、各级政府与民间文化机构的对话与沟通平台,研究交流中出现的问题并提出对策建言,处理交流中的各种突发事件等。

第二,建立高效、快捷的交流审批机制。对于敏感程度较低的闽台民间文化交流活动,闽台双方应尽快建立高效、快捷的行政审批机制,尽量创造各种条件,简化审批手续,减少审批流程,缩短审批期限,提高行政效率,努力开辟一条民众往来两岸的快速通道,为闽台民间文化交流提供良好的环境。对于应邀赴台交流的福建民间文化团组,要创新审批机制,可考虑逐步将直接审批的权限下放地方,将审批制、审核制、备案制相结合,要根据不同的交流项目"特事特办",能办理的从速办理,能不拖延的绝不拖延,为赴台交流提供便利。

第三,创设资助民间文化交流的专项基金。鼓励各级政府和各部门加大对闽台民间文化交流的投入,为一些重点项目和重大活动提供人力、财力、物力支持。

可考虑创建"闽台民间文化交流基金"或资助各类民间文化交流的专项基金，通过政府拨款、企业捐助、民间捐款等多种渠道来筹集经费，用于资助各类民间文化交流活动，资助专家学者对民间文化的学术研究和田野调查，资助民间文化资源尤其是非物质文化遗产的保护与传承工作，资助各类涉台文物古迹的修复、重建和保护，奖励为交流做出突出贡献的集体和个人等。由闽台文化工作者共组基金会进行管理与运作，做到专款专用，账目公开。

第四，建立科学合理、公平公正、优胜劣汰的交流成效评估机制。为了提升闽台民间文化交流的成效，应建立激励机制与退出机制相结合的交流成效评估机制，使得交流具有可持续性。可由各相关部门代表、民间文化交流的参与者以及专家学者组成评估小组，采取多种手段（包括对交流参与者进行问卷调查、邀请专家学者进行调研、对相关数据与材料进行比较分析等）对各类闽台民间文化交流活动尤其是一些行之有年的交流项目进行绩效评估。对一些成效显著的交流项目，给予适当的政策扶持或经费资助；对一些收效甚微的交流项目，应当勒令整改甚至果断叫停，以避免过多的人力与财力浪费。

第五，建立健全文化人才培养与交流机制。传承与弘扬民间文化，人才的培养与交流是关键，建立高层次高素质的文化人才队伍是促进闽台民间文化交流可持续发展的重要保障。一方面，必须建立健全闽台民间文化人才培养机制，在两岸日益扩大的教育交流与合作中培养人才。鼓励闽台有条件的专业院校参与民间文化人才的培养工作，支持两地年轻人向民间艺术家拜师学艺，培养一批传承民间文化的后备人才。另一方面，必须建立闽台两地的文化人才交流机制，鼓励闽台民间文化工作者互相切磋，开展联合创作、合作研究、巡回演出等各种交流与合作，从民间文化交流中发现和培训人才，要通过加强两地人才流动来促进闽台民间文化的传承与发展。

（二）拓宽交流领域，提升交流层次

第一，加快实施民间文化入岛战略。为了改变闽台民间文化交流"多来少往"的现状，福建要积极创造条件，鼓励和支持民间文化团队更多地"走出去"，赴台进行民间艺术表演、宗亲文化、民俗文化交流、民间信仰的庆典展演与神像巡游，入岛举办非物质遗产巡展、历史名人的纪念活动等，向台湾社会宣扬民间文化。要充分利用电视、广播、网络等现代传媒手段向台湾民众宣传民间文化精品，进一步拓宽入岛宣传渠道，扩大覆盖面，增强影响力。

第二，提升现有重点交流项目的品牌效应。要继续办好已有的、具有一定规模和影响力的一批对台民间文化交流的重点项目，不断提升其品牌效应。应对海峡论坛、两岸民间艺术节、湄洲妈祖文化旅游节、东山关帝文化旅游节、保生大帝文化节等综合性民间文化交流活动加强策划，精心设置活动内容，创新交流形式，提升交流品质，进一步增强上述品牌项目的亲和力、感召力、凝聚力。例如，在举行妈祖文化节和关帝文化节等民间信仰节庆活动之时举办文艺比赛（如以民间信仰为主题的摄影、书法、音乐比赛等）和相关的民俗文化纪念品、宗教文化纪念品、地方工艺品展销会等等，以吸引更多的岛内信众尤其是年轻信众的参与。闽台双方还可以携手合作，以客家文化、陈靖姑信俗文化为内容，尝试共同申请世界非物质文化遗产，打造具有世界影响力的中华民间文化品牌。

第三，搭建闽台民间文化交流新平台。要结合地方特色，整合民间文化资源，将分散的、同质性的小型交流活动整合成为大型的闽台民间文化交流活动，建议在原有的基础上，扩大规模，举办两岸闽王王审知文化节、两岸客家土楼文化节等，扩大活动的规模和影响，以强化品牌效应。要与时俱进，把握时代脉搏和文化热点，争取推出一些老少皆宜、群众喜闻乐道的民间文化交流活动。可借鉴近几年在两岸掀起热潮的选秀节目的成功经验，推出一些以民间文化为内容的选秀节目，如举行"两岸民间曲艺大赛""两岸民间艺术达人秀"等，以吸引更多的台湾民众尤其是青少年参与。

第四，筹建弘扬闽台民间文化的博物馆、纪念馆和文化公园。为了传承和弘扬民间文化，福建应抓紧规划、立项，通过中央、省、市各级政府和文化、财政、对台各部门以及企业民间多方筹措资金，筹建多个集研究、收藏、保存、展示和交流功能为一体的博物馆、纪念馆和文化园区，将其打造成对台民间文化交流的重要载体。建议仿照中国闽台缘博物馆的规模，在龙岩创建中国客家族缘博物馆，在厦门或漳州创建闽台族谱博物馆；在福州王审知纪念馆的基础上，建设闽王王审知文化公园；在漳州开漳圣王纪念馆的基础上，建设"开漳圣王陈元光文化公园"，在厦门郑成功纪念馆的基础上，建设郑成功文化公园；在莆田建设妈祖文化公园，在厦门建设保生大帝文化公园等。并力争将上述文化公园建成集纪念馆、名人故居、文化遗迹以及相关旅游服务设施和研究机构为一体的闽台民间文化交流的重要场所。

第五，利用网络技术构建民间文化交流新载体。加快闽台民间文化研究成果的数据化、信息化建设，将民间文化的研究成果发布在相关网站上供两岸民众查阅。要在充分收集民间文化的原始资料和文献资料（如族谱、楹联、碑文、题刻、名匾、名画、古籍等）的基础上，将其整理、分类、扫描、建档，建立保存民间文化档案资料的分类数据库。例如，闽台档案机构可以着手合作，将各地搜集到的重要族谱分类、整理、扫描，建立闽台族谱数据库，既可保护这些珍贵的历史文献，又为两岸同胞查询族源提供便利。可以开通专门介绍闽台民间文化的网站，以图文并茂的方式介绍民间文化起源和传承历史；开设以民间文化为主体的网络论坛、微博等互动平台，作为闽台民众尤其是青少年相互探讨、相互沟通交流的平台。开发以闽台民间文化为题材的网络游戏（以历史人物、宗教文化和民间信仰的神灵或相关文化背景、历史故事作为主线），吸引两岸更多年轻人参与，寓教于乐，传承民间文化。

（三）加大闽台民间文化与文化产业、旅游产业的合作力度

第一，以民间文化为依托挖掘闽台影视、动漫、出版合作项目。加强闽台电视台、广播电台和影视制作公司等传媒机构的合作，联合制作一些反映民间文化的电视纪录片或新闻访谈节目，合作拍摄一批以历史文化名人、宗教文化和民间信仰、民俗文化为题材的电影、电视剧和动漫作品。尤其可考虑更多地联合推出一些台湾民众喜闻乐见的闽南语纪录片和闽南语影视、动漫作品，并争取在两岸主流媒体放映。闽台文史学界、出版社要以民间文化为主题，共组写作班子，撰写有关历史文化名人、民俗文化、宗教文化的专著，积极寻求合作交流，出版相关论著的合作契机。

第二，推动闽台民间艺术交流项目的商业合作。福建要以政府为指导、企业为

主体、市场化运作为手段，积极推动民间艺术的市场化经营与闽台民间艺术交流项目的商业合作，建立健全市场营销机制，将适合市场运作的民间艺术表演项目（如歌仔戏、高甲戏、南音等民间戏曲，以及民间舞蹈、杂技等）推向市场。加强两地在剧本创作、舞台表演、广告宣传、人才培养、市场营销等方面的合作，实现优势互补，共同创作出传统文化底蕴和时代气息兼具的曲艺精品，共同推向两岸市场。尤其要重视入岛演出，使得民间文化释放出巨大的社会效益和经济效益。

第三，共同设计和研发以民间文化为内涵的文化创意产品。闽台文化业者应加强合作，共同设计和研发以民间文化为内涵的文创产品，共同推动文化产业的发展。一方面，可结合民间文化节庆活动，举办以宗亲文化、宗教文化、民俗文化和民间艺术为主题的两岸文创产品设计大赛、两岸民间文化纪念品精致包装大赛等，选择其中的优秀作品尤其是融入文创设计元素的民间艺术品、宗教纪念品等批量生产，以更好地推向市场，吸引游客。另一方面，闽台文化业者还可以合办文创产品研发中心和生产企业，研发、生产和销售以民间文化为内涵的文创产品，可在繁华街区设立专业化的文创产品流通集散地及文创产品终端销售专业市场，以创造更大的商机和经济效益。

第四，加大与旅游业的合作力度，共同开发和推介文化旅游。闽台旅游主管部门和业者应加强合作，借助两岸交通日益便捷的便利条件，整合现有的民间文化观光资源，通过共同协调、规划与合作，推动旅游产业布局和前瞻规划，共同推出跨越海峡的以民间文化为主题的短途旅游或者深度旅游线路，打造一批以民间文化为主题的旅游品牌。闽台两地可以携手合作，共同开发民间信仰寻根、著名宫庙观光、民俗文化体验、民间艺术欣赏等多种类型的旅游产品，共同面向海内外游客推介行销，尤其可以重点开发和推介"客家文化之旅""闽南文化之旅""佛教寻根之旅""妈祖文化之旅""保生慈济文化之旅"等具有福建特色的主题旅游线路，以带动闽台民间文化资源的开发和旅游产业的发展，为两地创造可观的旅游观光效益。

第五章 闽台文化对口交流与合作

闽台围绕着科技、教育、出版、传媒、体育等领域开展的对口互动,为闽台文化交流合作搭建了良好的沟通、交流、合作平台,有力地推动了双方文化交流合作向纵深发展。

第一节 闽台科技交流与合作

闽台科技交流合作是指闽台双方在科技领域进行思想、理念、技术、产品和项目等方面的交流以及实质性的互惠往来,其主要形式包括学术会议、参观访问、科技展览、技术研发、产业合作等。由于历史的原因,台湾地区科技应用能力强,产业制造技术先进,管理经验丰富;福建依靠祖国大陆,基础研发能力强,科技研发人员队伍强大,科研资源丰富。两者在科技领域的交流与合作,有利于形成优势互补、资源整合的良好格局。当前,随着闽台产业经济发展对科技依赖日趋加深,双方的科技交流与合作逐步向高科技领域、高技术项目以及合作创新中延伸和发展,在打造闽台整体科技综合竞争力,促进两岸产业发展和经济的共同繁荣与进步方面发挥了重要作用。

一、闽台科技交流合作的发展现状和主要特点

　　闽台科技交流与合作可以追溯到20世纪80年代。随着我国实行对外开放战略和两岸关系的改善，福建出现了前所未有的台湾同胞的探亲热、贸易热和投资热。在此过程中，贸易和投资逐渐居于突出地位。80年代初，第一家台资企业在福建落地。最初，台商在福建的投资主要是以"三来一补"方式进行。随着台商在福建"三来一补"投资量的扩张，体现在闽台科技交流与合作上，更多的表现为相互认识与了解。但是，随着台资企业在福建要实现从量的扩张到质的飞跃，依靠科技提升就必不可少了，因此也就孕育着实质性的科技交流与合作。

　　进入20世纪90年代后，随着改革开放的深化，两岸科技合作已由单向交流转向双向交流、一般性的考察来访向实质性的研究合作等方面转变，特别是进入"九五"后，福建省开始实施"科教兴省"战略，伴随这一战略相继出台了包括《加快高新技术及其产业发展的若干规定》《福建省促进科技成果转化条例》《推进企业技术创新的实施意见》等一系列与"科教兴省"战略相配套的法规、制度和优惠政策，这就创造一种引导和促进科技发展的新机制，闽台两地的科技交流与合作得以迅速发展。

　　进入21世纪，闽台科技交流与合作进入发展新阶段，科技交流与合作环境越来越好，合作由表层向纵深方向发展，由"一般合作"向"创新合作"发展。体现在闽台产学研领域的交流与合作上，在"学"（学术交流）方面，闽台高校系统、专业科研机构的交流与合作持续发展，专业性交流持续扩大，如福建省农科院与台湾中兴大学签订了农业科技合作协议，内容涉及农业生物科技合作研究、联合培养研究生、互派培训班师资、定期交换学术期刊资料等，有超过六成的台湾高校与福建高校、科研单位发生交流关系。在"研"（研究发展）方面，两地的科技合作项目日益增多，合作形式日趋多样，从过去较为单一的互访和讲学发展成合作研究、共建实验基地、共同申报科研项目等，不仅有科技成果转化项目，也在一些前瞻性的技术项目，还有台商委托福建高校、研究机构的"专案设计"、

购买专利和合作开发新产品等。在"产"（科技产业）方面，体现在台商对福建的投资变化上呈现出三大趋势：一是投资领域由劳动密集产业向资本、技术产业演进；二是产品的技术含量逐渐提高；三是科技产业的合作方式由原来的"三来一补"向"贴牌加工"、"组装制造"、设立生产基地、研发机构的方向发展。

当前，随着闽台科技交流合作主要呈现以下特点。

首先，交流与合作的广度和深度都有提高。一是交流形式多样，交流与合作不再单纯局限于会议或者访学这个层面，而是逐步向更多样化的形式拓展，如论坛、展销会、项目合作、建立研发中心等。二是交流主体多元，科技交流从学术界开始逐步进入企业、政府、社团和中介组织的活动之中，多元化的主体参与丰富了交流内容，拓展了交流空间。三是交流的主动性提高，闽台科技交流不仅采取了"请进来"的策略，而且还采取了"走出去"的战略；不仅台湾的学者来福建进行访问交流，而且福建科教领域的专家和学者也进入台湾进行访问交流，加深了双方的共识和理解。

其次，闽台科技交流合作在很多重要领域展开。闽台科技交流与合作的频次在经济管理、电子信息、社会与文化、地震地学、通信与自动控制、农学以及医学等领域表现明显。这些领域都是两岸关注的重点领域。如地学、电子通讯与自动控制、农学和医学是两岸产业界实现优势互补与双赢的关键产业环节，其中大部分具有较高科技水准。再如，近年来福建省地震部门加强闽台地震科技交流与合作，双方取得了实质性地震科技合作的重大突破，闽台双方通过开展跨台湾海峡联合地震观测，已建成由双方各8个测震台站、共16个台组成的跨海峡地震观测网，同时，闽台双方还联合开展了"跨越台湾海峡广角反射震测实验"，进一步提高了闽台地区地震活动构造背景研究水平，在两岸共同防御地震灾害方面发挥了重要作用。

再次，科技交流渗透到两岸各类交流活动中。如台资企业在发展中，需要技术和人才方面的支持。台资企业除从台湾带过来一些人之外，更多是在福建当地引进人才。这些人才来到企业，也带来了新的知识和技术。又如一些台资企业建立技术研发中心，需要与科研院所和大专院校合作。此外，如展销会、成果推介会等形式也包含了很多的科技交流活动。

最后,产业科技互相带动、共同发展。由台商投资引起的产业上中下游带动效应,不仅促进科技发展,而且提高产业集聚度,产业辐射效应日益显著。如冠捷电子(福建)有限公司成立后,目前已成为全球最大的显示管生产企业,引来了10多家外商投资的配套协作企业及数十家相关的台湾电子落户,形成了比较完善的上中下游产业链。同时,冠捷电子也带动了福建省计算机整机产业和一大批电子元器件产业的发展,吸引和带动了更多的关联厂商来闽投资。台资企业不仅吸引台湾的配套企业在福建聚集,而且通过自身的资产吸引一些外国企业,在福建形成产业链,如以台资企业为龙头的东南汽车公司成为机械行业集聚度最高、产业链最长的行业。如今,以东南汽车为龙头引导的下游产业蓬勃发展,在福建省形成了52家配套厂的产业聚集效应,累计实现投资超过30亿元。①

二、闽台科技交流与合作面临的主要问题

第一,缺乏稳定的合作关系,同时也缺乏计划性。尽管闽台交流与合作取得了较大进展,但是总体上仍缺乏长期稳定的合作关系。很多交流多以论坛和学术交流为主,缺乏长期的固定的合作方式及激励约束机制,直接影响了交流合作的效果。此外,闽台科技交流的计划性不强,交流项目缺乏长远规划,阻碍了两岸科技交流向深层次拓展。

第二,与产业界的互动关系不明显。闽台科技交流与合作没有突破传统的模式,虽然有一定的科技产业交流合作而带来的互相推动发展,但不可否认的是,目前闽台仍以教育、文化、科技组织以及行业协会的交流合作居多。而科技交流的最终目的是要在实践中发挥作用,要能够带来经济社会发展,因此无论是技术标准还是技术本身,都需要被企业采纳。但目前在很多合作中,台资企业还尚未参与进来;同时合作项目与地方产业发展的关联性不强,融合度不高。

---

① 余学锋:《加强闽台科技合作创新的思考》,《中共福建省委学校学报》2009年第1期。

第三，缺乏固定的模式和载体。闽台科技交流模式和载体匮乏，形式单一，参与主体有限，难以形成紧密的合作关系。诸如科技园区、年度产业论坛以及技术合作创新和联合研发中心等载体在其中发挥的效果还不明显。而上述几类载体才是形成长期稳定的科技合作关系的重要方面。此外，闽台科技交流的模式还有待完善，对合作中的人员结构、激励机制、成果申报、效果反馈等还缺乏系统思考。

第四，缺乏知识产权保护和合作效果评估。一方面，近年来，台商向祖国大陆申请专利的件数逐年增加，闽台交往中知识产权纠纷也随之增多。可以预见，由于两岸贸易的快速发展及出现的不公平竞争，未来将会有更多的贸易摩擦出现。亟须建立有效的知识产权保护机制来加以调节。另一方面，闽台科技交流与合作总体上还缺乏一套有效的效果评估体系。事实上，对闽台科技交流进行效果评估，目的是能够在闽台合作中明确科技交流在其中的重要作用和功能定位，并且能够为进一步开展合作提供有价值的依据，对闽台科技合作本身也是一种激励和约束。但是，目前尚缺乏一套系统科学的评估办法和评估指标对闽台科技交流与合作的效果进行有效评价。

三、持续推动闽台科技交流与合作的思考

总体来说，闽台科技交流与合作的成功之处可圈可点，但存在的问题也不容忽视。当前，恰逢两岸关系向好和福建省推进海峡西岸经济区建设，闽台科技交流合作应抓住这一契机，实现跨越式发展。

第一，进一步明确闽台科技交流合作的重点。综合考虑闽台的历史、区位优势，应在以下几个方向重点发展：一是电子信息产业。闽台两地的电子信息产业，有其共同点，又有着不同之处，如能率先形成软硬件系统和产品开发配套优势，优势互补，在竞争中前进，在合作中发展，则将产生"龙头效应"，带动其他高科技产业优势互补和产业分工体系的建立。闽台电子信息合作应以软件、微电子技术为基础，促进软件企业建立合作生产、良性竞争和资源整合的科技产业的战

略伙伴关系，加强超大规模集成电路、高性能计算机、超高速网络系统、新一代移动通信装备和数字电视系统等信息技术的交流合作与产业化，共同发展新型元器件、计算机网络产品、数字视听产品、通信终端产品和新一代元器件及关键配套件产品等，重点推进光存储技术的发展，提高信息化装备和系统集成能力。二是农业科技产业。由于地理、气候、人缘以及农作制度相近，闽台农业合作的优势是其他省市无法取代的。两地未来科技创新合作的重点领域有：以农业生物技术和农业信息技术为核心的农业高新技术；常规技术与现代科技手段相结合的农业育种新技术及杂交优势利用；以良种为中心，实现良种良法相配套，建立农作物模式化栽培和畜禽集约化饲养的综合配套技术；应用现代农业设施，调控作物生长环境，进行快速繁育、立体种养、自动化、半自动化生产的设施农业栽培技术；利用现代信息技术，农业自然资源和农业环境质量动态监测和管理系统，维护农业生态平衡，提高农业和农村环境质量的农业环境保护技术。三是海洋资源利用与环境保护。福建与台湾共依台湾海峡，海洋优势十分明显，拥有"渔、油、能、港、景"优势资源。因此，闽台可以充分利用地缘优势，发展海滩优质水产品健康养殖，发展远洋渔业、栽培渔业、水产品加工业和休闲渔业；共同开发海洋生物工业技术、海洋环境动态监测及保护技术等。同时，加快临海工业、海洋渔业、海洋交通运输业、海盐及海洋化工、海洋生物医药和海水利用业等产业发展，逐步形成海岸带、海岛、近海、远洋多层次格局，不断提高海洋经济对经济发展的贡献。四是减灾防灾、预测预报与防治。闽台同处于环太平洋地震带，地震较为频繁，此外，台风、暴雨、洪灾常见。台湾把环境保护及灾害防治列为12项重点科技之一。福建对环境保护及防灾减灾也极为重视，因此，闽台可通过资源要素的流动和转移，对气象、海洋、地质、地震、台风等当前共同面临的科技问题和具有国际竞争潜力的项目进行联手攻关。

第二，完善促进闽台科技交流与合作的相关政策。要在总结闽台科技交流经验的基础上，抓紧制定出台促进闽台科技交流与合作的相关规定，从闽台合作研究、项目对接、建立科技合作基地、技术贸易知识产权保护、学术会议、人员互访交流、通关、台资高科技企业税收土地优惠、相关项目申请政策、台籍高级人才的待遇、对台工作组织结构、福建省科技奖励、风险资本与企业融资担保等方面都给予更多的鼓励和支持。加大对闽台科技合作创新的奖励，设立闽台科技合作奖，进一步创新奖励模式，奖励闽台科技合作成果，进一步推进闽台科技交流与合作。简化赴台审批管理，实行落地办证等政策，鼓励闽台科技人员相互交流，允许科技人员及相关管理人员根据工作需要每年多次往返台湾。鼓励科研机构间开展经常性的合作。

第三，设立闽台科技交流与合作的支持性基金，加大闽台科技交流合作投入。闽台科技交流与合作中，不论是企业合作和产学研界合作，或是促进成果的专利申报和产业化，还是科技人才、青年创新培养等都要有资金支持。因此，除在现有的闽台科技合作项目经费基础上，还应进一步加大财政的投入，扩大规模，建立专项基金和稳定的财政科技投入增长机制；要建立健全多渠道、多元化科技投入体系，除了加大省级财政投入以外，要依托《国务院关于支持福建省加快建设海峡西岸经济区的若干意见》，争取国家有关部门对闽台科技合作的进一步支持，同时注重开辟台湾有关机构和民间团体（财团法人）的经费资助渠道；要通过构建风险投资机制，引进台湾的资金，实行多元化投资，扶持高新技术发展。闽台科技部门应加强沟通，加强与当地的金融机构紧密合作，对科技合作中产生的成果进行及时整理、申报，对成果的产业化及时提供优惠的资金支持，避免科技成果"束之高阁"。

第四，深化闽台科技交流合作资源的整合。充分发挥福建对台优势，着力先行先试，调动各方面力量，整合有关资源，加强闽台科技的全面对接，构建闽台科技交流合作平台。依托"海西科技协作联盟"的科技资源优势，促进两岸科技产业、科技项目、机构与人才、知识产权和科技情报（信息）等对接，提升海西整体创新能力和区域竞争力。继续扩大与台湾工业技术研究院的合作，加快海西工业技术研究院建设，并以此为平台和纽带，吸纳台湾高科技人才及在闽台资高科技企业人才共同参与研究。建立完善闽台科技合作示范基地，充分发挥已建立的闽台科技合作示范基地的作用，重点围绕信息、石化、机械制造、光电、农业和海洋生物技术等产业，组建一批研究开发基地，鼓励和支持台湾科技界、企业界参与建设，使之成为承接台湾高新技术产业与技术转移的载体。加快台湾文献信息中心的建设，建立科技信息交流机制，服务福建经济社会发展和两岸人民交流合作，发挥在两岸大交流、大合作、大发展中的特殊信息功能和作用。

第五，加强闽台科技人才的交流与培养，为闽台科技交流提供智力支持。一要加强闽台两地科技人员的交流，创新科研机制，建立顺畅的合作研究渠道，科技人才交流的方式可以采取三种方式：以个体为单位，根据各自需要，公开招聘对方人员中符合自己单位需求的科技人才，实现科技人才的优势互补；以团体形式互访和交流，高校、科研机构、学术团体的科技人才可以采取学术团体互访、互聘客座教授、代为培养人才等方式，还可以采用选派科技人才参与当地研究创新活动等多种形式进行，以推动闽台科技产业的共同发展；设立科技园区吸引人才，福建可以利用对台湾的区位优势，设立台湾学者创业园，大力吸引台湾科技人才和创业投资，扩大和加深与台湾科技人才的交流、促进两岸科技事业的发展。二要充分发挥提升"中国·海峡项目成果交易会"等的影响力，积极组织省内或跨省科技团组赴台参观考察、举办展览和学术研讨，并有针对性地邀请台湾科技人员来闽访问、讲学，举办展会，为两岸项目的合作或台商来闽投资牵线搭桥；建立闽台科技人才信息系统，在海峡人才市场中设立专门的科技人才板块，帮助企业、科研机构等引进急需的科技人才，促进两地科技人才合理流动。三要尽快形成科技人员联合培养的模式和机制，在大学建设和人才引进方面加强合作，建立人才培养基金项目，对科技人才的培养给予资金等方面的支持，对科技人才的智力成果加以保护，形成科技人才在两岸自由发挥作用的渠道和机制。四要采取"引进来"和"走出去"相结合的战略，争取一批好的科技项目进驻台湾。闽台科技合作不应该是单向的，要争取福建的科技项目走进台湾，走进台湾民众，让台湾的民众更加了解大陆科技的发展和优势所在，并借此能够广泛传播。

第六，积极发挥闽台科技产业园区的作用，通过高新园区的合作，为两岸科技产业的进一步发展创造条件。科技产业园区是闽台科技交流的重要载体，是发挥高技术产业聚集效应的最佳聚集地，能够在两岸科技交流中充分发挥园区的引领、示范、带动和扩散效应。台湾的科学园区有两个：新竹科学园区和台南科学园区。建立于 1980 年的新竹科学园区,对台湾的技术产业和经济发展起到了非常重要的作用,是台湾高科技产业发展的摇篮。目前,台湾高科技产业主要聚集在新竹科学园区。福建的科技园区经过 10 余年的建设,也初具规模,创造了良好的软硬环境条件,形成了以电子信息产业和光机电一体化为主体的产业体系,在区域经济增长中起着举足轻重的作用。但由于福建、厦门园区基础较为薄弱,资金和体制的制约,高科技成果商品化、实用化能力较差,尤其缺少市场信息、营销技术和国际市场渠道,需要台湾的资金投入以及营销、产业化等方面管理技术,因此,可以采取几种方式加强闽台合作。一是可以选取若干重点产业的发展作为突破口,如软件及其相关产业,让台湾的科技界、企业界参与技术园区的建设,增加资金、技术、人才、市场和管理的投入;还可以通过互联网建立虚拟园区平台,争取更多的闽台两地企业联合开发新产品和开拓海内外市场。二是推进厦门火炬高科技园区与台湾新竹高科技园区的合作,力争与台湾将要形成的以北、中、南三大核心科学园区为主干的高新技术带对接,可就福建已初步形成的通信设备、计算机软件、消费类电子产品、机电一体化产品、新材料、海洋高新技术产品等高新技术产业与台湾相关产业进行合作研究与产品开发。三是建立高校、科研机构和产业界良好的互动关系,进一步推动科研成果转化为生产力,缩小福建科技园区与台湾新竹园区之间的巨大差距。台湾产、学、研紧密联系使台湾重点高校为新竹园区发展提供了强有力的科技保证和科技人才支持;台湾工业研究院也为园区科研成果转化为生产力方面起到重要的促进作用,并为各类科技产业输送高级主管或科技中坚力量。与此相比较,福建在产学研之间的联系远不如台湾,福州、厦门两地园区内企业在创新方面与周边的科研院所合作较少,甚至从科研院所脱胎出来的企业与科研院所合作也较少。因此,福建两个高新技术园区应积极借鉴台湾新竹园区的经验,加强园区内部管理,强化产学研合作,除了依托厦门大学、福州大学等省内重点高校的人才和技术外,还要把合作视角扩大到全国,注意与全国知名高校及科研院所的合作,从而打造成闽台区域科技合作战略实施的重要阵地。

第七,构建闽台高新技术创新平台。根据《国务院关于支持福建省加快建设海峡西岸经济区的若干意见》和福建省出台的实施意见精神，支持信息、医药、生物、新材料、新能源、海洋等领域应用基础研究，加快电子信息、光电、石化、装备制造、生物、医药、现代农业和物流等产业领域重点学科发展，组建学科群，加强国家级重点实验室、工程技术（研究）中心、企业技术中心、产品检测中心、博士后站点等平台建设，鼓励台商在闽投资设立研究开发机构。围绕闽台合作的优势产业建立几个研发中心，包括东南汽车制造技术研发中心、闽台电子信息产业研发中心、闽台石化产业研发中心、闽台农业生物技术研发中心、闽台海洋生物技术孵化中心等。

第八，强化闽台科技交流与合作的情况整理和效果评估工作。闽台科技交流与合作虽然已经取得了很大的进展，但是科技合作的情况整理与效果评估还有待思考。效果评估的目的不是要单纯考核某个组织或某一个人在科技交流合作中的表现，其在于及时发现问题，为下一步的决策提供依据。当前，对科技交流与合作的进展情况也缺乏详细的整理，对其效果也缺乏一整套系统的考评指标体系和方法。为此，建议尽快组织专家、学者、企业界等社会各界综合形成对闽台科技交流与合作的效果评估办法。

第二节 闽台教育交流与合作

教育交流是海峡两岸交流最活跃、成效最显著的领域之一。福建借着"五缘"优势，在对台教育交流合作方面先行先试，为推动海峡两岸教育的全面交流合作做出了积极的贡献。截至2013年，全省高校共招收台生5183人，居大陆省份前列；目前，在读台湾学生1275人，约占大陆高校台湾学生人数的1/6一。福建省不仅把台湾学生"请进来"，而且让大陆学生"走出去"，积极组织学生赴台学习。2009年秋季，福建省首次成批次、大规模组织200名学生到岛内院校学习一年，之后赴台学生人数逐年递增，2009年200人，2010年增至300人。截至

2012年，福建省共组织高校学生617批次6244人次赴台学习，成为高校学生赴台学习人数最多的省份。

一、闽台教育交流与合作的发展

从20世纪80年代中期开始，随着两岸关系的改善，闽台教育交流从无到有，从单向发展为双向，活动日渐频繁。30多年来，虽然期间台湾政局变化，有关政策摇摆不定，但两岸文教交流则持续升温、日益密切。综观闽台教育交流合作的过程，大致经过以下三个阶段。

（一）单向交流期（1985—1992年）

1949年以后，国民党政权退踞台湾由此开始了长达30余年的两岸隔绝状态，教育交流完全中断。20世纪80年代以来，随着两岸关系破冰，教育交流开始复苏、增长。1985年，设在泉州的华侨大学率先招收了第一名台湾学生，福建省成为大陆第一个招收台湾学生的省份。但直至1987年，台湾"戒严"解除，准许民众赴大陆探亲，1988年11月，台湾公布"大陆杰出人士、海外学人及留学生来台参观访问审查原则"，开始有限制地开放大陆专业人士赴台访问，两岸教育交流合作的序幕才真正拉开。1990年4月，台湾私立淡江大学代表团到原鹭江职业大学访问，揭开台湾高等教育界与我省高等教育界交流访问的序幕。1991年4月，台湾当局正式宣布废除"动员战乱时期临时条款"，结束了实行长达43年之久的"动员戡乱时期"。同年，台湾当局要求"把两岸文化交流，列为最优先项目"，其中，就包括两岸学者和师生的交流。1992年，台湾批准公立大学校长及公务员可以到大陆从事文教活动，大陆专业人士可以到台湾讲学。同年2月，台湾工业职业教育人士参观团一行17人在台湾师范大学工业教育研究所所长、工业教育系主任饶达钦团长带领下，到原福建中华职业大学参观交流。但此时由于台湾方面对专业人员赴大陆还有较多的限制，这时期的交流主要还局限于民间组织和个人性质的互动，交流规模很小，交往程度也比较浅，基本为台湾人士来闽的单向性交流活动，处在交流接触、增进了解的初始阶段。

（二）双向交流期（1993—2000）

在此期间，闽台高等教育互动交流规模逐步放大，渠道拓宽，1996年8月，由福建中华职业教育社主办的海峡两岸首次职业教育理论研讨会在福建省武夷山召开，台湾方面共有9名代表参加会议。同年11月，应台湾中华两岸文化统合研究会的邀请，福建高等职业教育代表团赴台湾参加"海峡两岸高等职业教育研讨会"。1998年，厦门大学召开了5场两岸学术研讨会；泉州师专举办"海峡两岸泉州学"研讨会，台湾"中研院院士"李亦园等多位学者参加。与此同时，两岸部分高校建立了校际合作关系，到大陆就读的台湾学生不断增加，闽南成为祖国大陆高校招收台湾学生最多的地区，到1999年，闽南高校招收的台湾学生累计已达846人，占全国台湾学生总数的四分之一，形成了有进修生、预科生、函授生、本科生、硕士生、博士生在内的完整的招生系列。1999年，福建省人大常委会颁布了《福建省招收台湾学生若干规定》，福建成为大陆最早开展对台招生地方立法的省份。但是，1999年李登辉抛出"两国论"，致使两岸交流一度受到严重影响，闽台教育交流也经历曲折。总之，这时期闽台教育的交流特别是高校间交流已大大加强，并初步呈现双向多元特征。除了校际间人员的互访交流，双方还开始了有组织的双向学术研讨，通过实地考察和经验交流、学术研讨，闽台双方加深了解，增进了彼此认知，为两岸教育的进一步交流合作构架了桥梁。

（三）双向交流与合作期（2001年至今）

2000年台湾执政党变动，台湾当局对两岸文化教育交流采取消极态度，闽台教育交流也徘徊不前，2005年4月29日，中共中央总书记胡锦涛与中国国民党主席连战在北京人民大会堂实现了时隔60年后国共两党最高领导人的历史性握手。两岸的交流又开始活跃，交流热情、交流规模和层次持续攀升。2006年12月，第一届海峡两岸大学校长论坛在福州举办，包括20多所台湾高校在内的两岸57所大学的校长和代表出席了论坛，大会达成了共建两岸大学校长交流平台、促进两岸高等教育的互动、扩展持续交流与合作管道、共同繁荣两岸高等教育事业等四点共识。2007年8月，福建省政府将闽台教育交流与合作作为福建省政府与教育部签署的《关于共同推进海峡西岸经济区教育发展备忘录》六个方面重大事项之一。根据先行先试原则，福建省部分高职院校开始尝试进行深入的合作，如同台湾高职院校缔结姐妹校，互相开展交换学生的活动等。2008年，国民党重新执政，两岸关系出现了历史性转折，加上内外各种环境因素，两岸交流合作更出现崭新局面，闽台教育交流也逐步进入实质性合作阶段，交流的规模迅速扩大、涉及的领域更加宽广和深入、交流往来的形式更加丰富多样、关系日益紧密。2008年9月，台湾永达技术学院——福建工业学校联合培训中心成立，成为福建省首家闽台联合培训中心。同年10月，台湾教育主管部门宣布放宽大陆学生赴台研修时间，由原先四个月延长为一年，每年以开放1000人为限。2009年4月，"2009年海峡两岸高等职业教育展览会"在厦门举行，两岸10多所高校共签订了12个教育交流合作项目，这是两岸职业教育交流合作的一次实质性探索。2009年5月，海峡两岸职业教育交流合作中心在厦门揭牌成立，此举标志着两岸职业教育深度合作发展又迈出重要的一步。该中心成立以来，组织了一系列交流合作活动，特别是在教育部和福建省政府的直接领导和支持下，成功组织了两岸数十所高职院校及众多台资企业参与的联合人才培养项目，并于2009年起实现高考专项招生。

2009年，福建省教育厅进一步出台了闽台高校联合培养人才的政策，在两岸有关方面的支持之下，两岸高校积极行动起来，采取多种方式联合培养人才。一是闽台高校和台资企业"校企"联合培养人才。例如：2009年福建信息职业技术学院、黎明职业大学等11所高职院校与台湾朝阳科技大学等15所台湾高校和50家在大陆的台资企业，在产业发展急需的28个专业的人才培养上开展合作办学；泉州师范学院与台北海洋学院、中泉公司合作办学开设航海专业，培养航运人才。二是闽台高校"分段对接"联合培养人才。例如，2009年7月，福州闽江学院海峡学院正式揭牌，成为福建省第一个本科阶段闽台合作项目。该学院与中国文化大学、万能科技大学、实践大学等3所台湾高校在工商管理、艺术设计、服装设计、金融学等4个专业领域，采取"3+1"方式进行人才培养对接，学生第三学年赴台湾院校学习，其他三年在海峡学院学习。福州大学与台湾铭传大学、东海大学签订合作项目，采取分阶段推进的方式。第一阶段采用"3+1模式"共同培养计算机科学与技术类、信息工程类、数字媒体和软件工程4个专业人才，计划2010年招生，2011年9月学生将赴台湾铭传大学和东海大学学习一年，第二阶段采用"2+2模式"实现"双联学制"，采用"3+2模式"共同开展本硕教育。三是突破政策限制联建学院。例如：2009年厦门理工学院与台湾铭传大学合作办学，共同筹建一所国际教育学院——金厦学院，该学院将为海峡两岸经济社会发展和产业对接培养具有全球视野的创新型技术人才和管理人才；福建师范大学与台湾世新大学在平潭岛联合建设福建海峡旅游学院。福州大学引进台资，和台湾专案管理学会合作，双方合资建设"福州大学海峡理工学院"。闽台共同开发课程，联办专业，如厦门理工学院与台湾大华联合保险公司联合开办全国首个汽车理赔公估专业，每年招150人，成为该校的热门专业和特色专业之一，该校还与台湾"资策会"数位动漫学院、台湾大宇、西基动漫等联合组建软件人才培养基地，开办"动漫设计"专业方向。2010年该项目正式启动，福建省21所院校获准招生5000人。2011年共有27所院校142个专业获批，招生规模达6000人。该项目运行效果良好，覆盖面与招生规模均大幅增长，已逐渐成为闽台教育交流与合作的一大亮点。

2009年秋季，福州大学、福建师范大学、福建农林大学、福建交通职业技术学院等14所高校首批选派200名学生赴台湾中兴大学、中洲技术学院、台湾"建国科技大学"、朝阳科技大学等四所高校学习，学习时间为一年。这是福建也是大陆首次由政府资助，成批次、大规模组织高校学生赴台学习，突破了以往大陆赴台交流学习小规模"交换生"的模式。台湾高校也派出学生来闽学习，2008年至2010年，台湾淡江大学、东海大学、中正大学、东华大学、科技大学、政治大学、逢甲大学等共派出41名学生来厦门大学学习。2011年起，台湾高校首次向大陆六省市招生，福建省位列六省市之一。

此外，闽台高校教师互访交流频繁，福建省的许多高校聘请台湾的专家学者任教，也有高校的教授、学者受邀赴台讲学、访学。如台湾大华、大汉、永达三所技术学院先后派出12名教授来泉州华光摄影艺术职业学院常年任教，华侨大学聘请台湾著名打击乐家林文乐、知名学者管中闵、郑志宏、著名诗人余光中、台湾辅仁大学宗教学系主任黄怀秋教授等做兼职教授或客座教授。

闽台高校还积极开展学术交流和科研项目的合作。例如：厦门大学仅2009年就举办了10次两岸高水平学术会议，台湾出席人数达539人，涉及各个领域和学科；莆田学院的妈祖研究所经常与台湾进行妈祖文化交流；漳州师范学院闽台所刊物《闽台文化交流》在弘扬闽南文化优良传统和丰厚内涵的同时，成为两岸文化交流互动的一个平台。2009年7月，为了进一步提高高职院校教师队伍的综合素质，促进闽台高职院校联合培养高技能人才，福建省教育厅出台了闽台高职院校2009—2012年联合培训师资的规划，决定开展闽台高职院校联合培训师资工作。2009年8月，福建省副省长陈桦在台湾访问期间提出将在福州设立两岸教育合作实验园区，引进台湾知名高校资源，鼓励台湾教师、专家前往研究、教学；大陆将无偿拨地给两岸教育园区，并朝三方面规划：第一，台湾的大学可以到福州招生、开课，并享有租金优惠；第二，闽、台合资办学，资源共享；第三，由第三方投资建设，实行民办教育，例如让台资企业与闽、台大学合作开课。

总的说来，这阶段闽台高等职业教育的交流合作空前活跃，持续升温，呈现以下三大特点：一是政府着力推动，鼓励两岸高职教育先行先试；二是交流合作程度加深、规模扩大，多种类型的交流平台正日益常态化；三是项目带动合作，通过具体项目推动进行实质性的合作。为两岸高等教育交流合作探索创新与示范辐射基地的两岸教育合作实验园区，目前已经在福州地区大学新校区和平潭综合实验区启动建设。福州大学、福建师范大学、福建中医药大学等与台湾有关高校联合创办的"海峡理工学院""海峡学院""健康学院"入驻平潭综合实验园区，福建农林大学与台湾高校的首批合作办学项目入驻福州地区大学新校区，将积极探索两岸高校联合培养高层次应用型、技能型人才和联合开展高水平科技研究的新模式、新机制。

目前，闽台教育交流乘"海西东风"加速发展，两岸教育交流的框架和品牌效应已经形成。海峡两岸大学、职业院校、中小学校长等三个论坛，"海峡两岸中学生演讲大赛""福建省高校港澳台学生普通话大赛""海峡两岸大学生辩论赛"三项大赛，以及"闽台学生夏令营活动""闽南文化系列活动""闽台青少年文体交流活动"三项活动，已成为两岸教育行业、师生互动的常态化平台。

二、闽台教育交流与合作的特点

闽台教育交流与合作日趋频繁，领域广泛、层次多元，呈现出很强的互补性和交融性，也有与众不同的特点、亮点，在某种程度上成为展示闽台文化交流与合作的一个"窗口"。

（一）福建在全国率先由省政府正式下文为在闽台商子女就读中小学开辟"绿色通道"，也是全国唯一享受对台单独招生的省份[①]

如在台商投资集中地区，通过多元渠道为台湾人士子女在闽接受基础教育、中学教育提供方便。为了吸引台湾学子来闽就读，采取了以下几个方面的重要举措：一是全面扩大省内各大学、高职院校和中等职业学校招收台湾学生的学科和专业；强化对台单独招生的统一命题、统一考试、统一招生的指导；鼓励和支持民办院校在教学和管理方面创造条件，招收台湾学生。二是积极做好两岸学分和学历互认的前期准备。通过闽台院校之间的交流互动与共建平台，为两岸高校学分和学历的衔接互认奠定基础。三是尝试开展"双联学制"。着手推动高中学生赴台学习全日制课程工作；以选送学生赴金门高校学习为试点，建立招生渠道；鼓励和支持闽台职业院校实行专业对接。四是鼓励台资企业参与办学。支持职业院校与台资企业开展多载体、多形式的校企合作项目，订立校企合作协议。五是实施"闽台合作大学生创业培训圆梦工程"。引进并推广台湾创业培训模式与台湾优质创业项目，加快大学生创业培训实训基地建设，做好创业项目对接服务等。

（二）以创新人才联合培养模式作为闽台教育交流与合作的重要抓手

在大陆学历迄今未获台湾当局完全承认的环境下，福建省政府和教育管理部门大胆探索，先行先试"闽台联合培养高级人才"。主要有以下两项举措：一是

[①] 所谓对台单招，是指高校面向台湾单独招收本科生，考生不必参加教育部的港澳台侨联合考试，而直接由高校单独组织报名、入学考试和录取。福建是目前大陆唯一实施高校对台单招的省份。截至目前，厦门大学、华侨大学、福州大学、福建师范大学、福建农林大学、福建医科大学、福建中医学院、集美大学等在闽八所大学，已开放针对台湾学生单独招考的政策，其中厦门大学是全国唯一一所对台单招的教育部直属重点综合性大学。

闽台"校校企"联合培养人才项目。2008年推出闽台"校校企"联合培养人才项目，通过福建高校、台湾高校、台资企业三方联合制订专业人才培养方案，组建教学团队，联合开展专业、课程、教材等教学资源库建设，并联合开展实训基地建设。2年多来，在制造业、电子通信业、建筑业、旅游业、现代农业等紧缺人才领域，福建的27所高校与台湾37所高校、75家台资企业联合培养了一批"留得住、用得上"的高素质应用型人才，办学规模达14000余人。二是闽台高校"分段对接"联合培养人才项目。即闽台两地高等学校以"分段对接"的方式联合培养一批高素质的技能型人才。[①]资料显示，包括福建信息职业技术学院等省内11所高职院校，与台湾的15所高校和50家在大陆的台资企业，在产业发展急需的28个专业开展合作办学。

2010年申报闽台联合培养人才项目的高校名单、项目、计划数等参见下表。

2010年闽台联合培养人才项目一览表（详见各校招生计划）

层次	学校	专业项目	计划总数
本科	福建师范大学	旅游管理（观光管理）、旅游管理（酒店管理）、旅游管理（休闲游憩管理）、旅游管理（会展策划与管理）	200
	福建工程学院	数字媒体技术（动漫方向）、土木工程、通信工程、机械制造及自动化、材料成型及控制工程	360

---

① 《关于实施2010年闽台高校联合培养人才项目的通知》指出，根据两岸现行的教育法规政策，重点支持高等学校采取"分段对接"的方式（本科学生采取"3+1"方式，专科学生采取"2+1"方式），选派学生至台湾高校进行为期一年的学习。闽台两地高校依据有关规定签订联合培养人才协议，联合制订相关专业人才培养方案，确保专业教学计划的合理衔接，确保人才培养质量。赴台学生采取学分制的管理办法，学生毕业后由福建省高校颁发学历学位证书，台湾高校出具课程学习成绩证明或结业证书。

续表

层次	学校	专业项目	计划总数
本科	闽江学院	艺术设计（服装时尚设计方向）、金融学、艺术设计（环境艺术设计方向）、工商管理、广告学、国际经济贸易、电子商务、交通工程、保险	700
	厦门理工学院	文化产业管理（媒体创意方向）、文化产业管理（音乐工程方向）、艺术设计（数码动画设计方向）、艺术设计（数字媒体艺术方向）、汽车技术服务与营销	420
	三明学院	土木工程、计算机科学与技术（嵌入式技术）、艺术设计（室内装饰设计）、市场营销	200
高职	福建交通职业技术学院	机电一体化、计算机控制、嵌入式系统工程、连锁经营管理	200
	福建信息职业技术学院	光电技术、网络技术、电子商务、模具设计与制造、影视动画	400
	黎明职业大学	建筑工程技术、应用电子技术	120
	福建水利电力职业技术学院	电气自动化技术、电子信息工程技术、建筑工程技术	200
	福州职业技术学院	应用电子技术、旅游管理、物流管理	200
	福建对外经济贸易职业技术学院	国际商务、物流管理、旅游英语、商务管理（商务会展方向）	200
	福建农业职业技术学院	园艺技术、园林技术（景观设计方向）、食品生物技术、物流管理	360
	厦门城市职业技术学院	动漫设计与制作、电子信息工程技术、涉外旅游、物流管理	200
	福州外语外贸职业技术学院	旅游管理、动漫设计与制作、市场营销	200
	泉州信息职业技术学院	应用电子技术、通信技术、数控设备应用与维护、数字媒体制作	300
	泉州华光摄影职业技术学院	摄影摄像技术、建筑工程技术、酒店管理	100
	厦门华天涉外职业技术学院	模具设计与制造、机械设计与制造	100
	厦门南洋职业技术学院	旅游管理、应用电子技术、计算机应用技术、模具设计与制造	200
	厦门兴才职业技术学院	机电一体化、物流管理、酒店管理	100
	厦门东海职业技术学院	酒店管理	40
	武夷山职业学院	导游、餐饮管理与服务	100

资料来源：福建省教育厅港澳台办、海峡两岸职业教育交流合作中心。

（三）以加强闽台校际合作作为闽台教育交流与合作的重要基础

这主要体现在两个方面：一是闽台院校通过签订校际合作协议，创建两地教育交融的长效机制。如厦门大学与台湾大学、政治大学、成功大学、台湾新竹清华大学等27所岛内大学建立了广泛交流合作关系，与其中23所院校签订了开展校际合作交流协议，力求在师生互换、学术交流、科研活动、教育教学、短期研修、资源共享等多个领域展开有效合作。福建中医大学相继与台湾大学、慈济大学、元培科技大学、嘉南药理科技大学等院校签订了校际合作协议；福建农林大学则与台湾嘉义大学、大同技术学院、屏东科技大学等院校确立友好合作关系；福建电大与台湾空中大学探索在两岸共同开办远程教育专业，构建闽台远程教育交流合作的前沿平台。二是闽台高等职业教育建立起"姐妹校"关系。"技职教育"被认为是台湾教育的"三条高速通道"之一，有很多经验值得借鉴。迄今，福建省内30所高职院校与台湾33所高校签订了72项合作协议书，创建姐妹校。如厦门理工学院相继与台湾铭传大学等8所高校结成姊妹学校，开展学术交流和师生互访等多种形式的教育合作；福建林职院与台湾中州技术学院、台湾朝阳科技大学、台湾南亚技术学院等3所高校以及与邵武嘉德农业发展有限公司、漳州羽峰机械设备有限公司、冠捷显示科技（厦门）有限公司、福州市钜铨汽车配件有限公司等4家台资企业签订了联合办学协议书；福建泉州市15所职业院校与台湾工业职业教育访问团签订了一揽子合作协议，内容涉及泉台职教学术交流、师资交流、合作办学、师资培训、互派学生、教材编写等多个方面。

（四）将闽台青年学生的联谊活动作为闽台教育交融的有效载体

青少年是两岸未来发展的希望所在。多年以来，闽台两地携手推动两岸青少年交流联谊活动，为闽台教育交融增添蓬勃活力，取得积极成效。当前主要有以下3种活动类型：一是以中华文化为纽带，打造项目平台。如福建以多种形式举办台湾青少年祖地文化交流，鼓励祖地学校与台湾中小学进行校际交流；每年配合团中央、台盟、台联、青联等组织举办两岸青年学生联欢会、"闽南文化研习"夏令营、台南大（中）学生海西乡土文化研习营等活动，产生了较大反响。如由厦大主办的海峡两岸大学生"闽南文化研习夏令营"从1999年开始已成功举办七届,参加的两岸学子已逾1400多人,增进了亲情和友情,加深了台湾青年学子对大陆政治、经济、社会、教育的了解。近年来,厦大还牵头组织大陆6所高校54位青年学生赴台联谊;积极参加由全国台联主办的"龙脉相传、青春中华"为主题的夏令营等活动。[1]二是通过联谊交友、多种赛事和社会服务实践等活动,吸引两岸青少年共同参与。如福建与台湾有关协会团体已经连续成功举办七届"海峡青年论坛",邀请台湾30多个社团、500多青年精英来闽参加活动,从第三届开始论坛提升由全国青联主办,成为全国对台青少年交流的重要项目;福建已连续承办四届"两岸青年联欢节",累计邀请3000多名台湾大中学生来参加形式多样的联欢、交友和交流活动,其中1/3来自台湾中南部;福建已连续举办八届"闽南风·海峡情"少儿文艺会演等交流活动。三是举办闽台青少年及大学生的多种赛事,如"海峡两岸大学生校园歌手邀请赛"、"海峡两岸大学生辩论赛""海峡两岸大学生职业技能大赛""海峡两岸高校学生营销策划邀请赛"等活动。

(五)与时俱进的政策法规成为闽台教育交融的有力支撑

多年来,充分运用中央赋予福建对台工作的特殊政策,福建率先出台一系列促进闽台教育交流合作的对策措施,制定并完善与闽台教育交流合作相配套的法规。早在1999年6月1日,福建省第九届人大常委会通过了《福建省招收台湾学生若干规定》,是大陆地区最早开始对台招生地方立法的省份。2005—2006年度,在厦大就读的48位台湾学生获得教育部颁发的奖学金,总额达人民币18.1万元,这是大陆地区首开台湾学生奖学金的实例。根据海峡西岸经济区建设的战略部署,2008年10月16日,福建省教育厅出台《关于实施闽台教育交流与合作工程的意见》,并在全国率先试行两岸学分学历相互承认的制度。为落实《福建省贯彻落实〈国务院关于支持福建省加快建设海峡西岸经济区的若干意见〉的实施意见》及《关于实施闽台教育交流与合作工程的意见》,2009年5月7日,

---

[1] 张宝蓉:《新时期闽台高等教育交流合作问题探究》,《台湾研究集刊》2011年第2期。

福建省人事厅、台办、教育厅、劳动和社会保障厅等单位联合出台《关于做好取得内地（祖国大陆）全日制普通高校学历的台湾学生来闽就业有关工作的通知》，给予在福建就业的台湾学生与内地高校毕业生在工资福利、社会保险、子女教育等方面同等待遇。同年7月14日，福建省人力资源开发办公室发布《关于选聘台湾专才来闽担任管理职务的公告》，拟选聘15名台湾专才来闽担任管理职务，其中8个职位在高校。为了进一步扩大福建高校对台自主招生的渠道，2010年9月30日，福建省人大常委会对《福建省招收台湾学生若干规定》进行修改，如其第8条修改为"报考福建省高等学校的台湾学生，可以参加国家批准的本省单独招生考试或者院校自主招生考试，也可以按国家规定参加全国联合招生考试，考试合格的，予以录取"。

三、闽台教育交流与合作存在问题

闽台教育交流合作也存在不少问题。这些问题如果不能有效解决，将会影响到闽台高等教育交流与合作的进程。

第一，台湾对福建学历认可仍然阻力重重，存在不少政策障碍。2006年中国大陆单方面承认了台湾教育行政部门核准的高等学校的学历，但是台湾只采认41所大陆高校学历，福建省只有厦门大学一所高校在被采认之列，其他高校的学历仍然未能得到台湾的承认。尽管国民党重新执政以后，台湾出现了种种有利于推进学历互认的因素，例如，台湾当局放宽大陆学生赴台研习的期限，台湾高校在大陆取消教育的诸多限制，并开始向大陆招生。但是"台独"势力仍然存在，教育交流政治化的思想并没有完全消除，"台独"势力仍然会想尽一切办法阻碍两岸高等教育学历的互认。如果学历互认问题不能取得更大的进展，必然影响到闽台高等教育交流与合作的发展进程。还有，台湾方面还存在不少的政策障碍。如台湾方面关于招收大陆学生的政策还未松绑，对赴台研修学生数量和学习时限加以严格的限制，特别是针对大陆学生赴台研修"三限六不"的苛刻规定，即"限制承认大陆高校数，限制赴台的大陆学生总量，限制医事学历的承认，大陆学生赴台考试不加分,不向大陆学生提供奖学金,不允许大陆学生到校外打工或兼职,在台大陆学生不享有健康保险,不可考专业证照,毕业后不可续留台湾就业",也在操作层面阻碍了两岸的学生交流活动。

第二,闽台教育交流中过分强调向台湾学习,单向性特征显著。交流与合作应该是双向的,双方都应能从对方获得自己需要的资源,同时又能向对方传播自己的理念和特色。只有这样,交流才具有平等性和可持续发展性。然而,当前闽台高等教育交流与合作的单向性特征非常明显,主要表现在福建高校积极向台湾引进教师、课程和管理模式,但鲜见对台湾高校输出大陆高校的办学特色与课程体系等。而交流中功利主义价值取向则是导致这一问题出现的主观原因。台湾高校参与两岸高等教育交流与合作的最大动因是解决日益严峻的生源问题和闲置的高等教育资源的再利用问题,功利主义色彩非常浓厚。而大陆高校尤其是培养应用型人才的高职院校和新建地方本科院校的人才培养模式和培养质量不断受到质疑,因而希望通过加强与台湾高等教育的交流与合作来提高声誉,吸引生源,其功利主义倾向也非常明显。正是由于这种功利主义的价值取向,使得闽台高等教育交流与合作单向性特征明显。

第三,闽南文化在闽台教育交流中的作用发挥不够。虽然闽南文化是闽台主要区域文化,但是它在两岸高等教育的交流与合作中也仅仅是提供一个宏观的文化背景而已,并没有成为交流与合作的重要内容。目前,两岸已经建立起联合培养人才的学科和专业仅限于电子、建筑、物流、生物等与经济发展关系密切的学科和专业。2008年由台盟中央主办、台盟福建省委承办的"台南大学生乡土文化研习营"开展了以传播闽南文化为核心内容的交流与合作。来自台湾台南大学和致远管理学院的38名学生来福建研习闽南文化,如听有关闽南文化的讲座、欣赏闽南茶艺表演等。但其作用并不明显。究其原因,主要在于目前两岸高校的学科专业设置考虑的是与区域产业结构和劳动力市场的对接,而较少考虑与当地特色文化的融合。尽管在闽南地区的高校,如厦门大学、华侨大学、泉州师范学院等都有一批学者研究闽南文化,厦门大学还设有专门的台湾研究机构,但基本属于学术研究和政策咨询的范畴。目前,除了泉州师范学院开设了南音专业外,几乎没有高校开设以闽南文化为核心的专业。这就意味着两岸高校中还缺少承载闽南文化的学术研究实体。

四、推动闽台教育交流与合作的思考

针对闽台教育交流与合作存在的问题，我们认为应从以下几个方面入手，促进闽台教育交流与合作的进一步发展。

第一，抓紧建立一个专门的闽台教育交流合作的组织和一个教育交流合作基金会。为了使闽台教育交流合作能够扎实、稳健、深入地开展下去，需要一个长期、稳定和制度化的平台。因此，组建一个由省政府领衔、地方教育主管部门、各高校参与的海峡地区教育交流合作组织，定期或不定期举行会议，商讨两岸互动中的相关事务，负责与两岸主管部门或利益相关团体沟通信息，负责制定闽台教育交流合作协定、合作办学条例和合作办学实施细则以规范闽台合作办学的管理，推进闽台高校间的学分互换、学历互认，推动高校与政府、企业间的沟通，处理闽台教育交流合作的相关服务、推广、权益保护等事务，是一个必要和可行的方案。由福建省和台湾主管部门以及相关的教育机构、高校、企业共同出资建立一个高等教育交流合作基金会，由闽台共同管理运作，为闽台的教师和学者交流、学生交流、合作培养人才以及重大的教育文化课题研究等提供资金方面的支持。

第二，改变功利主义价值取向，注意塑造和传播福建自身特色。在交流与合作的起步阶段，由于两岸教育的发展历史和发展水平不同，引进和借鉴台湾教育的先进经验是无可厚非的。但是在交流与合作中不应满足于引进和借鉴，而应苦练内功，形成自己的特色。由于福建学校特别是高校大多属于地方高校，其学科和专业优势不是非常突出。在这种背景下，更应该提炼自己的特色，强化自己的品牌学科和专业，并有计划、有步骤地向台湾输出，从而实现两岸高等教育交流与合作的双向性。

第三，设立闽南文化大学或闽南文化类专业。由于缺少承载闽南文化的学术实体，闽南文化在闽台高等教育交流与合作中只是起到一个宏观文化背景的作用，很少能成为交流与合作的内容。要改变这种状况有必要设立闽南文化大学或闽南文化类专业。这不仅有强烈的现实需要，而且也符合当前我国的政策形势。2007年6月9日，文化部正式批准设立闽南文化生态保护实验区，实验区包括福建的泉州、漳州、厦门三地。这是中国第一个国家级文化生态保护区。闽南文化的传承与保护，不仅需要政府和民间团体的努力，也急需高等学校的积极参与。建议在厦漳泉地区学校创建闽南文化类的专业，面向台湾实行联合招生，联合培养。学生部分时间在大陆学习，专门学习闽南文化，部分时间赴台湾学习，并深入考察台湾的闽南文化，以促进两岸闽南文化的交流与传播。这样，闽南文化类专业成为承载闽南文化的实体，有利于提高闽南文化在闽台高等教育交流与合作中的地位，不仅有利于保护、传承闽南文化遗产，促进闽南文化的繁荣，还可以促进闽台文化交流，增强文化认同，促进祖国统一。

第四，发挥优势互补，共同开展闽台教育教学改革。鼓励高校积极争取国家级教改试点项目，争取教育部增列福建省开展闽台教育合作交流、职业教育综合改革、民办教育综合改革等一批改革试点项目方案，通过试点项目带动，两岸高校共同研究在高等教育领域的问题和缺陷，共商共议，利用台湾规模数量上的优势和福建质量上的优势，进行优势互补，共同开展教学改革。聚集两岸优质教育资源，共同壮大师资力量，提高教师的教学水平和专业素养；共同研发课程，合作编写教材，共享实训基地等等；全面开展教学资源互补性合作，促进两岸高校加强内涵建设，不断提高办学水平，更加紧密直接地为海峡西岸经济区建设服务。要进一步拓宽闽台高校互派在校学生到对方院校学习的渠道，鼓励和支持职业院校与台资企业合作，建立资助学生赴台学习机制；做好对台招生及服务台湾学生的工作，吸引台湾学子赴闽就读。要争取让福建成为大陆学生接受台湾高质量、高层次教育的桥头堡，力争建立一个专门运作的机构引进台湾的优秀教育资源，促进高度密切合作，向内地辐射扩散。

第三节　闽台出版传媒交流与合作

一、闽台出版传媒交流与合作的发展现状

闽台间的出版交流可以追溯到大陆改革开放初期，1980年，福建首次引进出版了台湾作家於梨华的作品，引起国内外读者泛关注。此后，福建开始有计划地向大陆读者介绍台湾作家作品，创办了《台港文学选刊》杂志，出版了一批台湾题材和台湾研究的图书，在海峡两岸产生了积极的影响。随之，台湾作家、学者、出版商来福建访问日益增多，并以版权交易、合作出版的方式与福建出版界开展各种合作与交流。1987年开始，随着国家版权局加强对港澳台出版物的版权保护，闽台出版交流工作有了实质性的进展，闽版图书也开始在台湾出版。福建人民出版社出版的《气功自我控制疗法》《福建南音初探》等著作经授权在台湾出版，并受到读者的好评。进入20世纪90年代，闽台出版合作交流再上新台阶。1992年，福建省出版工作者协会与台北出版商业同业公会签订协议，确定了双方开展长期交流合作项目。1993年2月，台北市出版商业同业公会福建访问团在林训民的率领下首次组团前来参观访问，并举行闽台出版合作与交流座谈会，初步定下双方合作交流的形式与内容。同年2月，"福建省出版工作者协会代表团"一行11人访问台湾，这是大陆出版界首次组团访台开始，此后，双方多次组团互访，举办各种活动。1994年9月，台北市出版商业同业公会21人在曾繁潜理事长的率领下再访福建，双方本着"真诚合作、联谊交流、平等互利"的原则，签署了《加强两岸出版交流的洽谈备忘录》，内容包括定期组团互访、进行资讯交流、轮流举办出版业务研习营等7个方面。根据《备忘录》达成的共识，"两岸出版研习营"于1995年和1996年先后在台北、福州举办，共同探讨出版社经营管理方式和图书营销策略。进入21世纪，2002年，在福州举办的第

十三届全国书市，首次设立了台湾馆。同年，大陆首家由两岸业者联办的书店"闽台书城"，由福建省外文书店与台湾书商共同投资在福州开办，开创了两岸发行合作的先河。2002年，由厦门对外图书交流中心经营的大陆首家专营台湾图书的零售书店——台湾书店正式开业，为台湾图书在大陆销售开辟了新窗口。福建率先举办两岸双向图书交流活动。2005年7月，两岸联手先后在金门、厦门和台北举办了3个大型书展。3个书展实现了3个"首次"，即首次实现海峡两岸共同举办书展，大陆首次在台湾地区举办书展，首次允许台湾图书在展会现场（厦门）销售等。2005年开始，海峡两岸图书交易会每年分别在厦门和台湾举办，一届比一届规模更大，内容更丰富，影响更广泛，如今已成为两岸出版交流的一个重要品牌和福建先行先试拓展两岸出版交流合作的重要项目。另外，福建还积极实施闽台出版交流合作工程，建立健全闽台出版交流合作机制，福建被原新闻出版总署（国家版权局）确定为两岸出版交流试验区，厦门成为海峡两岸新闻出版交流与合作基地，加上海峡两岸图书交易会、金门书展、海峡印刷技术展览会、海峡版权（创意）产业精品博览交易会、海峡新闻出版业发展论坛、海峡媒体峰会等平台的搭建，促进了两岸新闻出版业的交流合作与产业对接。

闽台间的传媒交流则是从20世纪80年代末才开始的。1987年，台湾当局准许记者以探亲名义到大陆采访。台湾《自立晚报》李永得、徐璐2位记者在中国新闻社的协助下，实现38年来首次台湾记者赴大陆采访，他们到北京、厦门等地采访13天，在两岸产生了很大影响。1987年11月，国务院办公厅委托中华全国新闻工作者协会负责人发表谈话，欢迎台湾新闻界到大陆采访和交流；1989年4月，中华全国新闻工作者协会做出允许台湾记者到大陆采访的决定。虽然台湾方面始终不允许大陆媒体赴台采访，但受大陆放开台湾记者采访政策的影响，闽台媒体人员的交往开始增多，浅层的交流开始出现。例如，1990年3月，台湾艺之城文化事业有限公司来福建拍摄《妈祖再生》，得到了泰宁和将乐县有关领导的大力协助。同年8月，福建省广播电视主管部门接待并协助台湾铨美国际有限公司到惠安崇武和福州鼓山、北峰及闽侯、连江等地拍摄电视连续剧《草莽英雄》的部分外景。1993年起，两岸记者的交流和采访迎来突破，两地记者的新闻采访权得到落实。1993年福建省闽台新闻交流联谊会成立后，与台湾《工商时报》开展交流，同时应《工商时报》邀请，组织了福建省13家主要新闻媒体的负责人和资深记者在1994年9月中旬赴台进行为期10天的考察采访。随着闽台新闻界交流的日益频繁，双方的合作更多表现在协助采访、联合采访等方面。此阶段，闽台报社、电视台在新闻素材提供方面经常展开互动。例如，福建新闻频道充分利用台湾提供的新闻资源进行加工，在2002年推出了《F4大搜索》栏目，报道台湾社会新闻。2003年，福建东南电视台设立综合性对台栏目《海峡新干线》，拉开了闽台电视媒体直接合作的序幕。2005年以后，闽台媒体走向全面合作，其合作的领域日益广阔，合作的方式灵活多样，合作的程度更加深入。闽台纸质媒体加入合作阵营，《福建日报》与《中国时报》签署协议，交换新闻照片，可以向对方索取急需新闻照片。此外，《海峡都市报》《海峡导报》《民众日报》《澎湖日报》《联合报》也相互展开各种形式的合作。在这个阶段，泉州广播电台、泉州电视台、漳州电视台等地级市媒体和台湾无线广播电台、电视台签署合作协议。2008年11月《台湾记者在大陆采访办法》发布，体现了为台湾记者提供符合新闻制作要求的专业化人性化服务，受到台湾媒体的欢迎。2008年12月，《福建日报》、东南卫视组成首批地方驻台记者进入台北，开了中国大陆地方媒体赴台驻点的先河。后来，厦门卫视成为大陆首家赴台驻点城市媒体。2010年2月，台湾东森、中视2家电视台和中国时报集团旗下的旺报到福州和厦门驻点。台湾媒体正式驻点还是首次，这标志着闽台新闻交流与合作迈上了新台阶。

二、深化闽台出版传媒交流与合作的思考

尽管闽台出版、传媒合作已有20多年的历史，并且取得了不俗的成绩，但是与闽台经济交融的进展和两地民众交流的诉求相比，仍然存在着一些问题。如闽台出版合作的深度与广度还不够。当前福建对台出版合作的内容一般仅限于一社一书之合作，而尚未产生集全省出版界之力对台合作的重大项目，闽台两地在

出版印刷、网络出版、动漫制作、光盘制作等领域的合作或处于刚起步的阶段或仍停留在设想之中。此外,由于多年来两岸的政治隔阂、教育与出版体制的差异,甚至是文字上的简繁体差别等都在一定程度上影响了闽台出版合作的进展。又如在闽台传媒交流与合作上,跟闽台各项交流突飞猛进的发展相比,闽台新闻交流还相对滞后。当前,随着两岸关系和平发展,闽台出版媒体的交流合作也迎来了新的机遇。闽台应抓住机遇,改革创新,加强交流与合作,促进共同发展。

第一,推进出版业改革,做大做强福建出版业。闽台出版业的合作发展,需要一个快速健康发展的福建出版业做基础。福建出版业要与台湾出版业交流对话,首先要提升自己的实力,做大做强。为此,要加快构建适应社会主义市场经济体制要求的出版体制和运行机制,把出版业推向市场,解放和发展出版生产力,壮大出版业的实力,实现出版业的科学发展、跨越发展。推进出版改革是推动福建出版业发展的必由之路,也是闽台出版交流与合作的根本需要。

第二,探索闽台出版合作的新形式,拓展闽台出版合作的深度与广度。海峡两岸出版业有着很强的互补性。台湾出版业资本雄厚,出版管理和图书营销理念比较先进,印刷与装帧技术也较为精良。福建则具有劳动、土地、资本等生产要素价格较低、出版资源丰富、编辑能力强和读者市场广阔等优势。随着大陆出版业市场化改革的推进,图书市场条块分割的状况开始得到改善,市场一体化进程逐步完成。在对台输出图书,扩大宣传影响上,福建出版界应把握时机,从前期合作发展基础较好的领域入手,如图书贸易,吸引台湾出版资本进入福建出版物发行市场;同时,福建出版发行界应加大入台图书的策划与宣传力度,仔细研究对台适销的选题。认真研究台湾读者的阅读心理和市场特征,并且在印刷、装帧质量上下足功夫,必要时可专门出版繁体字版,扩大闽版图书在台湾的影响。福建出版界应在闽台出版合作中具有开阔的视野,积极拓展对台出版合作的新内容,开创出版印刷、网络出版、动漫制作、光盘制作等领域的新局面。不能仅仅局限于一社一书之合作,而是要着眼于全国图书市场乃至整个华文图书世界,并据此积极探索闽台出版合作的新形式。具体来说,福建出版界在开展对台出版合作中需要充分利用省外出版资源,或者为两岸出版界搭建优势互补、利益共享的合作平台，可以采取三方合作的方式，也可以为兄弟省份出版界的对台合作交流提供信息、人才、资本、土地等生产因素，使福建成为两岸出版合作的物流中心和信息中心。

第三，推动闽台传媒平等对待、共同开放。由于政治问题，两岸的媒体受到一系列的政策限制，闽台双方在媒体交流的尝试中往往陷入重重困境，所以，抛开一些不必要的政治拘束、共同开放是首选。福建尤其可凭借"五缘"优势先行，创新合作新模式，率先推动两岸媒体实现互设常驻。要积极探索闽台媒体合作的新领域和新方式，将大陆广阔的媒体受众市场、丰富的信息资源和台湾成熟的媒体运作经验有机结合起来，实现互惠互通、互利共赢，做大做强闽台媒体产业。

第四节 闽台体育交流与合作

体育是文化的重要组成部分，它作为促进政治、经济、文化交流的重要形式，在闽台交流、合作中起到积极的促进作用。

一、闽台体育交流合作的发展

闽台体育交流是伴随着海峡两岸体育交流活动的开展而发展的，大致经历了四个阶段。

第一阶段是间接交流阶段（1979—1987年）。

1979年之前，海峡两岸处于对峙与隔绝的状态，两地运动员和体育官员既不可同场竞技，也不可能同在一个会议桌上，海峡两岸几乎不存在体育文化方面的交流与往来。1979年10月25日，在国际奥委会"名古屋"执委会上通过了恢复中国在国际奥委会中合法席位的决议，开创了"奥运模式"，打破了妥善处理台湾问题的僵局，也率先为海峡两岸的交流打开一条通道，拉开了闽台体育交流合作的序幕。1986年，福建省羽毛球队与台湾同行在香港进行首次直接接触，中国台北奥委会主席郑为元为此事在有关报告上批了"今后不回避"五个字，闽台的体育交流从此开始。直到1987年台湾当局同意开放台湾单向赴大陆探亲之前，闽台体育以在中国大陆和台湾地区以外的第三地进行间接交流开始，双方采取了这样的异地交流，可称为间接交流阶段。

第二阶段是单向直接交流阶段（1988—1991年）。

1987年11月2日，台湾当局同意开放台湾单向赴大陆探亲。在这种形势下，海峡两岸交流机会进一步具备，台湾体育界人士、体育社团和某些体育运动员开始以民间交流形式或以个人身份前来大陆进行有限度的体育交流活动。1988年5月1日，中国台北奥委会成立了研究和评估台湾与大陆体育交流各种问题的"大陆体育研究小组"；1988年7月20日，台湾当局在民间驱动下通过了"现阶段大陆政策"，同意以"奥运协议"方式参加大陆承办的体育比赛。接着，闽台两地武术界在闽交流，这是通过正式途径，在大陆地区举行的海峡两岸首次体育交流。1989年4月，中国奥委会副主席何振梁和中国台北奥运会秘书长李庆华在香港代表双方签订海峡两岸体育文化交流和合作的第一个协议书，两岸单向直接体育交流正式开始启动。1989年台湾教育主管部门负责体育的罗开明先生带队来闽观摩比赛。1989年11月原台湾棒球队总教练吴祥木先生来闽访问指导。1989年12月，台湾高尔夫球协会理事长陈震先生来闽访问、指导。1991年2月，台湾体坛颇有影响的田径协会理事长纪政偕夫婿张博夫先生，为考察闽台两地田径运动发展状况，首度跨过海峡，参访了福州、泉州和厦门。1991年6月底，中国奥委会主席何振梁与中国台北奥委会主席张丰绪在北京会面，张丰绪邀请大陆获得亚运会金牌的运动员和其他运动员及奥委会官员年底到台湾进行访问表演，何振梁接受并如期兑现。从此，结束了两岸体育单向交流的局面，也开启了闽台体育双向交流的新局面。这一阶段闽台体育交流的特点是：以两岸民间单向直接体育交流为先导，以两岸奥委会签订的体育交流、合作的协议书为依据，以北京亚运会为新起点，由民间逐步转向由政府授意的有组织、有计划的体育交流，且范围日趋扩大、接触更加频繁，并向多元化和多方位方向发展。①

第三阶段是双向直接交流阶段（1992—2000年）。

台湾出于多方面原因，特别是"安全"的考虑，制定两岸体育交流相关条例与法规。台湾当局政策逐步调整，如同意大陆体育人士或团体人员到台湾参访，开放从事训练、竞赛的体育官员来台从事体育交流，对在台湾举办的国际体育组织会议的"旗""歌"问题按"奥运模式"处理。②两岸正式的体育双向直接交流从1992年5月10—23日的"台北—上海—北京接力长跑"开始，构筑了两岸正式体育双向交流的路径。期间，台湾与福建的交流更在其中。1992年12月12日，大陆首次邀请台湾教练员来厦门，指导正在厦门集训的中国国家棒球队训练；1993年，中国台北奥委会主席张丰绪于5月16日到福建长乐县参加兴建台方投资2亿美元的"海峡两岸奥林匹克城"大型体育设施签字仪式；1995年，以福建省体委副主任苏振国为领队的福建省龙舟队一行64人作为福建省体育界第一批代表团赴台比赛，随后，每年都组团赴台参加龙舟比赛，带动闽台两地双向体育交流。③双向直接交流阶段的特征是：从体育交流形式上看，已由过去民间、半官方的体育交流上升为官方、高层次的体育交流；从体育交流领域看，竞技体育、体育科技、体育产业等方面的务实合作已初露端倪，两岸间的体育文化交流逐步进入深层次、全方位的互动。

第四阶段是双向交流与合作深化阶段（2001年至今）。

2001年后，台湾政策面顺应民意又进行了较大的调整，两岸体育界的合作朝向纵深进展。闽台体育交流领域、规模也不断扩大和深化，交流成为一种常态。2004年，由国际奥委会委员吴经国率领的中国台湾代表队178人，乘台北包机抵达金门再搭船直航大陆参加厦门国际马拉松赛，此后，每届厦门马拉松比赛都可以看到台湾同胞的身影。投资福建体育产业，是闽台体育业建立合作互信运行机制的一个象征。2004年9月8日，由吴经国先生投资4亿元兴建的全国最大

---

① 兰自力等：《海峡两岸体育交流研究》，《北京体育大学学报》2004年第3期。
② 白少华：《两岸体育交流的回顾与展望纲要》，《国民体育季刊》1995年第2期。
③ 陈如桦等：《闽台体育交流合作回顾与现状分析》，《中国体育科技》2000年第3期。

的"厦门国际网球中心"正式奠基,并按计划建设。2006年,福建省体育局组织(市)体育局长赴台考察,组织福建省体校代表团、福建省男子篮球队、福建省龙舟代表团、福建省武术代表团赴台参访和比赛;2006年4月21日,以秘书长郭应哲为团长的台湾武艺文化研究协会代表团一行7人,赴闽参加在厦门举行的"海峡两岸中华武术论坛";5月29日端午节期间,台北信义区、嘉义和金门地区龙舟队,参加厦门集美端午龙舟赛;8月1日至30日,以郭孟熙教练为领队的台北射击队一行39人,来闽与福建省射击队运动员进行为期一个月的交流集训;等等。2010年6月19日,在泉州召开的第二届"海峡论坛·海峡两岸体育交流恳谈会"中,达成共识,即不仅要加强两岸体育界互访活动,闽台两地更要定期互派体育队伍参加两地举行的体育赛事(金门方面将首次组织体育代表团参加第十四届福建省运动会);两岸体育产业交流也由原来的台商投资转向合资合作的形式进行。2010年8月,在晋江召开首届海峡两岸体育产业研讨会,两岸企业代表和体育产业专家聚集一堂,共同探讨海峡两岸体育产业开发合作大计。到目前为止,台湾体育代表团来闽培训、参观、比赛、执教的有羽毛球、乒乓球、武术、足球、网球、举重、篮球、排球、棒球、垒球、围棋、象棋、门球、信鸽、龙舟、钓鱼、体育集邮等项目,体育考察团人数不断增加。福建省共有羽毛球、乒乓球、游泳、跳水、举重、龙舟等项目,并有多人次赴台执教、比赛和访问。现阶段,闽台体育交流与合作已由民间的交流发展成为每年有固定的管理部门参与组织的活动;闽台体育团队的交流有了较宽松的环境;合作的方式已由零碎的接触发展成为密集性、重大合作协议的签署;体育高层官员由少接触、不接触到相互频繁地邀约;体育产业商洽合作由零星的、少量的到可随时往来并得到管理层的特殊政策鼓励和保障等等。

二、深化闽台体育交流合作的思考

加强闽台体育交流合作,弘扬中华民族体育文化,有利于改善两岸关系,推动政经互动,消除彼此之间隔阂;有利于强化同宗同缘的民族认同感。闽台体育的交流从双方民间割舍不掉的联系到体育界人士的探试性接触开始,从以"奥运模式"为契机到双方管理层的介入,发展至今有对口对接机构,和对口对接官员,以及有定期每年举行的两岸体育职能机构最高层次官员的协作会议,取得了积极的进展。但是,由于政治、经济体制差异的影响和制约,闽台体育文化交流与合作中还存在着一些亟待解决的问题。一是闽台体育文化交流与合作的机制方面仍有较多问题。闽台两地还缺乏推进体育交流合作的统一专职机构,体育交流合作还缺乏有效的协调、组织管理和沟通。在实质交流中,双方对体育交流的侧重点不一。从比赛、学术研讨、产业合作看,台湾较注重学术研讨和产业合作,而福建体育界较注重比赛;从民间交流、官方交流看,福建注重官方交流工作,较忽视做民间体育社团的工作,而台湾当局和民众更偏重民间交流。二是闽台竞技体育发展不平衡,交流的多,合作的少。三是闽台体育交流与合作中面临着由于政治因素的干扰而出现反复、波动。这就需要双方在合作机制上进一步探寻双赢的交流合作模式。

第一,完善闽台体育文化交流的领导协调与组织管理。首先福建省应从自身做起,尽快成立闽台体育文化交流工作领导机构,专职负责统筹、协调闽台体育文化交流工作,制定闽台体育文化交流与合作的具体操作规程和优惠的政策措施,从体制上保障闽台体育文化交流与合作的健康发展。其次,闽台双方应本着"两岸一家亲"理念,加强主管部门之间的协调与共识,排除各种政治因素干扰,增强体育文化交流与合作意识,更加注重民间、民俗体育交流,注重发展和扶持各地民间体育社团,发挥他们在两岸体育交流中的功能。要参照两岸经济合作的方针政策及已有的运行机制,建立有效的体育经济投资环境,吸引台湾岛内体育人士、台商来大陆投资,以进一步发挥体育交流合作对促进两岸和平发展的综合作用。

第二,整合闽台体育文化资源,扩大体育文化交流合作领域。福建和台湾有着历史的亲缘关系,两地体育文化活动内容十分相似,存在着许多共性。同时,在体育资源配置、体育产业市场和分工以及体育信息交流等方面又有很强的互补性,双方都希望在体育领域能够最大限度地发挥各自优势,达成最有利的资源互补和最有效的产业合作。目前，闽台体育文化资源未能达到最佳的利用与共享效应，两地交流与合作仍是以民间体育文化交流、互访和小规模的体育产品制造业、加工业为主。福建省应抓住海峡西岸经济区建设这一契机，改善两地交流环境，有效地整合体育文化交流资源，充分发挥"海峡体育文化走廊""海峡体育用品博览会""海峡奥林匹克城""闽台奥林匹克大街""闽台体育文化学术研究交流中心"等资源优势，进一步扩大闽台体育文化在竞技体育、社会体育、学校体育、体育产业、体育学术等领域的全面交流与合作。挖掘闽台共有的特色民族体育项目，利用体育文化这一载体，从多类型、多层次入手，加大体育交流合作的深度与广度。如举办形式多样化的两地体育学术研讨会、加强运动员和教练之间的全方位交流。进一步增强两岸同胞的民族文化认同感，凸显闽台体育文化交流的社会效益。同时，还应抓紧提高竞技体育水平，除了进一步继续提高、巩固自身的拳头项目优势外，还应发展、提高棒球、高尔夫球、保龄球等台湾具有较高水平的项目，以便在对台体育交流中发挥作用。

第三，加强闽台体育产业项目合作，提升海峡西岸体育产业竞争力。体育产业的合作与发展是体育文化交流的重要目标和有效依托。闽台两地经济水平虽然有所差异，但双方各有优势。福建借助祖国大陆在资源、人力、体育市场等方面存在优势，台湾在资金、技术、体育产业的经营管理等方面存在优势，这为闽台体育产业的合作、双赢创造了有利条件。目前，闽台体育产业的合作主要还是集中在运动服装和运动鞋等制造业上，这些体育产业总体情况存在着以下不足：产量高、利润薄；以加工贸易为主，自主创新能力低；产品技术含量低，生产经营管理水平低；企业数量多，规模小。因此，福建省应充分利用中央赋予的优惠政策，按照"同等优先，适当放宽"的原则，吸引台胞对海峡西岸经济区体育产业的合作与投资，借助台湾经营管理、先进技术，实现闽台体育产业的优势互补；另外，应组织人员对福建体育产业进行深入细致的调查研究，合理规划体育产业结构，加大闽台体育产业在体育旅游、体育设施建设、体育休闲娱乐、体育康复等方面的合作，形成闽台体育产业合作生产链，提升体育产业竞争力。

第四，多元化推进闽台体育交流与合作内容。目前，闽台体育交流仍然偏重于运动竞赛和参观访问方面。应多元化推进两岸体育交流与合作的内容，发挥民俗体育、学校体育、社会体育等的体育活动功能。民俗体育活动是两岸同根同源的人文基础，是两岸交流与合作涉及面最广的重点内容。历经年代久远的演化，部分成为当代的竞技体育项目，还有一部分已经发展成为健身养生项目，而原始的民俗体育仍存在于民俗体育之中（例如舞龙、赛龙舟、以及祭祀中的体育活动等）。应充分挖掘闽台共有的特色民族体育项目，利用体育文化这一载体，多类型、多层次入手，从而丰富体育交流合作内容。学校体育是将来闽台体育交流合作的新内容。增加校际间交流，从学生身心健康出发研究讨论各自的教学大纲、计划、目标、教学法、教材及政策法规、师生关系、校园文化等，取长补短完善教学。社会体育包含的层面比较广（体育旅游、休闲体育等），在两岸社会体育的运作机制有所差异的情况下，合理的利用两地体育资源，推进已有项目的交流，开发新的体育合作项目是非常重要的。台湾社会体育是以社会和市场为主运作，福建社会体育则处于政府、社会和市场中协同运作的转型中。台湾在有浓厚体育色彩的单项协会、社会团体、族群团体、同乡会、旅行团队、校友会等社会组织方面，均有系统可持续发展的组织建制、经费筹措、活动规划、效能评估的经验和成效。福建则主要以市、县、镇、乡和以事业、企业所属各类系统为框架组成全民健身网络，落实到每人所属的街区和乡镇。两地在社会体育方面的组织统筹、政策导向，以及全民健身内容、方法、评估，体质健康标准的制定，体育休闲项目的开发，体育旅游业的发展，体育产业的研发，经费的筹集等方面还有需要交流和相互借鉴的。

第五，大力培育发展民间体育社团组织，发挥其对台交流中的桥梁作用。福建有良好的传统群众运动基础，且都有相对应的协会组织，在以前的对台体育交流中已发挥很好的桥梁纽带作用。政府应制定政策进一步引导民间体育团体参与两岸交流，突出体育社团的对台优势。一方面，应鼓励、支持、引导和加强体育社团的建设，采取"领导自选、人员自聘、经费自筹"的"三自原则"组建体育社团，大力培育更多的体育社会团体；另一方面，应通过制定政策创造一个良好的环境，促进民间体育团体参与两岸交流，突出体育社团的对台优势，拓宽体育社团经费的来源渠道，建立体育基金会，加大对体育基金会的监督、管理，对重点交流项目予以经费支持，发挥体育基金会的作用；成立两岸体育交流合作协会，把握好交流的时机，将交流的时间安排在当地传统节日期间。既保证时间相接性、固定性，又符合中华传统的民俗习惯，使参与的人数多、效果好。①

---

① 刘明辉：《当前海峡两岸体育交流合作存在的问题及解决思路》，《厦门科技》2009年第3期。

第六章　闽台文化产业交流与合作

21世纪以来，推动文化产业[①]的繁荣与发展成为世界性的潮流。发达国家与地区的经验显示，文化产业在促进区域经济转型、转变经济发展方式、促进产业结构升级等方面有着举足轻重的作用。为了促进地区经济发展、提升软实力，福建与台湾都把文化产业列入重点发展产业。

福建与台湾一水之依、隔海相望。闽台文化渊源深厚、民间交流频繁、两地产业互补性较强，政府、文化企业与产业界专业人士都积极推动两岸文化产业的交流与对接。地缘相近、情缘相同，使得福建在对台文化交流与合作上领先全国其他地区。早在20世纪80年代，闽台两地文化旅游、文艺演出等传统文化产业的交流就已起步。90年代，台湾动漫就已"登陆"福建，厦门、福州是台湾动漫产业转移大陆的重要承接地。闽台广告会展业、动漫游戏业等新兴文化产业的交流与合作日益频繁。近年来，闽台文化产业的交流与合作向纵深推进，最明显的表现是两岸文化产业交流的平台日趋增多。海峡两岸文化产业博览会（厦门）、

[①] 文化产业，这一术语产生于20世纪初。它最初出现在西方马克思主义法兰克福学派代表人物霍克海默和阿多诺合著的《启蒙辩证法》一书之中。它的英语名称为Culture Industry，汉语可以译为文化工业，也可以译为文化产业。事实上，世界各国对文化产业并没有一个统一的说法。尽管世界各国对文化产业从不同角度进行了不同的定义，但文化产品的精神性、娱乐性等基本特征不变，因此，文化产业是具有精神性娱乐性的文化产品的生产、流通、消费活动。当前文化产业主要分类如下：报刊服务业、出版印刷业、广播影视业、演艺娱乐业、文化旅游业、文化创意（设计）业、动漫游戏业、文化会展业、广告业与工艺美术业。

海峡两岸广播影视文化节、厦门国际动漫节（厦门）、海峡两岸动漫创意产业展（福州）、海峡两岸图书博览交易会（闽台轮流主办）、"中国工艺美术博览会"（莆田）、"海峡两岸服装博览会"（石狮）、"海峡论坛"（福建）、"9·8中国投资贸易洽谈会"（厦门）等各种会展平台，是包括闽台在内的文化创意产业界交流合作的重要平台。通过诸多展会，闽台的文化创意企业充分展示各自的发展成就以及最新的产品，并加强两地文化创意产业之间的项目开发、项目对接和项目服务，提高项目交流水平和成效。总体而言，闽台之间文化的交流与合作，从最初的福建主动寻求合作转向闽台两地产业的互动与对接。

第一节 闽台文化产业交流与合作的现状分析

一、闽台文化产业合作交流具有良好氛围

近年来，国家高度重视文化产业的发展。党的十七大报告中提出"加快文化产业基地和区域性特色文化产业群建设"，国务院出台了《文化产业振兴计划》，国家九部委又出台《关于金融支持文化产业振兴和发展繁荣的指导意见》。党的十八届三中全会报告中指出"加快完善文化管理体制和文化生产经营体制，建立健全现代公共文化服务体系、现代文化市场体系，推动社会主义文化大发展大繁荣"。习近平总书记多次强调要"提高国家文化软实力"，"推动文化事业全面繁荣，文化产业快速发展"。

2004年福建省委省政府提出"建设海峡西岸经济区"战略构想。2007年，福建省十届人大第五次会议通过《福建省建设海峡西岸经济区纲要》，提出文化强省的战略目标，并明确指出培养发展一批重点文化产业，全省建成50个有影响的文化产业示范基地。2009年5月国务院颁发了《关于支持福建省加快建设海峡西岸经济区的若干意见》（简称《意见》），明确提出把海峡西岸经济区建设

成"海峡两岸文化产业合作中心"、要求"设立海峡两岸文化产业园，建设一批对台文化交流与合作基地"，这些定位和举措为福建文化产业的发展指明了方向，提供了更广阔的发展空间。《意见》把文化产业放在十分重要的位置，为闽台文化创意产业交流与合作提供政策支持，营造良好氛围。福建作为对台交流合作的桥头堡，应发挥区位优势，做好两岸文化产业交流与合作的中转和连接角色。国务院海西战略赋予福建"先行先试""设立海峡两岸文化产业园"的政策机遇，福建应当仁不让地承担起海峡两岸文化创意产业交流合作的平台和中介，推动两岸文化创意产业的交流合作的过程中不断向前。

面对世界范围内文化产业的崛起，台湾地区高度重视文化产业的发展，20世纪90年代中期就提出"文化的产业化与产业的文化化政策"。台湾在2002年，进一步把"创意产业发展计划"列入"挑战2008发展重点计划"。计划提出了五大策略，包括"整备文化创意产业发展机制""设置文化创意产业资源中心""文创园区与工艺产业发展计划""振兴流行文化产业方案"与"台湾省设计产业起飞计划"等，以促进与推动文化产业的发展。从正式提出"文化创意产业"概念到推动"文化创意产业法"的出台，文化产业已经成为台湾地区21世纪"产业再造与全球连接"文化和经济政策的重要组成部分。

台湾方面非常重视文化创意产业的发展，从近年制定的各种相关政策规定即可以看出对文化创意产业扶持力度相当大。另外，经济、新闻、教育、文化等各个主管部门对文化创业产业的资金投入也日益增加，主管部门对文化创意产业的经费支持从2002年的0.46亿元新台币增加到2009年的16.49亿元新台币，增加了近40倍。新闻、教育、文化三个主管部门2002年对文化创意产业的投入为零，2009年文化主管部门的经费支持则达到8.29亿元并跃升为各主管部门之首，占主管部门投入的一半以上。2002—2009年各主管部门详细的经费支持情况及变化趋势见下表：

2002—2009年台湾各业务主管部门投入文创业务经费汇总表

亿元新台币

机构	2002年	2003年	2004年	2005年	2006年	2007年	2008年	2009年	合计
经济主管部门	0.46	4.10	4.66	5.62	4.31	4.47	4.05	2.85	30.52
新闻主管部门		2.93	2.76	3.00	2.85	0.71	4.60	4.80	21.65
教育主管部门		0.65	0.62	0.77	0.85	1.05	0.35	0.55	4.84
文化主管部门		6.00	5.00	3.22	5.41	5.70	7.85	8.29	41.47
合计	0.46	13.68	13.04	12.61	13.42	11.39	16.85	16.49	98.48

资料来源：创意台湾——文化创意产业发展方案行动计划，2009—2013年

2009年在"当前总体经济情势及因应对策会议"上，文化创意产业被确定为六大新兴产业之一。2009年3月成立的台湾"文化创意产业推动小组"作为跨部门、跨领域之整合平台，由文化主管部门担任小组幕僚单位，统一协调各方意见，制定文化创意产业行动方案。5月14日行政主管部门通过"创意台湾——文化创意产业发展方案（2009—2013年）"。方案包括文化主管部门负责"环境整备""工艺产业旗舰计划"，新闻主管部门负责"电视内容产业""电影产业""流行音乐产业"，以及经济主管部门负责"设计产业""数位内容产业"。此方案执行期程为2009-2013年，针对台湾当前发展文化创意产业的优势、劣势、机会、威胁等，提出推动策略，以期实现将台湾打造成为亚太文化创意产业汇流中心之愿景。2010年，"文化创意产业发展法"通过施行，各项规定在积极修订中，这为台湾文化创意产业的发展提供积极的支持，营造一个规范合理的发展氛围。

二、闽台两地文化产业法规政策较为完备

2000年，台湾文化主管部门提出"文化产业之发展与振兴计划"，对市主管部门及乡镇市区，遴选文化产业振兴示范点规划进行辅导，对县市办理文化资源

的开发与再利用、文化风貌的规划与营造、文化产业的创造与学习、产业的文化包装与行销工作进行指导。同时，通过文化产业之旅观摩活动、编印地方文化产业特色简介、实务研讨、经验交流以及成果展示活动等进一步推进基层文化产业的发展。

为了扶持文化创意产业的发展，福建省以及各地市纷纷出台相关政策，给予资金引导。以动漫产业为例，对影视动画企业当年独立制作3000分钟以上的龙头企业由省财政给予奖励；对于在各级媒体播出的福建省原创动漫影视作品，原创动漫公司所在设区市财政可按有关规定标准给予奖励；对在中央、省级媒体播出的福建省原创动漫影视作品，省级财政再给予不低于设区市奖励标准10%的奖励。福建省信息产业厅《关于组织申报2007年省软件产业财政扶持资金项目的通知》指出，闽台对接成功的动漫游戏企业，一次性给予一定的奖励。

福建是传统工艺美术的大省。政策上，福建省专门制定了工艺美术产业2006—2008年的发展详细计划，涉及建设工艺美术专业村、建设市场体系、品牌建设、人才培育、旅游工艺品发展、保护政策等方面。同时，各地市也纷纷出台相关的政策法规鼓励和扶植传统工艺产业。2006年，福州市出台《福州市保护发展传统工艺美术的实施意见》，传统的福州工艺美术产业得到多方扶持。莆田市政府也颁布了《关于加快工艺美术行业发展的意见》，为加快莆田木雕工艺业发展，培育重点骨干企业，为企业排忧解难等出台了10条优惠政策。

三、闽台文化产业交流与合作已有一定基础

闽台文化产业交流与合作已有一定的历史。文化旅游业、出版印刷业、动漫游戏业等传统文化产业的交流活跃，并形成定期合作的优良传统。

自1987年开放台胞赴大陆探亲旅游以来，福建累计接待台胞达736万人次，居大陆各省前列。2006年来闽旅游的台胞达74万人次，占福建入境游客的32.2%。2004年12月及2005年6月，福建居民赴金门、马祖旅游相继启动，率先实现真正意义上的两岸双向旅游。福建省在2006年10月发布《福建省

"十一五"旅游产业发展专项规划》,进一步提出,要全方位、多层面搭建海峡旅游发展平台,努力构建海峡两岸旅游区,把海峡两岸旅游区建成世界级的旅游目的地。至2006年底,福建居民赴金马地区旅游1287个团组,25139人次。同时,福建还与澎湖地区旅游机构展开交流互访,于2007年9月,双方达成"福建—澎湖游"共识。同时,福建省旅游协会与台湾六大旅行同业签订了《海峡旅游区域协作备忘录》;武夷山与阿里山、泰宁大金湖与台湾日月潭签署了旅游合作意向书。

出版业与台湾同业者交流频繁,成果显著。原新闻出版总署高度重视福建省在推进海峡两岸新闻出版交流合作深入发展中的重要地位和作用,与福建省人民政府签署了《共同推进海峡西岸经济区新闻出版业建设合作协议》,2011年6月,又发布了在福建先行先试的惠及台湾同胞的五条政策。这与福建省在对台图书交流与合作方面走在全国前列不无关系。其中,最有成效的当属海峡两岸图书交易会与厦门对外图书交流中心的多年努力。海峡两岸图书交易会是由厦门市和台湾地区轮换举办、面向海峡两岸出版发行界招展的专业性展会。自从2005年开始在厦门举办,2006年移师台湾,2007年又轮替在厦门举办,至今已经连续举办七届,为海峡两岸的出版业者、读者搭建了一个良好的沟通和交流平台,在国内外产生重要的影响。2007年第三届海峡两岸图书交易会期间销售图书共计1948万元人民币码洋,其中大陆图书销售1430万元,台湾图书销售518万元。到交易会现场参观、购书者达20余万人次。其次,在第三届海峡两岸图书交易会期间,闽台两地出版业界达成协议在原有的合作基础上,共同成立海峡书局,努力探索在海峡西岸经济区内创建独特的两岸出版合作的新模式。2011年,第七届海峡图书交易会展场总面积达4.68万平方米,为历届交易会之最。主会场1200个展位,其中台湾馆展位120个。此届展会台湾参展规模为历届海峡两岸图书交易会展之最,参展的台湾出版机构达到269余家,囊括了包括五南文化事业机构、三民书局、时报文化出版企业公司、远流出版事业公司、城邦出版集团、联经出版公司、丽文出版机构、台湾"商务印书馆"、华艺数位公司等台湾重要出版机构。为了加强与台湾业界的对接交流,体现福建省出版业的发展成就,第七届交易会设立福建出版展示馆，组织海峡出版发行集团及福建人民出版社、福建教育出版社、福建科学技术出版社、福建少年儿童出版社、福建美术出版社、海峡文艺出版社、海峡书局、鹭江出版社、福建电子音像出版社、福建省地图出版社、厦门大学出版社等12家出版社以整体形象亮相，福建出版馆展区面积为500平方米，展位数近50个，参展的福建本土出版的精品图书达到3000余种，3万余册。[①]交易会还首次在厦门集美区、翔安区开设分会场，举办图书销售、作家签售讲座等活动。其中两岸作家签售会、新书发布会、读者见面会、作家作品讲座就多达40余项，台湾作家在活动现场进行个人新书作品签售，厦门10余位有影响的本土作家也与读者见面。此外，厦门对外图书交流中心向台湾出口大陆图书总额，逐年呈现倍数增长的趋势，而在台湾的大陆图书市场上，从厦门出口到台湾的图书连续多年占大陆输出量的1/3，厦门已成为全国对台图书贸易主要基地。2006年至2010年期间，厦门外图进口台版图书交易由1057万元码洋增加到2659万元码洋，成为内地进口台湾图书品种和数量最多的机构。在福州和台北分别创办的"闽台书城"和"台闽书城"，以及海峡书局，有力地推动了图书发行、版权贸易等产业对接。

另外，闽台新兴文化产业界互动频繁，积极寻求进入彼此的市场领域。在台湾文化产业"登陆"福建的同时，福建文化企业寻求"登台"机会，两岸文化产业对接已有一定的基础。以台湾的"法蓝瓷"为例，其营销和服务中心设在厦门，生产基地设在江西景德镇，销售网络遍布大陆各地，与大陆著名艺术家、博物馆合作开发瓷器已成常态。"法蓝瓷"可以说是闽台文化产业、两岸文化产业对接合作的一个缩影。既是"法蓝瓷"总裁，又是台湾亚太文化创意产业协会理事长的陈立恒，谈起闽台文化产业、两岸文化产业的合作前景："因为毕竟台湾走得比较早，国际通路、国际服务的概念都比较成熟，或者国际品牌也比较多。大陆有这么广大的市场，台湾过去很精致，但是市场小，虽然有创造力，但是发展力小。现在大陆市场可以充分合作的话，有这么大的平台，就可以走到华人的世界，

---

① 《第七届海峡两岸图书交易会落幕》，2011年11月1日，新华网（http://news.xinhuanet.com/local/2011-11/01/c111138662.htm）。

甚至跳到世界各地去，让我们的文化产业像种子一样可以到处开花结果。"[1] 2006年以来，福建省广播影视集团连续六次赴台湾成功举办"妈祖之光"大型电视综艺晚会，并在台湾地区和马来西亚举办"全球闽南语歌曲创作演唱大赛暨颁奖晚会"，对台交流走在全国前列。2009年，网龙公司将两款原创网络游戏的繁体版分别授权给两家公司在台湾代理运营。早在此前，台湾众多动漫企业在产业转移中，都把福建作为外接点，这也是福建最早的一批动漫企业。台湾动漫游戏企业在厦门设立研发基地，使早期的厦门动漫产业具有明显的"台系"特征。由台商开办的"天堂鸟""盘古"等一批电脑游戏公司，从台湾来到厦门，生产出了《诸神的封印》《七英雄物语》《侠客新传》《邪神》《三国伏魔》等多款游戏，并培养和储备了一大批游戏软件开发人才。相应地，福建动漫游戏产业的崛起也吸引了台湾业界的关注。台湾"大拇哥""西基""草莓""普洛尔"等一批动漫游戏骨干企业相继落户厦门、福州的软件园。

四、众多会展节庆助推闽台文化产业交流与合作

闽台文化产业交流与合作有着得天独厚的优势，即拥有众多会展节庆平台。福建省文化会展业基础设施建设较为完善，绝大多数设区市都拥有设施完善的专业会展场馆，目前总建筑面积达136万平方米，可供展示面积达45万平方米；培育了如海峡两岸文化产业博览交易会、海峡两岸图书交易会、中国（莆田）海峡工艺品博览会、海峡两岸茶叶博览会、海峡旅游博览会、厦门国际马拉松赛、朱子文化节、湄洲妈祖文化旅游节、闽南文化节、闽都民俗文化节、东山关帝文化旅游节等一批有影响力的文化会展品牌。近年来，福建成功举办海峡两岸文博会、图交会、茶博会、艺博会、旅博会、版博会、金门书展、海西广告高层论坛等重要文化产业活动，大力推动闽台文化交流与投资贸易。福建省充分发挥对台区位优势，举办了一系列突出"海峡"冠名的展会经过一定时间的发展，已拥有

---

[1] 周步恒、陈庚：《第四届海峡两岸文博会：根植传统文化创意引领生活》，2011年10月30日，网易新闻（http://news.163.com/11/1030/18/7HKPPN3200014JB5.html）。

一定的品牌知名度。无疑，这些会展活动的主要定位与特色是海峡两岸的交流与合作；而旅游节庆活动，则多以地方文化为行销中心，如妈祖文化、闽南文化、关帝文化等。福建会展节庆产业，为闽台两岸文化产业的交流与合作搭建了集展示、推介、洽谈、贸易、投融资等为一体的多元的产业对接体系。

海峡两岸（厦门）文化产业博览交易会创办于2008年，是全国唯一以"海峡两岸"命名，并由海峡两岸共同主办的综合性文化产业博览交易会，以"一脉传承·创意未来"为主题，以"弘扬中华文化、推动两岸文化市场融合"为宗旨，以中华文化为纽带，深化两岸文化交流与产业对接，着力打造海峡两岸文化产业合作交流和投资交易的重要平台和会展品牌。海峡两岸文博会已成功举办6届，已经成为台湾文化创意产业开拓大陆市场的重要平台。如2011年的海峡两岸文博会，重点突出两岸、突出产业、突出投资、突出交易，主展馆设在厦门国际会展中心，设立重点文化产业园区项目展区、海西城市主题展区、台湾展区等13个专题展区，其中海峡文化产权交易区为新增展区；共设1979个标准展位，其中台湾展位占总展位数的30%以上。海峡两岸文博会已经成为大陆地区吸引台湾企业参展最多的综合性文化展会。文博会展馆总展览面积超过4万平方米，折合标准展位1979个。其中台湾地区的文化企业和机构在本届海峡两岸文博会共设置了518个展位，比上届增长24.52%。海峡两岸文博会共吸引819家文化企业来厦参展，大陆地区的参展企业来自11个省份，辐射省份显著扩大，其中，来自台湾本岛的文化企业和机构共计349家，分布台湾各个县市。2011年厦门"文博会"共有签约项目147个，总签约金额为314.5809亿元，其中涉台项目8个，签约额为41.346亿元，是上届展会涉台签约额的7.7倍。[①]台湾地区参展规模创历届之最。值得一提的是，台北"故宫博物院"携7家品牌授权厂商、500种馆藏衍生文创产品前来参展，庞大的阵容引来最多关注。其中，镇馆之宝翠玉白菜，就衍生出水果叉、公交卡、钥匙扣等几十种经济实用的文创产品，让高高在上的文物精品"飞入寻常百姓家"。经理吴桂芳介绍说，现在，每10个到台

---

① 《第四届海峡两岸文博会厦门举行》，人民网（http://tv.people.com.cn/GB/166419/16066811.html）。

北"故宫博物院"参观的人里头,就有3个会进入博物馆商店参观,商店营业额每月都在6000万元新台币左右。①台北"故宫博物院"在历史文物展览的同时,从文化产业角度经营故宫,尤其是仿古的生活用品,从故宫优势出发,不仅满足消费者的纪念品需求,也为"故宫博物院"带来经济效益与社会效益。台北"故宫博物院"以现代文化产业理念为主导的管理与经营模式,值得包括福建在内的大陆地区的博物馆、纪念馆学习与借鉴。历届交易会台湾展区人潮汹涌,大排长龙,显示了台湾创意产品的独特魅力和市场潜力,为台湾文化企业拓展市场提供了机遇。文博会交易活跃、交流充分,会上会下互动热烈,效果很好、收获很大,台湾地区参展商比较满意。海峡两岸文博会已经成为促进两岸文化产业界沟通交流、相互学习、激发创意、整体营销的重要平台,有力地带动了福建文化产业聚集区的发展。

除了综合性的文化产业博览会外,各个地市也积极开展富有本地特色的文化会展业务。"中国(莆田)海峡工艺品博览会"自2006年以来,艺博会已连续举办6届,艺博会继续提升专、特、优、新、名、高展品比重,亦更加注重展会的产业化趋势。"中国(莆田)海峡工艺品博览会"(简称"艺博会")在莆田工艺美术城举行,以"弘扬中华优秀文化,促进产业合作发展"为主题,来自海峡两岸、港、澳地区和国外工艺品生产企业的上万件工艺精品在此隆重亮相。"艺博会"突出"海峡"主题,充分发挥福建与台湾地缘近、血缘亲、文缘深、商缘广、法缘久的优势,拓展两岸交流。以2010年"艺博会"为例,设644个展位,其中特设的台湾馆为历届最大,有84个展位。台湾工艺发展协会、三义木雕协会等台湾有影响力的多家工艺美术协会不远千里而来,共襄盛举。

县级行政单位同样注重会展节庆在文化产业交流与合作方面的促进作用。石狮对台文化交流和产业对接也稳步推进,影响力最大的文化活动为"闽台对渡文化节暨蚶江海上泼水节"。自2008年起,国务院台湾事务办公室已将闽台对渡文化节暨蚶江海上泼水节纳入国台办对台交流重点项目。2009年,文化部也

---

① 周步恒、陈庚:《第四届海峡两岸文博会:根植传统文化创意引领生活》(http://news.163.com/11/1030/18/7HKPPN3200014JB5.html)。

把闽台对渡文化节作为文化部重点支持项目，中央文明办也将其列入"我们的节日——端午"主题活动。在产业对接方面，海博会"两岸共同办展"的主题，充分彰显石狮和台湾在会展业、服饰产业方面的密切交流与合作。海博会的"两岸共同办展"也是闽台产业对接合作的见证。2010年台湾参展"海博会"的企业共53家，参展面积达5680平方米，折合630个国际标准展位，占据主展区的25.2%，参展较具规模。"海博会"还推出一系列活动来促进两岸的商贸交流合作，举办纺织企业家活动日暨海峡两岸纺织企业家对接会活动，台湾方面还提供一些高科技项目与内地企业进行对接，加快内地企业产业技术更新的步伐。同时，石狮通过各种方式吸引台商投资，吸引台湾优秀的设计、营销等高端人才，文化产业各种政策优惠同样适用于台资企业。

五、祖地优势促进地方文化产业交流频繁

文化产业，除了文化的产业化外，就是商品的文化化，即为传统产品注入新的理念，通过文化创意来提高传统产品的附加值。在两岸文化产业交流中，福建有着独一无二的祖地文化优势。福建是闽南文化、妈祖文化、客家文化的故乡。华人素有寻根溯源的传统，祖地文化是闽台的地方文化产业发展的重要基础，也是闽台文化产业交流与合作向纵深发展的推手。这里主要以妈祖文化的产业化与闽台妈祖文化交流为案例透视闽台地方文化产业的交流与合作情况。

妈祖文化与文化旅游、地方饮食文化、传统工艺等关系密切。莆田传统食品——兴化寿面，过去它只是用来满足人们的基本需要，原先其主要的功能是填饱肚子，即饮食。莆田人早就有吃寿面的习俗，兴化寿面表达了祝愿人们平安幸福、健康长寿的寓意。如今随着妈祖文化的广泛传播，莆田湄洲岛地区把长寿面称为"妈祖平安面"，吃了这个面就平平安安、健健康康，寓意非常美好。"有美食家将妈祖的平安寓意与莆田的一些小吃相结合，创造出12道'妈祖宴菜'。这带来的启示就是，把妈祖文化与莆田相关的特色产品相结合，意义就能发生许多变化，使产品的附加值得到提高。在此，'妈祖宴菜'就不单是一席风味宴席，

还包含着很多工艺、传统、祝福等这样的内涵，成了颇富文化内涵的商品。由此，妈祖文化要走向创意文化产业，应该做好两方面的文章：一是把文化变成商品，二是把商品做成文化。发展妈祖创意文化产业，就是要在加强文化创意向传统产业渗透以及增加传统产业文化内涵的同时，加强文化创意的商品化和产业化，以市场的机制来促进文化创意的发展，从而满足人们日益增长的文化消费需求。"[1]到湄洲岛旅行者多为妈祖的信众，他们在朝圣旅游中观赏美景、陶冶情操、洗涤精神，低端消费者可以选择"妈祖平安面"，较有经济基础的则可以选择当地的"妈祖宴菜"，享受美味佳肴的同时又可以得到美好的祝愿。可以说，这是妈祖文化旅游者与当地商家的双赢。

另外，通过各种会展节庆活动，有利于闽台地方文化产业的交流与合作。节庆活动是一个很好的交流平台。通过节庆活动，两地妈祖文化、闽南文化、客家文化等地方文化可以得到更好的交流与沟通，有利于彼此借鉴、合作。在闽台两地共有的地方文化中，客家文化节、妈祖文化节都延续多年，有着一定的发展历史。以妈祖文化为例，自1994年举办以来，莆田已举办过14届妈祖文化旅游节，主要是在每年10月份举行。妈祖文化旅游节把妈祖信俗、节庆活动，一方面吸引了众多的信众前来莆田朝圣和观光，妈祖文化得以更好的传播，莆田的城市行销在一次次节庆活动中潜移默化地进行；另一方面，节庆活动与文化旅游的结合，反过来可以为妈祖信俗和妈祖文化生态保护提供资金支持。妈祖文化旅游节由国家旅游局与福建省人民政府共同主办，正式升格为国家级节庆活动。妈祖文化旅游节具有以下特点：一是对台交流更加深入。妈祖文化节围绕不断扩大两岸人员直接往来，邀请海内外妈祖文化机构（妈祖宫庙）派代表参加中华妈祖文化交流协会年度会员大会、两岸万人祭妈祖、两岸千人颂妈祖等活动，其中台湾地区的妈祖宫庙有100余家参加，较以往有较大幅度增加，进一步彰显妈祖文化连接海内外中华儿女和两岸同胞的纽带作用。二是旅游色彩更加浓厚。围绕不断推动海峡旅游发展，组委会邀请台湾妈祖联谊会和台湾六大旅游公会继续协办妈祖节，

---

[1] 陈淑媛、黄育聪：《创意文化产业：妈祖文化资源开发与利用的方向》，《莆田学院学报》2007年第8期。

邀请两岸知名的旅游、文化专家以"妈祖文化与海峡旅游"为主题开展研讨，组织两岸旅游工艺品商和旅游纪念品商进行妈祖工艺品的创作交流，发动两岸旅行社组织"百团万人"走进妈祖故乡，进一步拓展两岸妈祖文化旅游经贸合作新领域。[1]妈祖信俗是海峡两岸第一个信俗类的"非遗"项目，随后妈祖文化生态保护实验区得以建立。2009年9月30日，作为妈祖文化核心内容的妈祖信俗成功列入人类非物质文化遗产代表作名录。妈祖信俗成功申遗后，莆田就开始对妈祖信俗所涉及的具体项目、表现形式、文物、自然景观等进行全面普查，对其文化内涵、外延和文化价值等进行系统的归纳整理。建设妈祖文化生态保护实验区也是落实国务院关于"加强祖地文化"建设及进一步增强妈祖文化"连接两岸同胞感情的文化纽带作用"的实践；也有利于妈祖文化产业在原生态保护与合理开发之间的平衡。

大陆有"妈祖文化旅游节""妈祖生态文化园区"等，台湾也有"大甲妈祖国际观光文化节"。"大甲妈祖文化节自1997年举办以来，将文化的深度与广度引入这个庞大的民间信仰活动中。除了原来的传统大甲妈祖进香绕境的头香、贰香、叁香等阵头外，并安排国内外武术精英表演，邀请国内外演艺团队参与演出，且结合台中县丰富的观光资源设计套装旅游行程。台中县政府从2004年开始，以七大主轴贯穿，分别是信仰文化、武艺文化、戏曲文化、产业文化、艺术文化、观光旅游文化、学术文化等，借此主轴带动相关观光旅游、宗教朝拜、艺术展演、学术研究、地方产业再升级的各项活动。"[2]"大甲妈祖国际观光文化节"吸引了世界各地的媒体争相采访，媒介的大规模报道对妈祖文化观光节、妈祖文化以及台中县都是一种无形的行销。与福建莆田的"妈祖文化旅游节"相比，"大甲妈祖国际观光文化节"形式更多样，更为丰富多彩。其中，"妈祖绕境"是大甲妈祖节庆活动的重头戏，妈祖绕台湾全岛祈福求平安，信众沿路跟随。如今，"大甲妈祖国际观光文化节"除了"延续传统外，更重要的是将文化扎根，并且

---

[1] 谢添实：《湄洲妈祖文化旅游节升为国家级庆典10月31日开幕》，东南网（http://www.fjsen.com/d/2010-10/26/content_3795351.htm）。
[2] 台中县大甲妈祖国际观光文化节专版（http://mazu.hotweb.com.tw/）。

结合当地文化和特产，促进地方的国际观光，因此除了妈祖出巡绕境外，还有武艺、两岸传统戏曲会演、当地产业、学术活动与观光七大主轴。为了维护传统文化，除了有金身妈祖及文物展外，还有武艺、狮艺会演及武术比赛；台中县文化管理部门更结合传统与创意，邀请当地业者举办万众骑 Bike 等活动，更邀请海内外的表演团体交流演出，不同面向的活动组合丰富了妈祖文化节的内涵，使台中的春天变得十分具有可看性。"大甲的妈祖文化节是在每年的 3 月妈祖诞辰月举行，除了节庆活动外，台湾设计出朝圣文化旅游线路，并结合武术、狮艺等表演艺术产业，同时更与地方文化、传统文化的产业化结合起来，有意识地以妈祖文化为主导，带动地方相关产业的发展。闽台两个妈祖文化节之间交流颇为频繁，人员往来与观摩也是一直存在的。相比大甲的"妈祖绕境"等动态的妈祖文化活动，福建莆田的"妈祖文化旅游节"由官方主办，较为肃穆庄严，但是在形式活泼、民众参与度等方面有较多提高空间。

六、传统文化产业交流与合作较为密切

作为台湾移民的祖籍地，闽台文化同根同源，有着极大的相似性与共通性。除了妈祖文化外，还有"闽南文化生态保护区"、客家文化等传统文化与地方，都具有一定的市场开发潜力。作为闽南文化一种的"南音"[1]，随着清朝福建移民扎根台湾，在台湾称为"南管"。台湾"汉唐乐府"的从"学术走向产业"[2]的"南管"演艺业发展之路值得闽南地区学习与借鉴。1984 年成立汉唐乐府，以全

---

[1] 音者，起源于唐，形成宋，主要流行于福建及台湾、南洋群岛华侨居住地区。南音，又称"南曲""南乐""南管""弦管"，被称为音乐文化的"活化石"，唐代琵琶普遍用拨子，且是横抱姿势，南音至今保持这一遗制。在台湾，传统的南音社团，大多为同人性质的社区组织，是文人雅士们情感交流、娱乐休闲的平台，也是宗教活动、团结社区力量的凭借。
[2] 汉唐乐府成立的最初十年，陈美娥致力于南管的学术探索，从人文和历史的层面进入，探询唐代以来不同社会背景、经济条件下的民间南管活动。在经营汉唐乐府的过程中，陈美娥本着深厚的使命感，一方面从古籍着手，确立南管的历史地位，另一方面也积极在国内外巡回演出，执行研习计划，培育南管新人。

新的理念和方式把南管作为一种产业来经营，发挥南管艺术的精致和优雅，致力于南管产业的现代化和国际化。在"汉唐乐府"发展与壮大的过程中，负责人陈美娥多次与演员一起赴福建泉州学习，"汉唐乐府"在南管基础上吸收梨园戏的因素，把二者结合起来。通过汉唐乐府的创新，南管走出民间艺术自娱自乐的小圈子。"一直以来，我都很积极地将汉唐乐府转型为专业团队，也极为有心将南管推向文化产业的层次，我常想着如果汉唐乐府能建立一般中小型团队所需的表演编制，加上专业智囊适时而有力的协助，我们就可以走遍世界了，未来也能走得更为稳健而踏实。"[①]为了实现"从学术到产业"的理想，汉唐乐府积极培养南管演艺人才。1994年汉唐乐府成立"梨园舞坊"培育专门的人才，将南管音乐与梨园科步相结合。在汉唐乐府发展过程中，闽南地区尤其是泉州南管界、梨园戏剧界对汉唐乐府的人才培养等方面颇有贡献。大大小小的演出，精致优雅的表演，视觉的冲击比起南管在学术上的理论表述更为直接，南管在汉唐乐府的推动下走向国际化，并实现现代转型。汉唐乐府最大的贡献是第一个将南管产业化的民间团体。2010年在泉州举办的首届海峡两岸闽南文化节。文化节有来自台湾的南音社团、歌仔戏剧团、南少林武术团、专家学者等300多人参加。

七、民间交流在闽台文化产业之间较为活跃

福建民营经济发达，民间资本进入动漫、印刷、陶瓷等产业取得较大进展，涌现出福建网龙等民营龙头文化企业。2009年福建网龙全年收益为6.22亿元，比上年增长4.4%，并在香港成功上市。在印刷复制方面，福建鸿博印刷有限公司、厦门安妮纸业有限公司、厦门合兴印刷有限公司等三家民营印刷企业也相继上市。相应地，民间交流在闽台文化产业之间较为活跃。以动漫产业为例，2009年1月，福州动漫基地邀请了台湾动漫业界知名人士与福州的企业家进行理论交流，探讨项目对接和承接转移等事项。希望通过动漫基地对资源的整合作用，发

[①] 台湾"传统艺术中心"策划：《从传统出发的文化创意产业：陈美娥与汉唐乐府》，生活美学馆2003年版，第50页。

挥产业集聚效应，培育行业内龙头企业，拉动行业的整体提升，吸引台湾知名动漫企业来榕创业。2009年10月，福建动漫游戏行业协会组织省内青年动漫人才到台湾进行交流访问。除了新兴的动漫游戏产业外，传统的戏剧戏曲等表演艺术产业的民间交流更是频繁，各类演出团体频繁"登台"，台湾表演机构也接踵赴闽带来各类节目。

第二节 闽台文化产业交流与合作的问题探讨

一、文化产业相关法规政策的执行力有待提高

福建的文化产业法规政策环境而言，从中央、省、市到县区不同行政区级都有着关于文化产业的诸多政策法规。福建的文化产业配套措施较为完善，但并非所有文化产业从业者都有足够的时间精力去学习与领悟诸多法规政策，不少从业者对法规政策没有充足的认识与了解，没有透彻理解新政策精神，无法从扶持政策中实际得益。

台湾方面也存在相似的问题。资料显示，"台湾文创企业有超过三成是五年以下的新创事业（总数为15997家，占总数的33.08%），一方面显示台湾文创产业的年轻，但一方面也意味着产业本身的不稳定。毕竟新创事业的经营，从人事、产销到资金往往有许多不确定性的因素"[①]。文化创意产业作为新兴产业，一方面朝气蓬勃，另一方面则有待提高与完善。以法规政策执行力度为个案，台湾地区2002年把"创意产业发展计划"列入"挑战2008发展重点计划"，提出了五大策略来推动岛内文化创意产业，包括"整备文化创意产业发展机制""设置文化创意产业资源中心""文创园区与工艺产业发展计划""振兴流行文化产业方

---

① 李仁芳总编：《2010年台湾文化创意产业发展年报》，台湾文化主管部门，2011年版，第56—184页。

案"与"台湾省设计产业起飞计划"等。目前,"创意产业发展计划"的第一期已经结束,进入了第二期。但是,负责推动并执行的台湾文化主管部门坦承,与其他地区相较,台湾推动文化创意产业多年,但具体成效并不显著,这与相关法规与发展机制不够健全、产业基础研究不足、产业链未能建立等基本结构性的问题息息相关,但最为关键的是缺乏足够的决心和有效的行动力。例如,从2002年开始宣示要推动文化创意产业,但直到2010年"文化创意产业发展法"才迟迟获得通过实施,更遑论其他。因此,文化创意产业没有成为台湾省经济的发展主轴,也无法创造足够的经济产值,丝毫不令人意外。[1]以1999年台湾文化主管部门提出的"振兴地方文化产业、活化社区产业生命力"计划为案例。该计划重点是挖掘地方文化资源,如戏曲、传统工艺、民俗风情等,创新与行销文化产业,促进地方文化产业之发展。地方文化资源的观光化、旅游化是主要的发展路径。然而"纵观目前地方文化产业化的工作,主要落于公益部门、地方团体与针对'短视'的观光游憩为主的对话,对于真正赋予并产生具备地方特色的当地居民成为面对此一趋势失落的一环,……缺少一整合且具体的社会调节机制与发展策略"[2]。因此,如果台湾要做好长期的地方观光产业,除了提升观光设备与服务品质之外,还得加大整体运作力度,打通对外开放的市场。

二、缺乏整体规划和长远思路,地区发展不平衡

随着"闽台交流与合作"成为热点,各个类型的文化产业以及各个地区的文化产业都积极创造条件,大力推进闽台交流与合作。但是,目前闽台文化产业属于不同的行政部门管辖,缺乏整体规划与长远思路。在福建,动漫游戏产业归信息产业厅主管、出版产业归新闻出版局主管、文化旅游则归旅游局主办;在台湾地区,文化旅游归"交通局"管理,电影电视归"新闻局"主管。这导致不同类

---

[1] 张京成:《中国创意产业发展报告(2009)》,中国经济出版社2009年版,第125页。
[2] 郭百修:《地方文化产业化机制之研究——以美浓镇为例》,硕士论文,台北大学1999年,第3页。

型产业各自为政，缺乏整体的文化产业规划。主管部门的分散不利于宏观调控，无法对文化创意产业的发展进行科学指导和决策。就单个类型的具体产业而言，则因为省、市、县的不同建制和利益关系，往往也难以做到科学规划、合理布局，整体一盘棋。这导致各个文化产业主管部门与文化企业在闽台文化交流中，只能着眼于短期利益，无法合理配置资源。

以动漫产业为例，随着动漫产业成为全社会的热点。福建各地积极扶持动漫产业。事实上，动漫产业是个人才密集型产业，并非资金投入、人员投入就可以发展起来。如果没有合适的文化氛围，发展动漫产业是事倍功半的。目前，福建动漫游戏企业主要集中在福州、厦门两地，其中有自主原创作品的不到半数，不少动漫企业靠承接外包加工，规模较小。目前，除了福州、厦门的动漫基地外，武夷山市创意动漫产业园区也通过专家认证，由武夷数码动漫基地、闽北创意动漫产业人才培训基地、武夷山实景动漫主题公园、南平动漫馆、武夷山影视拍摄旅游基地等组成，总投资3.5亿元。但是，动漫产业需要文化氛围、人才、资金以及其他相关产业的配合，才能形成大气候，因此，如何完善相关环节，更好地做大做强动漫产业是未来产业学术以及管理各界应思考的问题。福建旅游资源丰富，各个设区市都拥有丰富的名胜古迹，八闽大地拥有八种方言风俗民情各异。但各旅游景点较为分散，长期各自为政，缺乏统一规划和品牌效应。以武夷山景区为例，仅仅一个景点，显得单薄。其他地区同样如此，历史文化名城泉州拥有千年古刹开元寺、宋代石刻老君岩、宗教名山清源山，但是游客选择泉州作为旅游目的地的并不多。莆田市的湄洲岛妈祖文化旅游同样存在单一的困境。

台湾地区"若以营业额来看各县市文化创意产业规模，2009年文创企业营收超过100亿元的县市有六个，相较于2008年有八个县市的产值超越百亿，小幅下滑了两个。而2009年的六大文化创意产业城市排名依序是台北市、台北县、台中市、桃园县、高雄市、新竹市。由此六大文化创意产业城市可以得知，除了台中市位于中部、高雄市位于南部之外，其余的四个县市均位于北部地区，再加上台中市与高雄市均属于都市化较深的大型都会区，足见文化创意产业在台湾的发展明显地集中在都会区以及北部地区。若进一步探究数据，前述属于北部地区的县市——台北市、台北县、桃园县、新竹市，其总营业额占全台湾营业额的比例接近八成（78.46%）。而同时属于大型都会区，又位于北部的首善之区台北市，更是文化创意产业发展的重镇，光是台北市在2009年的一整年的文化创意产业产值就超过了其他24个县市的总和，并占了全台湾文化创意产业营业额的59.49%。换言之，2009年文创产值有一半以上是由台北市的文创业者所创造出来的"[1]。

三、闽台对文化产业认知存在差距，福建文化产业观念有待加强

台湾的优势在于有细腻精致的文化内涵且创作能力强，其展场布置、文创商品精致度及品牌故事形象塑造能力都具有优势，然而台湾文创目前多属微型产业，且出现大者恒大的现象，在国际市场常见的业者包括法兰瓷、琉璃工坊、太极影音、表演工作坊、艺拓国际等。台湾的文创产业有良好的环境调整能力，在面临强大的经营压力（尤其是产业价值链与生态链的变化）下，仍能致力于创新能力的提升，透过跨业结合的经营策略等维持产业竞争力。台湾文化创意产业市场竞争变得愈来愈激烈，虽然2002—2007年的企业家数是成长的，但新兴产业（设计、创意生活等产业）及创业门槛低的产业（出版、广告、表演艺术等产业），从2005年后，却开始呈现连续两年的负成长，虽然政策的推力可以带动初期产业的成长，但市场的考验仍是主要方面，影响产业创业的意愿。台湾文创产业的创意能量丰厚，无论是电影、设计、工艺或流行音乐领域，在国际上都有优秀的成绩，例如：《海角七号》风靡各国际影展；2010年英国伦敦设计展中，获得参观者与国际媒体的高度赞许，并成为该展会最受欢迎的馆。文创产业2002—2007年年平均成长率为7.78%，较台湾同期GDP年平均成长率3.7%为高。[2]

---

[1] 李仁芳总编：《2010年台湾文化创意产业发展年报》，台湾文化主管部门2011年版，第57页。
[2] 龚明鑫：《2011台湾各产业景气趋势调查报告》，财团法人台湾经济研究院，2010年版，第715页。

相对于台湾地区，福建文化产业意识较为淡薄，文化资源优势没有充分地转化为产业优势。受习惯思维的束缚，人们往往认为文化是曲高和寡的，难以从文化中看到"商机"，往往认为文化是小众的难有市场，难以把文化与产业联系起来。这对福建最直接的影响是，虽然拥有丰富的文化资源，但是"养在深闺人未识"，不仅无法实现经济效益，而且也不利于文化资源的推广和保护。另外，因为投资大、收益慢，资金周转期较长，有人误以为文化创意产业是富裕地区的事情，认为文化建设、文化产业需要强大的经费支撑，经济上不去，抓文化是空谈，文化产业是无源之水。经济基础决定上层建筑，文化消费是在物质消费之后，但是文化生产则未必。人具有猎奇心态，经济欠发达地区往往保留着更完整的传统元素和历史积淀，而这是现代社会所欠缺的，从这个角度说不少欠发达地区在发展文化产业上是有其优势的。目前，福安"珍华堂"银器、莆田仿古木雕家具等是产业化较为成功的案例。但是，福建更多的传统工艺、文化资源处于闲置的状态，没有实现产业化。

与台湾比较而言，福建文化资源更丰富，但是在开发力度与现代转型上需要提升。其中，畲族文化、客家文化等族群文化资源所受到的重视程度不够。与台湾少数民族族群文化在"旅游观光""手工艺品""生活体验"等产业化路径下开发与保护并存的状况迥异，福建原生态的畲族文化存在日渐式微，畲族文化的开发与产业化处于完全被忽视的状态。而福建客家传统文化相比畲族文化保留得较为完整，但是在文化的推广和开发上还有待提高。如何转化资源优势为产业优势，推动客家文化产业的发展是迫在眉睫的课题。福建也有专门负责客家事务的管理机构，但是福建的客家文化还处于文化传承阶段。如何让客家文化在现代化大潮中焕发光彩，转为产业资源，创造出利润，再反哺客家族群，是今后应注意的一个向度。福建亦有"（永定）土楼客家文化节""海峡客家旅游欢乐节""世界客属公祭客家母亲河""冠穿山客家民俗文化节"等客家文化活动，在具体操作过程中，在传承客家文化上较有作为；但在带动客家产业发展，实现客家产业文化化，并带动相关产业方面则有待加强。

四、闽台两地不同体制制约了文化产业交流合作的纵深发展

闽台文化产业的交流与合作已经取得一定的成绩，但是两岸态势与两地不同体制还是阻碍了两地文化产业交流的纵深发展。首先，政治体制的不同决定了两地在制定与执行相关政策法规时候的差异。"海峡旅游"品牌的推广和打造最为典型，虽然福建极为重视，国家也把"海峡旅游区"列入整体的旅游规划，但是"海峡旅游区"能否顺利构建，显然还将取决于海峡东岸台湾的认同及配合推动。其次，福建相当重视文化产业的发展也取得一定的成绩，但相比台湾，其各项规章制度、法治建设仍然有待提高。再次，信息化时代，两地在资讯共享上的合作有待深入，应打破垄断，使人员、资本、技术等生产要素的流通无碍。最后，由制度差异等造成的关税壁垒影响到文化产业的贸易往来。

福建不少文化产业企业还是事业化管理，积极推行文化体制改革，转换政府职能，文化行政管理部门由"办文化"向"管文化"转变，文化单位"事转企"，组建了影视、出版、报业等文化集团。福建文化体制改革推进有序，但是地区进度不平衡，经济发达地区改革热情高、积极性大，经济欠发达地区文化体制改革相对滞后、动力不足。主要原因在于，经济欠发达地区的文化体制改革风险大、成本大、个头小、收益小、付出大、风险大。因为财政、人力限制，对文化建设投入不够、重视不够，没形成抓文化的集体共识。在政府、企业与市场的三者关系上，如何深化文化体制改革，以市场为导向引导文化产业更好更快地发展，还有待努力。

五、文化产业融资难与民间资本活跃的悖谬

资金短缺问题是闽台文化产业交流与合作的主要瓶颈之一。两岸交流的交通等各项成本比较高，经费不足，使得两岸文化企业无法展开定期的、常态化的交流与合作。台湾文化产业发展走在包括福建前面，不少经验与教训值得学习与借

鉴。但是，资金的短缺不仅限制了闽台各自的文化产业的发展速度和规模，也极大地限制了双方对接的深度与广度。而最令人难解的是，福建地区民间资本极为活跃，大量资金游离在市场中，文化产业却难以获得有效融资。

目前，银行贷款抵押难情况依然比较严重，迫使部分企业转向资金成本较高的民间借贷，中小企业的融资成本将有所提高，融资难度不断增大，也影响了某些项目的建设进程。相比一般企业，文化创意企业融资更为困难，存在一种悖逆。作为资本密集型产业，文化产业的创意和生产需要大量资金投入，这时候往往贷款困难、融资无门。如果创意设计反响很好，则政府补贴、各项奖金纷沓而至，股权融资也相对容易，但是这个时候前期制作已经完成，有无外在资金注入并不那么重要。

与其他生活用品相比，文化消费品毕竟不是必需品，具有较大的主观随意性，能否吸引消费者是其实现盈利的关键，这就使得投资文化产业存在较大风险。即使在文化创意产业发达的台湾地区，不少文化创意团体也存在资金困境，其中获得政府补助、企业界赞助称为"云门舞集"的同样入不敷出。福建的不少文化企业同样存在此种情况。福建虽然拥有丰厚的民间资本，"但多数企业家对投资文化产业不感兴趣。如何从政策上引导民营企业与民间资本投资文化产业，如何鼓励、支持有实力的文化企业上市融资，如何吸引海外战略投资者，是政府应着重考虑的问题。不仅要按照国家政策积极引导准入，还要在可能范围内给予具体的政策优惠和鼓励"[①]。

六、闽台文化产业创意与营销的交流与合作亟待加强，品牌化效应有待提高

闽台文化产业交流依然以戏剧戏曲、妈祖文化、闽南文化等传统文化产业为主，闽台两地在文化产业如何进入市场，如何从创意与营销上提升文化产品的能

---

① 管宁：《加快转型强化创意大力推进文化产业升级》，《福建论坛》2008年第11期。

见度与知名度等方面的交流亟待加强。

　　创意,即是加入新的东西,提升产业的品位和等级。"文化创意是台湾产业的核心力量,文化创意也是大陆未来产业的重要力量,因为大陆的各种制造业和电子产业都已经有了,关键是我们要拥有什么样的文化。"[1]对动漫、影视、图书而言,其卖点就是在文化创意,如何把一个平淡无奇的内容变得生动有趣,这就需要创意的加盟。福建的文化创意产业虽然发展迅速,但与发达地区还有一定的距离。以图书为例,福建主要集中在教材这一块,在需要创意和策划的畅销书设计方面还是较为薄弱。除了内容外,行销方式也是文化创意的重要组成部分,福建在这方面尤为薄弱。以文化旅游为例,福建旅游资源丰富,但还是停留在传统的观光层面,与文化创意的结合不足。山水名胜往往是"三分景物、七分想象","文化创意"就体现在解说内容和解说方式上。这方面,武夷山有惨痛教训:因为少数导游的素质问题和解说词的贫乏,无法很好地传达出景点的文化内涵,武夷山"双世遗"曾遭到游客质疑。旅游活动从本质上讲是一种文化活动。无论是旅游消费活动还是旅游经营活动都具有强烈的文化性。只有挖掘出文化内涵,它才会具有长久吸引旅游者的魅力。旅游景区应与时俱进更新导游词、加强导游培训,导游词的撰写可邀请熟悉文化创意界人士参与,把景区的历史文化与现代创意相结合通过活泼晓畅的形式表现出来。最明显的案例,同样是"林语堂纪念馆",漳州与台北的差距就在文化创意上。台北"林语堂纪念馆"的展馆布置尽可能原生态呈现,解说员对林语堂先生了如指掌,各种与林语堂相关的典故信手拈来、娓娓而谈,解说栩栩如生、画面感十足。而漳州"林语堂纪念馆"只有冷冰冰的生平展示与平铺直叙的解说。当然,这与漳州"林语堂纪念馆"成立时间不久有一定的关系,更与大陆地区整体的文化旅游解说有待提高息息相关。

　　近年来,福建各个类型的文化产业都相当注重闽台交流与合作,但是没有长远思路为指导,导致资源配置得不合理。以"海峡"命名的各种会展、园区、电视频道等文化产业相关项目有些取得了一定的成效,有的则仅仅处于"命名"阶

---

[1] 杨渡:《两岸创意产业的共同未来》,"岭南文化大讲坛",腾讯网(http://news.qq.com/a/20091202/002943_9.htm)。

段，在两岸交流与合作中的作用需要进一步发挥。福建应该在现有的"海峡"展会、园区基础上，通过资金、人力与物力的投入，不断提高展会与园区的质量，通过多种渠道推介福建的"海峡"品牌。

七、高端创意设计人才较少，传统艺人的现代转型面临困境

福建地区人才聚集处于初级阶段，创意设计氛围缺乏是其相对薄弱环节。文化产业是新兴的智力产业，创意人才是关键。相比广东、上海、北京等先进地区，人才尤其是高端创意人才的缺失是福建文化产业的一大劣势。

福建文化产业高端人才困乏，其原因是多方面的：一是随着文化产业持续走热，在全省范围，一批专业的创意产业研究团队正在形成。福建社会科学院、厦门大学等省内外科研机构、高校在2008年先后成立了创意产业研究中心。福建高校不多，开设文化创意专业的院所就更少，整体的文化创意氛围有待加强。二是福建人才配套措施有待完善和优化。政府部门应对人才培养和引进进行总体规划，制定相关的人才政策和激励机制。尤其是要重视高级创意设计人才、文化产业经营管理人才等的引进。三是福建传统产业虽然发达，但是处于粗放型发展阶段；而文化产业则处于起步阶段，文化产业与传统产业没有充分结合，在创意设计、国际营销方面有待加强，相关人才也较为匮乏。四是福建近年来对创意设计、自主品牌开发等越来越重视，但是不论是政府扶持力度还是社会整体氛围，与发达地区还有一定距离。有些人从职业生涯规划角度考虑，更偏向于人才济济的长三角地区和珠三角地区，良好的氛围有利于自身专业素质和能力的提升。

民间艺人的现代转型问题是闽台地方文化产业、传统工艺产业等的共同困境。传统工艺的人才培养模式往往是师徒相传的古老方式，虽然保有浓厚的传统民俗风格与精湛的工艺制作技巧，但比较缺乏创新设计的理念，并且对如何运用现代机械、数码手段辅助传统工艺产业的生产上缺乏深入探索。技艺失传和技艺面临无人承继的状态，这是全国大多数传统工艺都面临的问题，福建也不例外。如福州的纸伞制作、脱胎漆器、软木画等就面临失传的危险。现代教育和经济的发展，

使得子承父业的民间工艺承传方式遭到冲击。手工艺操持的辛苦,加上长时间的操练和体悟才能出师,如此的"长线投资",在急功近利的现代社会,越来越多的年轻人无法安下心来学习细致的民间工艺。

除了传统工艺的现代转型与师承问题外,专业的经纪公司和现代化的人才培养体系的缺乏是福建文化产业发展的巨大阻力。目前,福建传统工艺产业还处于各自为营的阶段,缺乏整体行业规划,就具体企业而言,策划水平、市场开拓与创新能力有待进一步提高。如何引导传统工艺走出家庭作坊式的生产,开发出有效的途径,使得产品既能保持原有的味道,又能较大规模地生产是福建传统工艺产业研究者应该考虑的问题。当前,既懂得文化创意又熟悉市场营销的复合型人才尤为缺乏,在传统工艺人才的培养过程中,应该引导他们积极学习现代管理知识与营销知识。

第三节 加强闽台文化产业交流与合作的对策思路

一、发挥政策优势,勇于"先行先试"

闽台历史渊源深厚,经济互补性强,福建应发挥国务院《关于支持福建省加快建设海峡西岸经济区的若干意见》的政策优势"先行先试",抓住历史机遇,优化文化产业交流与合作的环境。

首先,简化彼此往来手续与审批程序。可以设立专项基金,对福建的文化企业、文化人士赴台交流和邀请台湾文化企业、文化界人士,给予一定的资金扶持,使闽台文化产业界之间的交流常态化、程序化,并具有可持续性。

其次,福建应分层次、有重点地对不同类型文化产业的对台交流提供针对性的支持。以武夷山文化旅游为例,一方面是省内颇具知名度的旅游景区,另一方面是武夷山机场并没有开通境外航线,应该争取武夷山机场成为两岸客运包机直航点,开通从武夷山至台湾的航线,积极争取开办武夷山航空口岸落地签证(注)业务,落实台币在武夷山可兑换,努力把武夷山打造成两岸旅游集散地。台湾游客前往武夷山还需要众多的手续,大大限制了客源;应争取台湾旅行社在武夷山设立分支机构,允许台湾旅行从业人员,在武夷山考导游证,服务武夷山旅游产业。目前省里有十个旅行社可以开展对台旅游业务,但主要集中在福州、厦门、泉州三地。开展对台业务的旅行社应具备一定资格,但是应该具体问题具体分析。例如,对具有丰富旅游资源的地区,对台旅游交流频繁的地区,比如南平武夷山、莆田(妈祖),应考虑放宽条件限制、破格给予赴台旅行社资格。福建可以在过去闽台旅游合作的基础上,继续开发"闽台"共有和差异的旅游文化资源,按照"同质组合,异质互补"的原则,整合两地的旅游资源。与台湾旅游业界合作,继续推行区域旅游合作,在沟通、协商、信息交流、产品互动、营销共推、应急处置等方面力求建立长期有效的旅游合作机制。

二、发挥"五缘优势",加强地方文化产业对接

地方文化产业是闽台区域交流与合作中最具特色的文化产业。闽台两地地缘相近、血缘相亲、文缘相承、商缘相连、法缘相循,地方文化产业对接的空间巨大。"闽南文化生态保护区"的设立,有利于传统歌仔戏、高甲戏、南音等闽台特色文化的交流与合作;"五缘"优势有利于推进闽南文化、客家文化、船政文化、妈祖文化等特色文化产业的发展。福建应该充分发挥对台优势,大力发展融合海峡两岸优势、具有地方特色的文化产业品牌,推动文化产业走向世界。闽南文化、客家文化、妈祖文化都是闽台共有的特色的地方文化,加快区域文化与地方文化的推广和产业化,以地方文化旅游为中心带动地方美食、传统工艺、传统演艺的全面繁荣发展。同时地方文化的产业化,还有助于加强闽台两岸民众的凝聚力,对开展两岸地方文化的交流,增加台湾人对福建祖地文化、中华传统文化的认同感,从文化情感上做好台湾人民的工作,使他们对祖国大陆产生向心力也有重要作用。福建对台桥头堡的作用,应善加运用,福建可以考虑通过闽台文化

产业交流和对接，充分发挥地方文化、传统文化的亲缘优势，加强海峡两岸人民的交流和沟通。

"虽然福建省发展地方文化产业仍面临资金不到位、地方产业意识不强等方面困难，但在保护与整合资源、协调各部门的管理机制方面已经积累了较丰富的经验。而就地方文化产业而言，台湾在打造地方特色与观光品牌时，着重于文化内涵与人性意味，在推动地方文化产值的种种措施中取得了一定的成效。比如总体来说，地方文化产业都是不可外移的产业，而闽台两地有许多相通的文化风俗，因此闽台地方文化产业如果能建立学习与沟通的平台，便有助于提升福建地方文化产业化意识，也有利于台湾地方文化的长远建设。"[1]就目前的台湾来看，通过节庆方式行销地方文化产业是一大途径，这不仅有利于地方文化的传播，同时在节庆场合美食、演艺、工艺等相关产业也都连带得到宣传、推广和消费。二是通过网络、电视、报纸等媒体手段，以传统广告方式行销。例如，客家节庆、客家美食等的广告都属于此类范畴。三是通过文化园区等的动态展示，吸引顾客，行营相关产品。台湾地方文化产业一个最突出的特点是与旅游产业结合紧密。以台湾客家文化的产业为例，台湾地区全年有12个客家节庆活动，通过节庆活动带动相关产业，利用客家在地资源，发展观光休闲产业。即"桐花祭"的模式，借由吸引旅游者观赏桐花，带动餐饮、住宿、工艺等产业的发展。

另外，源自福建湄洲岛的妈祖文化在台湾具有深远的影响，拥有遍及全岛的信众。同时，妈祖文化产业也走在福建前面，同时有着自己的特色。例如，台湾全岛的"妈祖绕境"活动，调动整个岛屿民众的热情，相应的台湾妈祖宫庙前的小广场，往往是个集市，除了妈祖文化产品外，其他地方特色工艺品、地方美食等都聚集在一起，琳琅满目。现在全世界有2亿多妈祖信徒，每年来湄洲岛朝圣者多达10万多人次，每年来湄洲岛朝圣的台湾信众不计其数，可见妈祖文化的强大影响力与辐射力。应该从妈祖文化的朝圣旅行中看到产业化机遇，有效路径之一就是致力于妈祖文化的产业化。作为妈祖祖地，福建发展妈祖文化产业有着

---

[1] 刘桂茹、刘小新：《闽台文化产业互补性》，《福建论坛》2006年第11期。

无可比拟的资源优势。福建应该抓住"妈祖文化"成为海峡两岸第一个"非物质文化遗产"的历史机遇，做强做大原有的"妈祖文化旅游节""天下妈祖回娘家"等活动，在保护妈祖信俗文化的基础上，按照文化产业发展的规律，大力发展妈祖文化产业。闽台在妈祖文化的保护与开发中，各有自己的特色，各有自己的优势，两地应该取长补短，多多交流与合作。

三、以文化园区为依托，打造闽台文化产业链

目前，全国各地在发展文化创意产业中，比较明显的一个特点是文化园区的设置。与其他地方相比，福建在文化园区的建设上并无自身优势，采取的还是过去"招商引资"的模式。文化创意产业毕竟不同于传统产业，除了给予政策优惠外，应该考虑如何更好地吸引创意人才和营造良好氛围。以文化园区为依托，打造闽台文化产业圈，以产业集聚带动文化产业发展是未来可期望发展的方向。文化产业园区的建设应成为闽台文化产业结构互补、资源对接的重要平台。

台湾文化园区建设开始于2003年，发展较早，相关链条和配套措施较为完善。台湾文化园区建设有着丰富的经验，加强闽台文化园区交流与合作，对福建的文化园区建设以及闽台文化园区共建具有借鉴意义。文化园区是文化产业发展的重点依托，是文化产业交流与合作向纵深推进的基础与平台。闽台之间应以文化园区为依托，打造文化产业链，加强闽台交流与合作，发挥文化园区的集聚优势，建立稳固的合作关系。

作为东部沿海地区，要积极发展文化产业，树立海峡意识，站在闽台两地立场上注重文化产业在现代经济、社会、文化发展中的重要地位。依托良好的生态、文化环境与旅游资源，重点发展文化旅游、休闲娱乐、传统工艺、会展节庆等相关联的文化产业。通过具有特色的产业园区，发挥产业集聚作用，形成闽台文化产业交流与合作的重点产业门类，带动其他相关文化产业的发展，扩展产业链。文化企业应充分利用知识产权和品牌效应，向相关传统产业延伸发展，开发多种形式的衍生产品，提高文化产品的知名度和影响力。二者的结合有利于福建传统

产业创新盈利模式。以传统工艺产业中为例,通过文化创意理念的融入,可以提升传统产业的设计水准和文化附加值。

事实上,文化园区对包括闽台在内的两岸文化产业的群聚效应,也为台湾企业界、文化界所认识。在第二届海峡两岸文化产业博览会(厦门)上,台湾的法兰瓷总裁陈立恒、杨英风,美术馆馆长杨奉深等人表示,将规划成立"两岸文化创意产业园区",集结两岸名家为台湾省创意产业开新路。台商在内地对于创意文化的投资也渐渐由上海、北京转向同属海洋城市的厦门,再加上厦门距离台湾省近,如能成立文创园区,对两岸文艺交流及其未来发展都会有好处。[1]闽台文化产业各具特色,合作潜力巨大。近年来,在激励政策和体制改革的推动下,福建传统文化产业焕发勃勃生机,动漫、网游等新兴文化产业得到迅速发展,文化市场体系正逐渐形成。大陆支持海峡西岸经济区发展,对台湾创意产业从业人员是一个创业良机。闽台共同的文化基础为两地文化产业合作提供了丰富的内容资源。

四、完善产业集群,推进交流与合作的品牌化

"产业集群是由与某一产业领域相关的相互之间具有密切联系的企业及其他相应机构组成的有机整体。在产业集聚区,信息流、物流、人力流、资金流大进大出,各种生产要素都得到了最为有效的充分释放。规模化、专业化,使得企业对市场的应对能力、消化能力、化解风险能力大大增强,交易成本大大降低。产业集群是区域经济发展的必然规律,文化产业作为国民经济的组成部分,与传统产业具有相似的发展规律。"[2]较之传统产业,文化产业具有文化与商业的双重属性,文化氛围的营造并非一朝一夕,需要一定时间的积淀;更具有一定空间的辐射性,创意是在交流与碰撞中产生的,文化创新与资讯更新等不无关系,这需要

---

[1] 张达智:《台湾艺文界人士打造厦门文创园区》,台湾"中央日报"网络报(http://www.cdnews.biz/cdnews_site/docDetail.jsp?coluid=111&docid=100588933)。
[2] 郑元凯:《我国文化产业的发展现状与战略对策》,《经济与社会发展》2007年2月第5卷第2期。

营造合适的文化氛围，更需要群聚发展、规模效应。

根据《2010台湾文化创意产业发展年报》的资料显示，台湾地区33%的文化创意产业营收是由资本额1亿元新台币以上的企业所创造的，其中外销收入最大的是设计产业（284.30亿元新台币）全台湾将近每25家企业就有一家是从事文化创意产业。[①]营业额的结构最容易看出来台湾文创产业集中化的现象。营业额500万元新台币以下的企业数为39386家，占全台湾的比例为81.44%，其营收总金额为437.92亿元新台币，却是仅占全台湾的8.5%。与之相对，营业额在1亿元以上的企业家数为579家，占全台湾的比例为1.2%，其营收总金额高达3,271.54亿元，占全台湾的比例也高达63.52%。营业额超过1亿元新台币的企业平均每家的营收为5.65亿元新台币，相对的，营业额在5百万元新台币以下的企业平均每家营收0.01亿元新台币。[②]从以上数据可以看出，台湾地区文化创意产业已经形成规模效应，产生了一些龙头企业，塑造了一些文化创意产业品牌。

福建应该积极推进文化产业的规模化建设，打造与台湾业界对接的基础。近年，福建组建了福建日报报业集团、福建省广播影视集团、海峡出版发行集团等文化产业集团及海峡世纪影视文化公司等。福建日报报业集团由2002年成立时的5报1刊，发展到2009年的10报10刊5个网站和28家全资或控股企业，总资产近11亿元，是改革前的2倍多。福建日报报业集团组建报业投资控股有限公司，将子报《海峡都市报》和《海峡导报》广告发行经营业务从事业体制中剥离组建企业性质公司，设立闽南印务有限公司，形成了广告经营、网络经营、印务经营的产业链，经营收入由2001年的2.8亿元，增长到2009年的近10亿元。省广播影视集团成立以来，新办1个广播频率、2个电视频道，同时加快影视文化产业发展，成立了海峡世纪（福建）影视文化有限公司。影视娱乐业是台湾地

[①] 李仁芳总编：《2010年台湾文化创意产业发展年报》，台湾文化主管部门2011年版，第56页。

[②] 李仁芳总编：《2010年台湾文化创意产业发展年报》，台湾文化主管部门2011年版，第61页。

区的强项,不论是纸质媒体还是影视媒体,台湾都比福建发达。但是,福建媒体产业、广告业不仅仅要重视规模扩张,更要注重量的提升。在影视产业、媒体产业、广告业,福建距离台湾还有比较大的差距,政府部门、产业界、从业人员,应该加强与台湾同行的交流,多吸收经验教训,以加快产业转型升级。以广告业为例,可以通过闽台两地共同合作的方式,吸引台湾高端媒介人才加入创意与营销团队,吸收台湾先进的经验与理念,提升福建广告业的创意设计水平。

此外,闽台文化产业交流已有一定的历史,在此基础上应使其常态化、规模化,推进闽台文化产业交流与合作的品牌化建设。应该重点建设与推广各种以"海峡"冠名的会展节庆平台、出版机构、影视机构。"海峡两岸文化产业博览交易会"是福建搭建的两岸文化产业合作的综合性平台。文博会涵盖创意产业、广播影视、传统艺术、工艺美术、非物质文化遗产等,展示以闽台为主导的两岸文化产业发展的生机和活力。闽台在产业集群建设方面有较大的互补性。台湾地区文化创意产业营业额规模最大的产业是广告产业(1105.73亿元新台币),营业额规模最小的产业是文化展演设施产业(20.15亿元新台币)[①]。而福建则恰恰是广告设计产业较为弱势,文化会展业发展势头良好。闽台文化创意产业加强对接,有利于双方的整合,实现优势互补。

在出版业,两岸则强强联手将华文出版推向世界。2009年12月,在福州揭牌成立的"海峡出版发行集团",与台湾出版业界建立"华文文化创作营运共同作业平台",有效整合两岸文化资源,进行文化产品的出品、发行、物流配送、进出口业务、版权代理、版权贸易、参展活动、讲座论坛、营销宣传的一体化运作。闽台联手轮流举办的"海峡书展"是闽台出版产业交流与合作的成功典范,应该继续以"海峡书展"为平台加强出版产业的纵深合作。一是闽台出版界要加强交流互访。除了大型图书交易会外,可以定期举办出版学术研讨会、出版学术论坛,还可以开展闽台两地图书出版的交流合作,如版权交易,委托组稿,共同策划选题、分别出版各自的版本等;也可就某一出版项目共同投资,或参与某一

---

① 李仁芳总编:《2010年台湾文化创意产业发展年报》,台湾文化主管部门2011年版,第54页。

图书的营销策划，或代理对方图书在某一区域的销售等等。二是在出版物流通领域，要积极参与台湾举办的各种图书交易会、订货会等活动，加强贸易往来。

五、创造条件，加强闽台文化产业高端人才对接

文化产业的文化和商业的双重属性，使其产销知识的累积离不开实务经验。学校教育应与产业生态密切结合，应该延请文化产业一线人员进入课堂，传授他们的实务经验。同时，要加强闽台合作，加快福建文化产业人才储备库建设，为文化产业发展提供智力支持。而且，福建省应该设立专门的文化产业人才人才专项资金，用于专门人才的交流和引进。福建与台湾一衣带水，随着国际分工的变化，台湾部分文化产业向外转移中，大量的文化产业人才将重新寻找出口。福建应抓住机遇，大力引进台湾文化产业创作、营销、管理等各方面人才。

构筑和谐宽松的创业环境。创业环境的好坏，直接关系到能否吸引有创造力的企业家和文化创意人才，它是创意人才集聚和文化产业集群的关键因素。要为文化创意和科技的发展提供良好的基础，不仅要完善交通、电信、建设园区等公共服务平台，还要提供研发设施、风险投资、知识产权保护、愉悦宜人的生活环境等。

创新吸引高端人才的新模式。转变用人观念和用人机制，不求所有，但求所用，实行人才"入驻计划"。以优厚待遇吸引和集聚高端人才。创新人才政策，实行人才培养和引进相结合的机制：对本土优秀人才给予优厚奖励；大力引进外来文化产业高端人才，给予尽可能优惠的政策，如高端人才的家属安排、子女就学等给予周全考虑和照顾。加强两岸文化产业人才交流，推动政府与培训机构的合作与对接。

加大政策倾斜度。尽快制定和推出加强文化产业交流与合作的地方性政策法规或政府条例，为文化产业的发展提供法律支持和政策推动。对在闽台对接中表现突出的文化企业和文化人才，给予一定的资金奖励。

同时，积极组织福建文化产业人才赴台交流，学习台湾先进的文化产业创意

理念、经营模式与管理经验，加强两岸产业人才对接；设立专项基金，从台湾引进福建文化产业界急需的具有原创能力的创意人才。

六、异业结合，开创多元化的交流与合作

各种类型的文化产业并非单独存在，往往是与其他类型文化产业紧密结合。文化旅游与城市行销、动漫产业与工艺美术产业、广告设计业、会展业与工业美术、动漫游戏等往往是你中有我、我中有你。

良好的城市形象有利于城市产业发展。在这方面，厦门是成功的典范。其他城市应该学习厦门的城市营销与自我形象塑造，厦门以"9·8贸洽会"、"海峡两岸文化产业博览会""海峡书展"等会展节庆活动打造城市名片，并通过"国际马拉松比赛""国际合唱节"等加强对外交流，形成城市独特的文化符号体系。

可以通过会展活动与闽台旅游产业、工艺美术产业等相结合，在会展节庆活动中推介商务旅游。福建有不少县域有自己特色的文化产业，如石狮的服装文化产业、安溪的茶文化产业、德化的陶瓷文化产业等，可以借鉴"义乌小商品批发城"的旅游经验做大做强体验式的文化旅游。注重发展参与式、体验式旅游——可通过手绘、自我设计等方式推广创意体验活动，满足现代旅游者的新需求。

福建与台湾都是工艺美术的传统大省，可以推动工艺美术产业与会展业、文化旅游、包装印刷产业相结合。会展节庆的纪念品可以就地取材，利用"油画""通草画""锡箔茶叶罐""竹雕""银雕""木雕"等具有福建特色的工艺美术品，既可以打开福建工艺美术的销售渠道，又可以促进福建文化行销和地域文化传播。

总之，相关部门和产业界人士，应该积极转化观念，改变旧有的思维定式，通过文化与产业的有机结合、通过不同类型文化产业的交流与合作实现两者共赢。

七、以市场为导向,加强闽台对接

福建作为大陆对台交流的窗口,闽台文化产业的交流与合作被赋予了经济效益之外的诸多意义。但是应该注意到,文化产业毕竟是以消费为主导的,闽台文化产业交流应该以市场为导向,以促进闽台文化产业结构升级与转型,打造合理的闽台文化产业链为主要目标。

在体制改革、文化产业整体规划中,应该打破部门、行业的界限,积极稳妥地推进广播影视、演艺团体等文化单位的人事制度改革,引入市场机制,培育市场主体。同时,应该对文化资源进行重组,提高集约化经营水平和产业集中度。以闽台表演艺术产业为例,"规模问题是制约闽台两岸表演艺术文化产业的一个瓶颈,对表演艺术产业的资金筹措和产业规模效应,以及连带的表演艺术产业集团化,都应当有紧迫感。产业集团化不应当是简单的'小舢板'连接,而应当是造就产业链,朝着艺术产业资本运作的方向发展。表演艺术产业资本市场的建立是当务之急,要有鼓励、吸引投资者的环境。打破地方阻隔,加强中介力量。可以与台湾的表演艺术团体共同投资成立公司,进行表演事业,这样的模式应该更有助于顺利推动两岸表演艺术产业的合作。良好的产业政策是实现产业规模化的前提,在此基础上发展表演艺术产业有相当大的产业规模空间"[①]。

创新营销手段,多元并举。根据企业特色和产品特点,研究适合的营销渠道,闽台可以联手在两地通过专卖店、网络商城、连锁店、专业量贩店、百货公司等方式全面行销闽台文化产品。加强网络营销:一是政府通过网络对文化产业进行整体规划和行销,加强网络宣传和网络交易;二是引导与文化创意相关的企业有意识地把网络行销纳入整体行销战略规划;积极利用自设网站进行宣传、推介,并采取多种营销方式相结合,提高行销效力。三是因地制宜、因时制宜地建立市

[①] 张帆:《闽台表演艺术产业交流与合作研究》,《厦门特区党校学报》2011年第2期。

场营销机制，做好前期调研工作，做到市场细分，生产出适合闽台两地民众需求的文化产品，创新市场营销手段，开拓市场空间。

八、文化与科技相融合，提高知识产权意识

2010年9月，台湾文化主管部门为加强拓展台湾文创产业的国际市场，带领业者参加以现代室内设计为主的知名英国伦敦设计展，参展商品结合传统文化与现代科技的独特设计，充分展现台湾文创优异的设计原创性及前瞻性。[①]闽台两地在推动文化产业对接时，不仅要注意其产业特性，更要注意其"文化创意"的新因素。闽台两地未来的合作方向之一是推动文化产业与高科技融合，加大文化科技投入。相关部门应主动参与科技孵化器的建设，引进国内外先进的技术和设备，逐步形成支撑文化产业发展的科技支持平台，推动文化产业的研发设计水平的升级等。

文化产业是智慧型产业，更要注重创意与智力的投入。文化产品具有研发设计投入高而复制成本低以及容易被模仿的特点。如果产品的知识产权得不到保护，那么创意人员在创作过程中所耗费的大量投资便难以收回，这将影响文化产业的进一步发展。文化附加值是文化产业区别于其他产业的最大特色，文化产业往往以创意设计取胜。因此，知识产权的保护几乎可以说是文化产业可持续发展的生命线，也是一个地区、一个国家文化产业能否长期发展与繁荣的关键。知识经济时代，创意就是生产力。以乔布斯的苹果公司的产品为例，iphone，ipad等产品之所以风靡世界、广受青睐，重点之一是"创新改变世界"的文化理念使其脱颖而出。苹果公司的产品主要是由中国大陆加工生产，但是95%以上的利润归苹果公司，代工企业所得甚少，这就是知识产权的魅力。因此，闽台两地应该携手努力，加强知识产权保护，"创意产业的发展离不开知识产权保护。首先，要建立健全知识产权保护体系，促进对创意产业知识产权

---

① 龚明鑫：《2011台湾各产业景气趋势调查报告》，财团法人台湾经济研究院，2010年版，第711页。

保护。鼓励知识产权评价机构发展，健全知识产权信用保证机制。其次，要加大知识产权保护力度。建立知识产权协调机制，定期召开联席会议，统筹协调全市创意产业知识产权管理和保护工作，严厉打击各种侵犯创意产品知识产权的行为。再次，完善知识产权服务机制。鼓励和支持创意产业自主创新所形成的成果并及时向有关部门申请注册登记，强化知识产权社会中介服务，帮助企业建立知识产权保护机制，形成贯穿于创意产品创作、生产、流通和消费全过程的知识产权保护体系。最后，保护和推广本市创意产业著名商标。积极鼓励和支持创意企业申报著名商标认定，定制编制和发布全市创意产业著名商标名录"[1]。为此相关部分应该通过各种途径加强全社会的知识产权意识，为闽台文化产业的对接与发展营造良好的知识产权环境。

---

[1] 张京成：《中国创意产业发展报告（2009）》，中国经济出版社2009年版，第125页。

第七章　深化和拓展闽台文化交流与合作

闽台文化交流合作是两岸关系发展的有机组成部分，在两岸关系发展中发挥着血脉相连的重要作用。当前，两岸关系已站在新的历史起点上。台海和平之稳定、两岸同胞往来之频繁、经济联系之密切、共同利益之广泛，都是前所未有的。两岸关系既展现出更广阔的和平发展空间，同时，也面临着新的挑战和考验。清醒地认识并主动因应形势的发展变化，在"两岸一家亲"理念的指引下，坚定不移地走两岸关系和平发展道路，进一步发挥闽台"五缘"优势和福建对台先行先试的政策优势，充分发掘丰厚的闽台共同文化资源，创新形式、丰富内容，推进闽台文化交流合作不断深入发展，继续聚焦增进两岸同胞共同福祉，探索建立两岸文化交流合作机制与发展的现实途径，不断巩固和深化两岸关系和平发展的政治、经济、文化、社会基础，增进岛内民众的民族认同、文化认同、国家认同，夯实推进祖国统一的思想基础，不断推动形成有利于统一的民众心理、民意基础、民心走向，应成为当前深化和拓展闽台文化交流合作的重要着眼点和立足点。

第一节　深化闽台文化交流合作面临的新形势

2008年以来，两岸关系在和平发展重要思想的指导下，取得了一系列重大进展，维护了台海地区的和平，增进了两岸同胞的福祉。当前两岸关系和平发展已经进入了巩固深化的新阶段。海峡两岸在文化教育交流与合作方面已有共识，并做出积极努力。2009年举办的第五届两岸经贸文化论坛首次以文化教育为主题，提出了新形势下全面深化和推进两岸文化交流合作等共同建议。2010年第六届两岸经贸文化论坛的主题就是两岸文化交流与合作，并达成多项共识。2011年初，海峡两岸关系研究中心在桂林举办的第九届"两岸关系研讨会"，与会的两岸学者以"弘扬中华文化，促进和平发展"为主题，探讨两岸文化交流与合作的意义、路径、方式等议题。"十二五"规划明确提出，"积极扩大两岸各界往来，加强两岸文化、教育等领域交流合作"，两岸需要共同努力，力争在"十二五"期间两岸能够签署海峡两岸文化交流协议，规划两岸文化交流合作的原则、方向、目标与内容。

2013年6月13日，中共中央总书记习近平在人民大会堂福建厅会见中国国民党荣誉主席吴伯雄和他率领的中国国民党访问团全体成员时指出："今天，两岸关系已站在新的起点上，也面临着重要机遇。"[1]以习近平为总书记的新一届中央领导集体的对台政策展现出了四大特质。

第一，民族高度。2013年2月25日，习近平在人民大会堂福建厅会见中国国民党荣誉主席连战及随访的台湾各界人士时指出，我们始终从全民族发展的高度来把握两岸关系发展方向。只要两岸双方都秉持民族大义，巩固反对"台独"、坚持"九二共识"的基础，增进共同维护一个中国框架的认知，两岸各领域合作的前景就是宽广和光明的。2014年2月18日习总书记在京再次会见连战及随访的台湾各界人士代表，提出"两岸同胞一家亲，谁也不能割断我们的血脉；两岸同胞命运与共，彼此没有解不开的心结；两岸同胞要齐心协力，持续推动两岸关系和平发展；两岸同胞要携手同心，共圆中华民族伟大复兴的中国梦"等四点主张。强调两岸关系发展要有民族高度和"两岸一家亲"理念，有助于推动两岸关系从新的起点上迈开大步，也展现了新一届中央领导的胸襟气度。

第二，政策延续。大陆方面对推动两岸关系和平发展，决心是坚定的，方针

---

[1] 习近平：《习近平谈治国理政》，外文出版社有限责任公司2014年版，第233页。

政策是明确的。即大陆方面将继续实施行之有效的各项政策，促进两岸关系发展不断取得新成就，更好地造福两岸同胞。2014年5月7日，习近平在人民大会堂会见亲民党主席宋楚瑜一行时强调："我们推动两岸关系和平发展的方针政策不会改变，促进两岸交流合作、互利共赢的务实举措不会放弃，团结台湾同胞共同奋斗的真诚热情不会减弱，制止'台独'分裂图谋的坚强意志不会动摇。"①四个"不会"，表明了中央坚持两岸和平发展政策方针不变的态度，被台湾媒体评价为"为学运后摇摆的两岸关系安下定海神针"。

第三，把握机遇。两岸民众都希望两岸关系取得更大进展，为此双方应该顺应民心、抓住机遇，保持两岸关系和平发展良好势头，促进两岸关系发展取得新成果。2013年6月13日习近平在会见中国国民党荣誉主席吴伯雄一行时指出："两岸关系发展是大势所趋，我们应该据此确定自己的路线图，继续往前走。"②2014年9月26日，习近平总书记在会见由新同盟会会长许历农、新党主席郁慕明率领的台湾和平统一团体联合参访团时，从命运共同体的角度出发，指出，和平统一最符合包括台湾同胞在内的中华民族的整体利益。中华民族伟大复兴与两岸同胞前途命运紧密相连，"统则强、分必乱"，这是一条历史规律。台湾的前途系于国家统一，台湾同胞的福祉离不开中华民族的强盛。强调"当前，我们比历史上任何时期都更接近中华民族伟大复兴的目标，都更有信心、有能力实现这个目标。对台湾来说，这是福音、是历史机遇"③。

第四，务实进取。习近平在2013年6月13日会见吴伯雄时指出，务实进取，就是要本着实事求是的态度，坚持从实际出发，循序渐进，稳步向前，不因遇到困难而停滞，不被任何干扰所困惑，防止和避免出现倒退。在2014年2月18日再度会见连战时，习近平还告诉台湾人民，两岸同胞是一家人，从这个角度来解决各种难题以及面对未来的两岸关系，一代人要有一代人的担当和作为。只要是为了国家的统一、人民的福祉，很多两岸政治上难解的心结、题目、状态，都可

---

① 习近平：《习近平谈治国理政》，外文出版社有限责任公司2014年版，第242页。
② 同上，234页。
③ 《人民日报》2014年9月27日。

以透过双方平等的商谈与时间来化解。2014年9月26日，习近平总书记在会见由新同盟会会长许历农、新党主席郁慕明率领的台湾和平统一团体联合参访团时强调，"一国两制"在台湾的具体实现形式会充分考虑台湾现实情况，充分吸收两岸各界意见和建议，是能充分照顾到台湾同胞利益的安排。明确指出，我们所追求的国家统一不仅是形式上的统一，更重要的是两岸同胞的心灵契合。因此，不仅会考虑"台湾同胞因特殊历史遭遇和不同社会环境而形成的心态"，而且尊重台湾人民对制度的选择。2015年3月4日，习近平总书记在看望出席全国政协十二届三次会议的民革、台盟、台联委员时发表重要讲话，以"四个坚定不移"，即坚定不移走和平发展道路、坚定不移坚持共同政治基础、坚定不移为两岸同胞谋福祉、坚定不移携手实现民族复兴为核心，释放了新形势下大陆推动两岸关系和平发展的明确信号，既表明大陆对推动两岸基层、青年等各领域的交流，共同实现"中国梦"的真诚希望，也表明大陆在坚持"九二共识"、反对"台独"政治底线上的坚定立场。

在习近平总书记两岸关系和平发展新思维指引下，近年来，海峡两岸交流、对话、会谈密集登场，成果丰硕，经济、文化等各领域交流也持续热络，异彩纷呈。国共高层对话、两会领导人会谈、两岸重要人士互访频繁，有关政治议题的两岸学术界、民间机构的二轨、三轨对话也陆续展开，两岸以经贸合作为主体的交流活动更是在全国各地普遍开花，显示经贸与文化的交流合作是两岸关系和平发展的重要领域。2014年，两岸关系虽然在"深水区"中经历了一些湍流冲击，但在两岸双方、各界同胞的共同努力下，两岸关系克难前行，稳中有进。一是习近平总书记多次会见台湾各界团体及代表，阐述"两岸一家亲、共圆中国梦"等新理念、新主张，表明坚定推动两岸关系和平发展、坚决制止"台独"分裂图谋的信心和决心，确保两岸关系大局稳定，引领两岸关系发展。二是国共两党和两岸双方保持良性互动，巩固了坚持"九二共识"、反对"台独"的共同基础，增进了互信。双方两岸事务主管部门负责人实现了互访，两岸事务部门建立了常态化联系沟通机制。双方多次就两岸关系形势和相关议题深入交换意见，达成多项共识，获得岛内各界及国际社会的积极评价。三是海协会与海基会制度化协商有序推进。两会举行第十次领导人会谈,签署了两岸地震监测和气象合作两项协议,ECFA 后续商谈及两会互设办事机构等议题协商继续推进,两岸协议执行成效扩大,在知识保护、医药卫生合作、食品安全沟通、共同打击犯罪及司法合作等方面取得了积极成果。四是两岸经济融合发展。虽然受台湾社会动荡、政局不稳、投资环境恶化和国际市场疲软等复杂因素的影响,2014 年两岸经贸合作仍呈稳步发展,两岸贸易额近 2000 亿美元。两岸产业合作和金融合作持续深化,两岸企业家峰会首次入岛举办,创造两岸产业共同发展新契机。两岸农业合作持续深化,积极发挥市场作用,推进便利通关和检验检疫措施,推动台湾农产品拓展大陆销售渠道和提升贸易便利化程度,促进了台湾农渔产品和中小企业产品对大陆出口的快速增长,据大陆海关统计,2014 年前 11 个月,大陆自台湾进口农渔产品达 5.38 亿美元,是 2008 年全年进口的 3 倍。五是两岸各领域交流发展势头良好。2014 年两岸人员往来超过 900 万人次,其中大陆居民赴台游超过 300 万人次,创历史新高,两岸空中、海上客货运航点、航班总量继续增加,两岸定期客运航班班次从每周 828 航班增至 840 航班,大陆客运航点增至 55 个,货运航点增至 10 个。大陆为两岸人员往来和交流提供便利,增设 5 个口岸台胞签注点,累计已达 41 个;新增开放 10 个赴台个人游城市,累计已达 36 个。两岸文化、教育、科技、体育等领域交流精彩纷呈,两岸青年和基层民众交流蓬勃发展,校际及学生交流扩大深化,增进两岸青年朋友相互了解和情谊。2014 年 7 月在福建举办的第六届海峡论坛秉持"两岸一家亲"的理念,继续围绕"扩大民间交流、加强两岸合作、促进共同发展"的主题,贴近民生、民心,着力打造两岸社区治理论坛、两岸青少年新媒体文创论坛、两岸同名村活动等一系列两岸基层民众交流平台,受到广泛欢迎,台湾中南部民众的热情尤其高涨。

闽台文化交流合作是两岸关系发展的有机组成部分。20 世纪 80 年代以来,特别是近年来,福建省依托闽台"五缘"优势和丰厚的文化资源,开展了以妈祖文化、闽南文化、客家文化、关帝文化、宗亲文化等为主题的一系列文化活动,并通过定期举办相关论坛、相关领域与部门签署文化交流与合作协议等,有力地推动和深化了闽台文化交流,增进了闽台两地民众情谊,对推动两岸关系和平发展发挥了重要作用。2014年7月上旬，福建省委书记尤权率福建省交流考察团赴台湾，开展以"走亲访友、合作交流、共同发展"为主题的参访活动，深入台湾基层群众，与各阶层交流互动，得到了台湾各界和岛内外媒体的高度关注。这是福建省委书记第一次入台，第一次从台湾南部入岛。它表明闽台经济、文化、社会各方面的联系，达到了60多年来最密切的水平。

在两岸文化交流合作呈现持续深入发展、全方位推进的良好态势下，深化和拓展闽台文化交流合作也面临着重要机遇。首先，福建与台湾一衣带水，渊源深厚，两地民众同宗同祖、文化同根同源。台湾的先人们不仅带去了家乡福建的土语方言，同时也带去了原有的风俗习惯和生活方式，两地民众共同拜的是妈祖、陈靖姑，听的是南音、歌仔戏，看的是布袋戏，吃的是五香卷、蚵仔煎，闽台同宗同名村镇多达2693个，闽台之间这种天然的、历史的、独特的关系和联系，是推动闽台文化深入交流、深度融合的重要基础和独特优势。其次，改革开放30多年来，福建经济社会发展取得显著进步，中央支持福建加快发展，"三规划两方案"，即《海峡西岸经济区发展规划》《平潭综合实验区总体发展规划》《福建海峡蓝色经济试验区发展规划》《厦门市深化两岸交流合作综合配套改革试验总体方案》《福建省泉州市金融服务实体经济综合改革试验区总体方案》相继出台，为福建发展和促进闽台经济文化交流合作增添新的重大利好。最近，大陆有关部门又继续推动落实一批促进闽台交流合作的政策措施，包括国务院批准实施《平潭综合实验区企业所得税优惠目录》，海关总署同意厦门市试点开展对台海运快件业务，5个口岸获批为第二批"试行更加开放管理措施对台小额贸易口岸"等八项。特别是2015年4月，国务院印发了福建自贸区总体方案，强调要紧紧围绕国家战略，立足于深化两岸经济合作，立足于体制机制创新，进一步解放思想，先行先试，为深化两岸经济合作探索新模式，充分发挥对台优势，率先推进与台湾地区投资贸易自由化进程，把自贸试验区建设成为深化两岸经济合作的示范区。创新两岸合作机制，推动货物、服务、资金、人员等各类要素自由流动，增强闽台经济关联度。平潭片区重点建设两岸共同家园和国际旅游岛，在投资贸易和资金人员往来方面实施更加自由便利的措施；厦门片区重点建设两岸新兴产业和现代服务业合作示范区、东南国际航运中心、两岸区域性金融服务中心和两岸贸易中心；福州片区重点建设先进制造业基地、"21世纪海上丝绸之路沿线国家和地区交流合作的重要平台、两岸服务贸易与金融创新合作示范区。这些政策措施的落实将为闽台交流合作与融合发展注入新的动力和活力。目前，福建省共有6个台商投资区、6个国家级台湾农民创业园，厦门、福州、泉州、漳州是赴台个人游试点城市。闽台空中客运定期航线已有9条，每周航班61个；海上通道方面，已开通5条至台湾本岛的海上客滚班轮航线，福建沿海与金门、马祖地区直接往来的3条客运班轮航线、14条闽台集装箱定期班轮航线、25条散杂货不定期航线，实现了对台湾基隆、台北、台中、高雄四大港口海上客运班轮的全覆盖，厦门到金门、福州到马祖、泉州到金门等地已形成一日生活圈，平潭到台中航线单程2.5小时，平潭"海峡号"至台北高速客滚航线已开通，闽台之间已基本建立物流、人流的快捷通道，成为大陆与台湾海上运输航线最多、航班最密、往来人员最多、最便捷的主要通道。2013年，闽台之间平均每天往来的台胞近6000人，空中直航运送超过2000人次，海上客运40多艘次，货物吞吐量6万吨。台湾百大企业有一半以上在福建投资设厂，涉及项目达70多个，福建三大主导产业的骨干力量就是台资企业。平潭开放开发，初步构建起对台政策的"新特区"，平潭是目前全国唯一一个既是综合实验区又是自贸区的地方，全岛实现封关运作，成为全国面积最大、政策最优的海关特殊监管区域。厦门全面推进"美丽厦门战略规划"，努力构建两岸经贸合作最紧密区域、两岸文化交流最活跃平台、两岸直接往来最便捷通道、两岸同胞融合最温馨家园等等，也为深化闽台文化交流与合作创造了更为有利的条件。

闽台两地有着特别深厚的文化渊源，是两岸文化合作理所当然的首选地。2014年2月，习近平总书记在与国民党名誉主席连战会晤时，发表了《共圆中华民族伟大复兴的中国梦》的重要讲话，阐述了"两岸一家亲"的理念，表达了携手台湾同胞共创美好未来的心愿。福建应该乘势而上，在"两岸一家亲"理念的指引下，大力推动对台先行先试，特别是平潭开放开发和厦门综合配套改革，福建自贸实验区和21世纪海上丝绸之路核心区建设，努力打造两岸文化交流重要平台，精心扶植并共同培育具有闽台特色的若干文化珍品，使之具有全局性、战略性价值，为促进闽台经济、文化、社会深度融合，增进两岸民众的民族认同、文化认同、国家认同做出新的探索和努力。

第二节 深化闽台文化交流与合作的制约性因素

如上所述，自2008年以来，两岸关系和平发展取得诸多积极的进展，呈现良好的态势，两岸民众同蒙其利。两岸关系和平发展得到了两岸同胞的广泛支持和认同，也得到了国际社会的普遍肯定和赞扬。其总体方向不可逆转，为深化闽台文化交流与合作提供了良好的契机。但毋庸讳言，在新形势下，深化闽台文化交流与合作并创建制度化的合作架构仍存在若干结构性的困难，干扰和阻碍的因素尚多，"台独"分裂势力的阻挠破坏仍然是台海和平稳定最大的威胁。促进两岸文化融合还面临许多现实的挑战和考验，主要体现三个方面。

一、两岸互信不足，共识薄弱

两岸关系稳定健康发展的关键在于双方互信，而互信的基础首在共识。2008年以来，两岸双方在都认同"九二共识"的基础上恢复对话协商。实现两岸全面直接"三通"之后，又于2010年6月签订了两岸经济合作框架协议，标志着两岸经贸关系迈向机制化、制度化的轨道。但台湾岛内对"九二共识"的认知却存在重大分歧：一方面是民进党迄今仍否认"九二共识"；另一方面是国民党马英九对"九二共识"解释上的歧见，焦点在于如何坚持一个中国原则。这就使得两岸政治互信明显不足，阻碍了两岸关系的进一步进展或深化。而2014年上半年台湾地区发生的以"反服贸"为诉求的"太阳花学运"则在一定程度上对两岸互信基础造成了冲击。此外，由于历史和现实的复杂原因，台湾人民对大陆的不了解、误解，甚至是敌意，依然深刻地存在。现实中两岸政治上的对立是台湾民众对大陆持有敌意的重要因素，而国家认同问题成为台湾民众疏离大陆的主要障碍。由于两岸经过了几十年的分隔，尤其是20世纪90年代以来，李登辉、陈水扁当局不断强化台湾民众的"本土意识""主体意识"及"台湾意识"，并不断弱化及排斥"中国情结""中国认同"，特别是实施"文化台独""教育台独"，将"台独"理念渗透于教科书中，民粹式"课纲"已留下许多严重的后遗症，种下让台湾青少年一代对中国历史没有认同感、对祖国没有归属感的祸根，也造成台湾社会撕裂。在这股情绪的影响下，"'台湾主体意识'已经导致许多人以'台湾人'为'我群'，以'中国人'为'他群'，认同自己是'台湾人'，而不是'中国人'，进而认为'台湾是台湾，中国是中国''台湾（或中华民国）是主权独立的国家'，'台湾前途要由2300万台湾人民决定'"①。这种"国家认同""身份认同"的迷思在李登辉、陈水扁时期"去中国化"教育背景和"台湾主体意识"高涨环境下成长的部分台湾青年中表现得尤其突出。根据台湾指标民调2013年的调查显示，年纪愈轻、受教育程度愈高者，愈认同两岸是"国与国关系"，其中20—29岁民众持此看法的比率高达76.2%。2012年5月，台湾"二十一世纪基金会"发布的调查研究报告显示，台湾"86后世代"（1986年以后出生者）有48.8%逐渐倾向"台湾主体认同"，认为"台湾是台湾，中国是中国"，彼此"互不隶属"。其中大学生世代"台湾主体认同"的比例更高达52.8%。②2013年TVBS所做民调显示，20—29岁的台湾青年自认是台湾人的比例进一步上升到89%（全体民众为78%），明显高于其他年龄层，只有11%自认是中国人（全体民众为13%），为所有年龄层中最低。③尽管民调是否公正可信，历来有不同的看法，但它呈现的数据仍不失为我们考察了解台湾青年"国家认同"情况的参考依据，也彰显了我们做好台湾青少年工作，增进国家认同、身份认同的必要性。

---

① 陈孔立：《"台湾文化民族主义"的构建》，《台湾研究集刊》2013年第5期。
② 孙云、庄皇伟：《以"共同体"视角探析台湾青年认同问题》，《现代台湾研究》2015年第3期。
③ 同上。

二、台湾政局发展复杂多变

由于执政的国民党缺乏理念和核心价值,因此路线暧昧、立场摇摆,难以为民众提供明确的未来愿景,难以凝聚团结全党,也就难以激发其支持者的热情。加上国民党内部改革不力,争权夺利内斗恶质化,而马英九当局执政的无能又加剧了民众的不满。2014年发生的"太阳花学运"和2014年底举行的台湾"九合一"地方选举,重创了国民党,台湾社会"蓝消绿长"的态势更加明显。"蓝营绿化"现象的出现,折射出台湾社会的政治情势正发生新的重要变化,反映出"台湾主体"意识的进一步发展。根据台湾岛内近来的相关民调,认为自身仅是台湾人而非中国人的比率已超过50%,自我认定是台湾人的比重持续上升,自我认定是中国人的比重持续下降;在政治关系上,认为两岸是各自发展国家的比率不断上升,支持"台独"的人数比例持续上升,支持统一的人数比例仍在持续下降。以绿营为代表的"国家认同"与"台湾价值"的进一步深化,"太阳花学运"中部分学生流露出的"反中恐中"情绪,"九合一"选举中年轻人参政意识的增强和网军势力的崛起,不仅对2016年的台湾选举有不可忽视的影响,对未来岛内政治生态与两岸关系发展的影响更让人担忧。

迄今为止,两岸和平发展仍缺乏制度性框架作为保障,能否长期、稳定、持续地推动,仍然成为一个问题,而制度性框架的缺失,根源在两岸的政治分歧。何况,民进党仍坚持"台独"立场,依然是两岸关系和平发展的严重威胁,也对马英九当局的两岸政策构成牵制。可以预见,在随后即将来到的台湾重大选举中,绝不只是国民党、民进党所代表的蓝绿两大阵营之争或两大政党的政见之争,而是其所代表的"本土"与"非本土"之争,民进党更会挑起"统独之争",借攻击马当局而获取选举利益。面对不利的选举形势,马英九当局的两岸政策会因顾忌在野党的立场而趋于谨慎或保守,不太可能有大开大阖的作为,两岸关系和平发展的步伐可能趋缓,一些不对等、限制性的政策尚难得到及时的开放或改善。若2016年再一次发生政党轮替,民进党重新上台,则两岸关系和平发展曲折和反复的可能性必然大增。

三、促进闽台社会文化融合亟待突破与解决的问题

福建在对台文化交流合作中具有独特优势与不可替代的地位和作用。但与此同时，我们也要看到，目前两岸之间的文化交流与合作并没有一个双方认可、有政策及法律意义的文书来引导和规范，两岸涉及文化交流的官方机构之间也尚未实现互设机构、常态合作往来。由于两岸文化交流合作机制的长期缺位，闽台文化交流合作中政策措施的不对等、交流规模的不对称、交流领域受限等问题仍然无法得到很好处理，闽台双方互动性不足的问题依然突出。一方面，尽管近年来福建赴台进行文化交流参访的层级、规模、影响均不断提升，但总体上仍呈现出台湾"来得多"、福建"去得少"的格局，相对于在福建举行的各种交流活动尤其是大型文化节庆活动动辄就能邀请到成千上万的台湾民众参与，福建赴台交流的人员在数量上则要少得多。另一方面，闽台文化交流的不平衡还体现在台湾基层民众、中南部民众和青少年参与程度不够等方面。目前，闽台文化交流合作更多的还是局限于精英层面，如研讨会、论坛、高层次的文艺演出等，民间的、大众的、两岸文化脉络的、乡土的、深藏于民众之中的交流虽然有，但与整体文化交流合作的发展来比，明显不够。据统计，2300万台湾同胞中来过大陆的不超过1/3，职业上多以商界、政界、学界等社会精英为主，地域上则多以北部为主，真正到过福建的普通老百姓尤其是中南部基层民众仍然不多，前来福建交流的台湾民众往往以中老年人居多，两岸青少年群体之间的交流仍然偏少，这种不平衡的格局亟待改变。

闽台文化交流合作在很大程度上还缺乏长远规划和强有力的统筹协调机制，各个交流项目之间往往缺少统一的规划、必要的协调与有机的整合，从而导致各地、各部门形成合力不够，在一定程度上削减了交流的效果。基层推动文化交流活动中各自为政，急功近利，为交流而交流的现象还不同程度地存在，闽台文化交流合作还缺乏两地主管部门合作推动，民间文化交流还缺乏规范化、

制度化，无法累积互信进而建立稳定的联系。文化资源的挖掘和利用投入不足，交流多合作少、交流成效亟待提高。相比北京、上海、广东等省市，福建省的文化产业基础还较为薄弱，吸引台湾文化产业转移在"硬实力"和软环境方面的比较优势尚未形成，现有的合作项目规模水平普遍不高，闽台文化创意产业园中实际入驻的台湾企业或闽台两地合资企业并不多，闽台合作交流平台的主要功能还是以交流为主，平台的产业功能有待强化，闽台两地文化产业的研究人才、创意人才、经营人才等相互交流合作，实现人才共享还有待推进，品牌的共同开发还有待增强。闽台文化交流合作机制的滞后以及由此产生的种种问题，阻力主要源自台湾方面。

由于台湾当局在两岸交流上设置了许多制度、政策障碍，对两岸文化交流包括商签文化交流合作协议仍有不少顾虑，立场时有倒退，限制了两岸人民交流往来的广度和深度。但就福建自身而言，无论从民间社会的实际需求，还是从创新交流合作模式面临的困扰来看，闽台文化交流合作机制化建设的力度不够也是一个重要的因素。因此，坚持先行先试，充分发挥福建在对台交流合作机制化建设上的示范和带头作用，增进岛内民众的民族认同、文化认同、国家认同，筑牢推进祖国统一的思想基础，应成为当前推进闽台文化交流合作的一项重要任务。

台湾学者提出2014年两岸关系深化的两个方面，也说明了对后续文化交流合作能量释放的关注[①]：第一，两岸关系不进则退。民间应该多正视这些可能的发展，学术界早应该再积极推动两岸民间智库的互动，加强沟通，以增进彼此的理解，尤其应该通过各种努力，增进两岸认同的共识，认为如果没有共同的认同，和平只是没有战争，不会是实质的相互友好。第二，促进两岸共同目标的创建。如果没有共同目标、认同又不一样，即使有和平也是危险的。践行的关键有两个方面。一是制度保证。要未雨绸缪地为两岸制度性架构充分做好思想上与理论上的准备，呼吁两岸各方创建应该追求的共同目标，以为两岸和平发展继续贡献力

[①] 香港中国评论通讯社、《中国评论》月刊于2013年12月24日邀请台湾学者在台北举办的学术论坛，"总结2013年两岸关系发展的成果与不足，分析影响当前两岸关系发展的主客观因素，探讨2014年两岸关系发展的机遇与挑战"的观点。

量。二是两岸共同利益。在民间交流活动中，应积极倡导从共同参与来创造共同利益，从经济基础的转变推动上层建筑与新认同的建构。

第三节 深化闽台文化交流与合作的思考与前瞻

当前，两岸关系正处在新的重要节点上。展望未来，两岸关系和平发展是一条不应改变、不可逆转的道路，既展现出更广阔的和平发展空间，又面临曲折与波动的挑战与考验。"台独"分裂势力的阻挠破坏仍然是台海和平稳定最大的威胁，维护两岸关系和平发展大局任重道远。把握方向，坚持原则，坚定不移地走和平发展道路，坚定不移地坚持共同政治基础，坚定不移地为两岸同胞谋福祉，坚定不移地携手实现民族梦，进一步发挥闽台"五缘"优势和福建对台先行先试的政策优势，充分发掘丰厚的闽台共同文化资源，创新形式、丰富内容，推进闽台文化交流合作不断深入发展，不断推动形成有利于统一的民众心理、民意基础、民心走向，共同开创两岸关系未来，建设两岸命运共同体，是当前深化和拓展闽台文化交流合作的重要基点。

一、推动闽台经济融合发展，增进两岸同胞共同福祉

深化两岸利益融合，共创两岸互利双赢，增进两岸同胞福祉，是推动两岸关系和平发展的宗旨，也是深化闽台文化交流合作的重要基础。2015年5月4日，习近平总书记在会见时任中国国民党主席的朱立伦时强调，两岸同胞同根同源、同文同种，历来是命运与共的。在经济全球化深入发展、两岸联系日益密切的今天，两岸是割舍不断的命运共同体。"我们愿意首先同台湾同胞分享发展机遇，愿意优先对台湾开放，并且对台湾同胞开放的力度要更大一些。我们将继续维护在大陆投资的台资企业的合法权益，为他们创造更好的发展条件。""要充分考虑

两岸双方社会的心理感受，努力扩大两岸民众的受益面和获得感，尤其要为两岸基层民众、中小企业、农渔民合作发展、青年创业提供更多机会，让两岸同胞参与越多受益越多。"要充分发挥闽台独特的"五缘"优势和中央支持福建对台工作先行先试的政策优势，抓住福建自贸区建设和"21世纪海上丝绸之路"核心区建设这一重大的历史性机遇，进一步推动闽台产业深度对接，促进闽台经济融合发展。

（一）凸显对台特色，强化制度创新，着力把福建自贸试验区建设成为深化两岸经济合作的示范区

按照在平潭片区重点建设两岸共同家园和国际旅游岛，在投资贸易和资金人员往来方面实施更加自由便利的措施，厦门片区重点建设两岸新兴产业和现代服务业合作示范区、东南国际航运中心、两岸区域性金融服务中心和两岸贸易中心，福州片区重点建设先进制造业基地、"21世纪海上丝绸之路"沿线国家和地区交流合作的重要平台、两岸服务贸易与金融创新合作示范区的区域布局，加快构建闽台利益共同体。具体而言，就是要按照率先推进与台湾地区投资贸易自由，积极探索闽台产业合作新模式、扩大对台服务贸易开放、推动对台货物贸易自由、促进两岸往来更加便利、推动两岸金融合作先行先试，有利于台胞到大陆创业发展、加快打造两岸命运共同体的要求，重点创新闽台合作机制，推动货物、服务、资金、人员等各类要素自由流动，增强闽台经济关联度。

第一，探索闽台产业合作新模式。在产业扶持、科研活动、品牌建设、市场开拓等方面，支持台资企业加快发展。推动台湾先进制造业、战略性新兴产业、现代服务业等产业在自贸试验区内集聚发展，重点承接台湾地区产业转移，促进闽台产业链深度融合。创新闽台合作研发模式，合作打造品牌，合作参与制定标准，拓展产业价值链，构建闽台双向投资促进合作新机制。

第二，拓宽合作领域。闽台应在农业改良、休闲农业开发、食品深加工方面广开合作之门。推进服务贸易对台更深度开放，促进闽台服务要素自由流动。进一步扩大通信、运输、旅游、医疗等行业对台开放。降低台商投资进入门槛，对台湾地区的自然人到自贸试验区投资实行国民待遇，发展两岸电子商务，简化进口原产于台湾商品的有关手续，台商在自贸试验区设立合资或独资企业比照大陆企业。

第三，推动闽台贸易自由。积极创新监管模式，建立闽台通关合作机制，提高贸易便利化水平。开展货物通关、贸易统计、原产地证书核查、"经认证的经营者"互认、检验检测认证等方面合作，逐步实现信息互换、监管互认、执法互助。完善对台小额贸易管理方式。对台湾地区的农产品、水产品、食品和花卉苗木等产品试行快速检验检疫模式。促进人员往来便利化，对台湾居民和台湾企业高级管理人员、专家和技术人员来闽实施高效便利的出入境政策。

第四，深化闽台金融合作。加强金融业开展跨境人民币业务合作，扩大台资金融机构营业范围；降低台资金融机构准入和业务门槛，适度提高参股大陆金融机构持股比例；支持两岸银行业进行相关股权投资合作，放宽符合条件的台资金融机构参股自贸试验区证券基金机构股权比例限制，支持符合条件的台资保险公司到自贸试验区设立经营机构，加强两岸在金融纠纷调解、仲裁、诉讼及金融消费者维权支持方面的合作，健全多元化纠纷解决渠道。让两岸关系和平发展红利惠及广大台湾同胞，进一步夯实共同利益基础，促进闽台融合发展。

（二）着眼民生，突出"三通"先导和纽带作用，加快构建台湾同胞"第二生活圈"

第一，进一步落实惠台政策，改善投资环境。台商是两岸关系和平发展受益最大、最直接的群体，也是维护和推进两岸关系和平发展的重要力量。他们不仅是促进两岸经济合作、人员往来的黏合剂，也可以成为两岸共同利益的传输带，两岸观念、社会文化的重要使者。进一步改善投资环境，增强台资投资信心及对祖国的向心力，对于促进闽台融合发展具有重要意义。要按照"法无授权不可为、法定职责必须为、法无禁止皆可为"的要求，进一步推进机构改革和简政放权，减少行政审批项目、优化项目审批程序，提高行政服务效率。加强政策整合，调整完善在闽台资企业的税收政策、税外收费政策、用地政策、融资政策，构建以法律为基础的劳资纠纷解决机制，尽快解决台商长期面临的土地、融资、用工等问题，不断增加台资吸引力。要了解台资企业主、台籍管理和技术人员及家属在就学、就业、就医等方面的需求，在台商投资密集地区建立生活公共服务中心和生活配套设施，以解决其后顾之忧。进一步推进台商投资区等各类对台产业专属园区建设，加大基础设施投入和政策配套支持，提升涉台经济园区的项目承载能力。继续加强台湾农民创业园建设，在项目安排和资金扶持上给予倾斜，努力帮助企业开拓市场，解决产品出路问题，在农产品信息服务平台、品牌塑造、市场营销渠道等方面提供具体支持和帮助，做大台湾农民创业园。

第二，持续推进对台民生工程建设。推动向金门供水、供电和向台湾供气。加快落实台湾车辆在自贸试验区与台湾之间便利进出境政策，推动实施闽台机动车辆通过客滚运输航线互通和驾驶证互认，简化临时入境车辆牌照手续。推动厦门—金门和马尾—马祖游艇、帆船出入境简化手续。发展邮轮运输直航，努力打造"两岸邮轮经济圈"。发展海峡快捷物流，推动航空货运功能向快递延伸，努力构建大陆对台通信和互联网业务主要口岸和业务汇集区。

第三，以平潭开放开发为重点推动综合实验，按照对台实施更加自由便利措施，加快推进服务贸易自由化、航运自由化的要求，探索推动两岸社会保险等方面对接，将台胞证号管理纳入公民统一社会信用代码管理范畴，方便台胞办理社会保险、理财业务等。探索台湾专业人才在行政企事业单位、科研院所等机构任职，试行两岸同等学力、任职资历、技能等级对接互认。加强两岸司法合作，创新合作形式。发展知识产权服务业，扩大对台知识产权服务，开展两岸知识产权经济发展试点。允许台湾建筑、规划、医疗、旅游等服务机构执业人员，持台湾有关机构颁发的证书在平潭开展相应业务。对台商独资或控股开发的建设项目，借鉴台湾的规划及工程管理体制，对台湾居民实施更加便利的入出境制度。加深与台湾各界别、各层次、各领域的交流融合，探索建设台胞社区，打造台湾同胞的"第二生活圈"。

二、扩大闽台文教卫生等领域的交流合作，促进文化与经济的融合

（一）扩大闽台文教卫生等领域的交流合作

第一，深化闽台同源文化保护。闽台文化一脉相承，同根同源。闽台文化遗产是海峡两岸人民共同的物质财富和精神财富，是承载闽台人民共同历史记忆的文化符号，并表现出中华文化多元一体的文化特征，其表现形式丰富多彩，包括宗族祠堂、建筑文物、节俗、宗教、民间工艺、口头文学、音乐戏曲等。要充分利用闽台文化遗产保护、闽南文化生态保护实验区建设等文化成果，丰富和拓展闽台文化交流与合作。加快闽南文化生态保护实验区建设，推进设立妈祖文化、客家文化生态保护实验区，推动闽南红砖建筑两岸联合申遗等，推动两岸携手对传统资源进行保护利用，增强台湾民众的文化认同。

第二，创新闽台教育合作模式。闽台教育具有深厚的亲缘关系，当前两地教育联系呈双向交流态势，形式多样、范围广泛、互动频繁。要进一步加强交流合作，为两岸学校、教师、学生打造互动交流的平台，以增进两岸学界的理解和对话。引进台湾优质教育资源参与福建教育办学，合作建立高等院校、职业学院，联合开设院、系、专业。支持闽台高校互设招生办事处、推动闽台高校学历互认、职业证书互认。建设闽台继续教育基地，引进台湾知名教育培训机构，继续推动开展职业培训、资格考试和职业认证等试点工作。福建高校应注重结合闽台独特的文化资源，在台湾学生的培养教育中，开展中华民族文化传承教育，每年组织台湾籍学生参加文化寻根、夏令营、共度传统节日等活动，每学期精心策划语言实践活动，让台湾学生深刻感受闽台文化，从而加深中华民族文化情结，进一步增强他们的中华民族文化认同感。

第三，深化闽台新闻、出版、广电、体育等领域的交流，推动闽台公共卫生、医学医疗、中医药、康复养生等方面的交流合作。

（二）深化闽台文化产业对接

近几年来，闽台文化产业交流与合作取得重大突破，闽台文化产业对接合作

已具有较好的基础：海峡文化产业博览会、图书交易会、海峡论坛等平台的构建和不断完善，闽台文化产业合作领域进一步扩展，从文化旅游、工艺美术拓展到表演艺术、新闻出版、印刷发行、网络动漫等领域，同时还在文化产业园区等综合性项目的合作上有新的进展。要进一步发挥闽台文化产业互补性强的优势，把文化交流与文化产业相融合，大力推进闽台文化创意产业合作，把创意水平提升作为主要抓手，在有利于共同提升文化产品创意水平、培育知名文化品牌和优秀创意人才方面开展合作，不断提升文化创造力。全面推进闽台文化产业各门类的深度合作，建设海峡两岸文化产业园和文化产业合作中心，构建两岸文化产业对接基地，延伸文化产业链，打造国际华人文化品牌，开辟全球文化市场。闽台文化产业对接不能应时而为，而要从长计议，将持续发展作为产业合作的着力点，在着力建构文化产业人才培训基地，扩大与台湾文化产业教育机构合作的同时，着力引进台湾地区文化产业大师级人才，以克服目前福建发展文化产业面临的人才结构性矛盾突出，高端创意、运营管理、国际营销等高端创意人才严重缺乏，尤其是大师级人才缺乏这一制约福建省文化创意产业发展、壮大的瓶颈和最大障碍，形成推进文化产业发展的智力支撑。

（三）深化闽台文化理论研究

深化闽台文化交流合作，离不开对闽台文化及其关系的深入研究。如前所述，20世纪80年代以来，闽台文化研究已经取得了相当丰硕的成果，尤其是通过对"'历史'事实的追述与挖掘，以无可辩驳的历史事实证明了'台湾自古就隶属福建管辖，是中国领土不可分割的一部分''台湾社会是以闽粤移民为主的移民社会''台湾与大陆同根同源，两岸地缘相近、血缘相亲、文缘相承、法缘相随、商缘相连'等事实，"[①]为海峡两岸关系和平发展做出了贡献，也为进一步研究打下了坚实的基础。深化闽台文化交流合作，要在以往闽台文化研究的基础上，适应当前台海形势的新变化，尤其是当前闽台文化交流合作中呈现出的新问题和新趋势，进一步创新研究理念、拓宽研究视野、丰富研究内容，在继续深化闽台文化

---

① 谢必震：《互动与创新：新形势下闽台文化深度交流的趋势》，《闽台关系研究》2015年第2期。

之间"根"与"叶"、"源"与"流"关系研究的同时，更加注重闽台文化的当下互动与创新发展的研究，探寻中华文化在闽台两地当代社会发展中的脉动趋势与意义，致力于构建两岸命运共同体的精神文化纽带，以深化人们对闽台文化内涵的认识，进而加强对中华文化的认同感和归属感，增进海峡两岸民众感情，消除彼此心理隔膜。

三、深化祖地文化交流，提高台湾民众对"根、祖、脉"的认同，促进两岸民心融合

两岸交流，归根到底是人与人的交流，最重要的是心灵沟通。闽台文化作为中华文化的重要组成部分，向来被视为中华地域文化中的一个共同的文化区域。闽台两地相同的语言、习俗、信仰和文化是交流的独特优势，要充分利用闽南文化、客家文化、妈祖文化、船政文化、朱子文化等福建特色文化资源，不断拓展和丰富闽台文化交流内容，促进闽台文化交流更趋常态化，增进广大台胞对"根、祖、脉"的认同。

（一）充分发挥祖地文化优势，不断深化台湾民众对"根、祖、脉"的认同，打造台湾同胞根祖回溯的精神家园

一要充分发挥闽台宗亲、同乡、民间信仰、姻亲的桥梁纽带作用，深化各类传统节庆、族谱对接、宫庙祭典、姻亲联谊等民间文化交流活动。广泛邀请台湾基层民众来闽寻根谒祖、朝拜祈福、探亲访友、旅游观光。要以"一村一品一特色"为抓手，深化闽台乡镇对接，推动闽台同名同村联谊交流，促进乡情延续，让交流更接基层地气，更贴近骨肉亲情。二要进一步突出对台交流"向南移、向下沉"，以"三中一青"为重点，加大对中南部、中下层、中小企业和青年的文化交流。注重以祖地文化为依托，乡音乡情为纽带，深耕基层，充分利用福建祖地文化在台湾民众中广泛、深远的影响力，继续深入推进福建文化宝岛行。通过入岛赴台举办各类族谱展、涉台文物展、福建工艺美术展、福建省民间民俗及民间技艺展示。组织妈祖金身、保生大帝金身、陈靖姑金身入岛巡游，组织福建艺

术表演团组入岛交流展演等。在展示福建省祖地文化的多彩丰富和强大魅力的同时，不断深化台湾民众对"根、祖、脉"的认同，打造台湾同胞根祖回溯的精神家园。

（二）发挥"五缘"及政策优势，持续加强重大文化交流平台建设

注重地缘优势，进一步加强海峡论坛、海峡两岸民间艺术节、海峡两岸文化产业博览会、莆田湄洲妈祖文化旅游文化节、闽台对渡文化节暨蚶江海上泼水节、海峡两岸关帝文化节等列入国台办、文化部年度重点涉台文化交流平台建设。同时，要按照一地一特色的原则，进一步加强福州"两马同春闹元宵"、厦门"保生慈济文化节"、泉州"闽南文化节"、漳州"开漳圣王文化节"、"海峡两岸木偶艺术节"、莆田"海峡两岸工艺美术博览会"、龙岩、三明的客家学术研讨会和客属恳亲大会、南平"朱子文化节"、宁德"陈靖姑文化节"等活动平台建设，扩大影响，增强实效，沟通台湾同胞感情，促进台湾同胞对中华文化的认同。

（三）推进闽台朱子文化交流合作

朱子文化博大精深，是中国传统文化发展的一个重要里程碑。朱子文化不仅影响中国800多年，而且对日本、韩国、东南亚以及欧美等也产生了一定的影响。朱子文化的学术和思想研究虽非"福建"专利，但福建是朱子文化的发祥地和集成地。朱子文化的遗物、遗址80%在福建，包括朱熹的出生地、主要寓居地和终老地在福建，求学、讲学、著述、从政等场所也多在福建，这是福建得天独厚的一份珍贵文化遗产。而在台湾，朱子文化也有深厚的影响。无论政界民间，往往视孔朱一体，把朱子理学作为儒学的"正宗"，"庙宇拜孔、书院祭朱"几成台湾定俗。全岛数百座书院，历史最长的已有300多年，虽规模不等，但至今保存完好，都专祭朱子，且效仿"朱子学规"不变，授课内容以朱子理学为主，与现代教育相辅相成。政要和学者多以创办或担任书院山长为荣。台湾朱子祠和祭祀朱熹的合祠也很多，其活动和影响长盛不衰，每年春秋两祭朱子。近30年来，福建丰富的朱子文化遗存更是吸引了一批批在台朱子后裔、朱氏宗亲前来谒祖、参访。各种规模不等的朱子文化研讨会，也吸引了海峡两岸学者的广泛参与。因此，在两岸社会制度、意识形态存在很大差异的现状下，共同保护和发展朱子文

化对于深化两岸民众的文化交流与融通具有重要的作用。我们应从更高的站位，施以更大的力度，推动闽台朱子文化交流的长足发展。

四、推进闽台青少年交流合作，为两岸关系和平发展不断夯实民意基础

文化认同是民族凝聚力和国家向心力的动力之源，是国家认同最深厚的根基。青年是民族的未来，也是两岸的未来。重视台湾青年的心态，深化闽台青少年交流合作，有助于营造"两岸一家亲"的浓厚氛围，增强台湾青年对大陆的亲近感、融入感和归属感，逐渐增强"两岸命运共同体"的观念，促进中国认同的形成和凝聚。要针对目前对新生代的闽台文化交流活动创意不足、项目不多、范围不广、深度不够，参与感弱、互动性差、对台湾年轻人的影响有限等问题，进一步深化闽台青少年的交流合作。

（一）提升海峡青年论坛、海峡青年节等品牌活动内涵，助力两岸青年实现人生梦想

论坛应更多关注两岸青年成长，增进两岸青年的交流和感情，推动两岸青年交流规模，努力探讨创新符合青年人志趣的交流内容和形式，研究为对岸生活、学习、就业、创业的青年提供更好条件的措施，探讨建立两岸青年人才合作培养机制，推动平潭设立台湾青年创业园，为两岸青年共同发展、施展才华提供更多机会和平台，让两岸青年在交流中化解历史形成的认知和情感隔阂，融洽同胞感情，增进心灵契合。

（二）突出两岸青年的主体地位，创新青年交流模式

要突出两岸青年的主体地位，增加两岸青年互动探讨的时间，用台湾青年易于接受的形式和语言，结合文化、旅游、游戏、联谊、表演等载体开展交流。如邀请台湾青少年来闽交流、台湾大学生来闽实习等。通过开展闽台文化互动体验，寻找闽台文化的相似性、联系性和差异性，追根溯源。通过"闽台一家亲"，加强台湾青年对"两岸一家亲"的认同，增进台湾青少年对祖国大陆的认知和对

中华优秀传统文化的认同。近些年来，海峡两岸数十所高校师生参与的"共走朱子之路"研习营就是一个有益的尝试。这项活动由台湾朱子学研究协会、台湾朱氏宗亲文教基金会、闽北朱氏宗亲会等共同举办，每逢暑假进行，目前已办了8届，已有包括台湾大学、新竹清华大学、东海大学、政治大学等在内的台湾20多所高校，以及北京大学、清华大学、复旦大学、厦门大学等在内的大陆10余所高校的400多名师生（其中不乏知名教授和博士生）参与了研习营活动。他们沿着朱熹生平足迹一路行与思，在领略八闽青山绿水的同时，参访朱熹讲学授道之所，探寻朱子文化的源流与脉络，体悟朱子理学的魅力与当代价值，既带有旅游和文化上的多重交流，对个人而言又是一种人生的体验。通过读朱子书、行朱子路，不仅拉近了两岸青年学生的情谊，而且成为共同传承中国优秀传统文化的交流平台。

五、建立健全闽台文化交流合作机制，推动闽台文化交流合作持续推进

闽台文化合作机制是指在特殊的两岸关系下，闽台在文化领域通过协商与沟通，设立特定的组织机构，订立一系列合作的原则、准则、制度规范和搭建稳固平台，商讨交流合作的重大问题，协调闽台双方之间的相关政策，以推动闽台文化交流合作持续推进的一种制度框架和运作方式。它既包括人为设计的制度，也包括约定俗成的惯例，以及相关的中介组织机构等。一方面，"两岸命运共同体"已存在主客观发展的支持环境，闽台应加强从构成性规范、社会目标、相对比较、认知模式以及有建设性的争论等方面来重塑两岸社会认同，为"两岸命运共同体"提供示范效应。另一方面，应从建立微观层面的合作机制入手，推动建立文化管理机构的对话机制、建立常态的民间文化交流的可持续性机制、构建共同文化利益联结机制、构建涉台文物与传统文化保护传承机制、构建多样化的政策、资金支持机制，不断探索良性介入两岸文化交流合作机制构建与发展的现实途径，形成管理部门引导、民间推进的多层次、多维度机制体系。

（一）推动建立文化管理机构的对话机制

闽台文化交流合作的深化有赖于两地管理部门在机制与政策规定层面进行制度性协调与合作，在有关规定和政策上为经营者提供各种指导，在资金投入和政策上予以支持。只有管理部门充分沟通合作，并加强文化管理机构的对话，分不同阶段，针对不同的问题，形成管理制度化安排良性互动，建立有效运行的闽台文化交流合作机制，并推动两地管理部门协商提升至协同治理的层次，才能推进闽台文化交流合作稳步深入发展。

一要构建制度性组织机构。着手研究互设民间文化办事机构，负责处理与闽台文化交流相关的服务、推广和权益保护等事务，为闽台文化交流合作目标的确定、执行、协调以及争端解决等问题提供一个经常性的协商和仲裁机构，为深化闽台文化交流与合作提供必要的政策和法规支持。建议依循定位事务性谈判的原则行使管理职能，进行对话协商，加强合作，在引导文化事业发展方面，发动和鼓励民间的、私人的文化机构主办各种灵活多样的活动；也可根据需要，提供资金扶持规模较大的文化设施和活动。

二要完善多层协商体系。建立文化管理部门的对话机制，会议制度和协调机构，商讨两地文化交流与合作的政策协调，进行合理的资源配置和有效的分工合作，充分发挥优势互补的效果。完善多层协调体系，首先，可以搭建沟通、协商或谈判的平台，如包括一些以"区域对区域、民间对民间、行业对行业、企业对企业、单位对单位"的方式建立的协商平台；其次，按照双方认可的程序和议题进行具体协商、对话与沟通，就权益保障、纠纷调解及仲裁，知识产权保护等问题进行沟通，在充分协商的基础上调整各自政策，保证合作目标的达成，并制定具有可行性和可操作性的政策措施，调整不适应双方合作的管理体制及有关政策，建立有利于两地文化交流合作正常运行的政策环境；再次，可通过会议制度、日常工作办公室工作制度以及部门衔接落实制度等，构建多层次、网络状的协调体系，保证信息的通达，实现各个层次的权利平衡和利益表达。

（二）建立常态的民间文化交流的可持续性机制

第一，要推动闽台宗亲交流常态化、机制化。同根同源的宗族文化对台胞具有牢不可摧的感召力。要进一步开展、促进闽台族谱对接,在海峡论坛形成有14家姓氏源流研究团体洽签《闽台姓氏长期合作协议》的基础上,进一步深化洽签活动,以推动闽台宗亲交流常态化、机制化。如加强闽台客家族群的融合,创建两岸客家人全方位、宽领域、多层次经贸、文化交流合作的基地和平台,使之成为联结两岸客家精神、血脉的纽带和桥梁。

第二,要促进两地基层民间文化机构往来的机制化、常态化。针对当前文化交流合作少有深入台湾乡村的基层民众中间的问题,要进一步拓宽渠道,促进两地基层文化机构往来密切与岛内宫庙堂会、宗亲会、同乡会、文化社团的联系,开展各具特色的文化交流活动并形成常态化,扩大与台湾一般百姓的交流面,以达到更广泛接触台湾民众,尤其是基层民众。如继续办好两岸歌仔戏艺术节、木偶艺术节、两岸花卉博览会、灯谜艺术节、奇石节、茶文化节、海峡两岸闽南语歌典大赛、水仙花雕刻艺术节、书画展览、文物展览、民俗文化活动巡演等,扩大覆盖面,增强影响力,增强台湾民众对福建祖籍地的认同感。

第三,要推进闽台青少年交流合作常态化、机制化。整合已有的一些闽台青少年交流合作项目,努力把它做大做好做强,扩大其影响,更广泛地增进两地青少年彼此之间的了解和共识,培育闽台两地青少年一代的情谊。要加强闽台青年社团交流合作,加快构建两岸青年联盟。设立闽台高等教育交流合作组织,有效地联络各高校,共同研究探讨闽台交流合作事宜,发展长效的教育交流机制,鼓励和支持青年教师和广大学生赴台交流学习,为闽台青年交流交往注入新的活力。

第四,要开办民间文化论坛,构建对话机制。渠道通畅的对话机制是形成合作共识的关键环节。有效的公共对话促进合作发展。因此,可先行一步在福建筹办民间文化论坛,通过论坛探讨解决闽台文化交流合作中面临的障碍,两岸姓氏文化学术交流等,让两地民众在没有任何压力的情况下自由、平等地对话和交流,共同参与探讨,即时、互动地进行交流沟通,以求得两地民众在文化交流合作上更公开、更坦诚、更真实的想法和期待。

(三)建构共同文化利益联结机制

制度是利益的产物,利益相关性是制度产生的必要条件。以闽台文化利益联结作为载体，可使双方的信任不仅仅停留在情感层次，而是拓展到与他们现实生活息息相关的方方面面，从而夯实闽台文化交流合作可持续发展的现实基础。将闽台文化交流合作融入闽台同胞的共同利益和福祉中来体现，体现在两地同胞的日常生活之中。一是增进闽台文化上的利益联结，实现利益媒介配置的多元化。二是扩大利益媒介作用的范围和终端，使利益调配或利益输送真正发挥实效。三是增进闽台文化利益互动的平等互利性。比如，策划、组织一些有规模、有影响的闽台文化交流双向互动的项目。四是建立健全文化事业发展的法制法规，尤其是知识产权保护法规与经营实施功能，拓展闽台两地专业化知识共享的产业空间，建立起区域利益共享与补偿机制。

（四）构建涉台文物与传统文化保护传承机制

建立有效机制，进一步做好涉台文物保护交流与传统文化的保护和传承工作，深入发掘、展示和宣传涉台文物丰富的历史文化内涵。

第一，要推广闽南话普及。要通过日常活动的方式进一步推广，如在家庭生活中、课余活动中，家长和老师尽量引导学生通过闽南方言进行沟通和对话，广播电视台等媒体开播方言类的节目等。

第二，要设立展示平台。博物馆要定期举办一些文物展出活动，同时可以配合文物展出举办一些普及性的文化主题讲座。加快开台文化主题公园建设，打造传统文化品牌。

第三，要着力抢救、保护、普及和传承本土传统文化。编辑出版民间故事、歌谣、谚语等，并建立数据库，形成资料档案，进行深度挖掘与整理，并以多媒体、动漫产品等现代科技手段来展示和宣传推介，使之在保持地方特色的同时，融入更多的时代元素。对于具有物质文化形态的涉台文化遗产，要坚持把文物单体保护、园林绿化与历史文化街区保护相结合，坚持保护、整治与利用相结合，从而使功能单一的史迹变成镌刻闽台血缘亲缘真实历史场景的文化区域。

第四，要坚持保护与培养相结合，加强传承队伍建设。以授予称号、表彰奖励、资助扶持等方式，对民间艺人实行重点扶持，防止人才流失；同时，要加强青年人才培养，为民俗文化的传承不断培养补充新生力量。

（五）构建多样化的政策、资金支持机制

第一，要加强战略规划，实施更加开放的政策。要以更高的定位、更宽的思路、更大的手笔，解决好区位优势和资源统筹整合与协调的问题，简化赴台进行文化交流的审批程序和手续，缩短福建在文化创意产业综合配套、产业聚集度、基础设施建设、技术研发、人力资源、市场容量和市场辐射能力等方面的差距，促进闽台文化创意产业的对接与融合，努力改变两岸文化交流与合作发展不平衡的难题，突破两岸文化交流单向性、单一性突出的问题，以求扩大交流的领域和平台。

第二，要建构多样化的基金支持机制。可采取政府引导、社会参与的方式，以"共同筹资安排"的途径，设立闽台文化交流合作基金，重点用来扶持一些重要的对台文化交流项目，不断提升闽台文化交流的层次、水准和规模。同时，还可通过特定途径与程序，设立闽台文化交流合作的职能性基金，就闽台文化交流合作中特定领域如研究与保护的推进等提供支持。

主要参考文献

一、专著

[1] 习近平:《习近平谈治国理政》,外文出版社 2014 年版。

[2] 班固:《汉书》,上海古籍出版社 1995 年版。

[3] 李昉等编:《文苑英华》第 3 册,中华书局 1966 年版。

[4] 郑侠:《西塘集》,文渊阁四库全书本。

[5] 脱脱:《宋史》,上海古籍出版社 1995 年版。

[6] 陈必复:《南宋群贤小集》(汲古阁景宋钞南宋群贤六十家小集本),上海古书流通处 1921 年版。

[7] 刘良璧:《重修福建台湾府志》,台湾大通书局 1984 年版。

[8]《中国地方志集成·福建府县志辑》,上海书店出版社 2000 年版。

[9] 何乔远:《闽书》,福建人民出版社 1994 年版。

[10] 翟灏:《台阳笔记》,台湾大通书局 1987 年版。

[11] 汪毅夫:《中国文化与闽台社会》,海峡文艺出版社 1997 年版。

[12] 林仁川、黄福才:《闽台文化交融史》,福建教育出版社 1997 年版。

[13] 徐晓望:《妈祖的子民——闽台海洋文化研究》,学林出版社 1999 年版。

[14] 林国平主编:《闽台区域文化研究》,中国社会科学出版社 2000 年版。

[15] 吕良弼主编:《五缘文化力研究》,海峡文艺出版社 2002 年版。

[16] 林其锬、吕良弼主编:《五缘文化概论》,福建人民出版社 2003 年版。

[17] 刘登翰:《文化亲缘与两岸关系》,九州出版社 2003 年版。

[18] 汪毅夫：《闽台区域社会研究》，鹭江出版社 2004 年版。

[19] 刘大可：《闽台地域社会与族群文化新探》，方志出版社 2004 年版。

[20] 何绵山：《闽台区域文化》，厦门大学出版社 2004 年版。

[21] 刘登翰、林国平主编：《闽台文化关系研究丛书》（共计 11 册），福建人民出版社 2002—2004 年版。

[22] 福建省地方志编纂委员会编：《福建省志·闽台关系志》，福建人民出版社 2008 年版。

[23] 方彦富主编：《中华文化在台湾发展的探究》，海峡出版发行集团海峡书局 2013 年版。

[24] 林国平：《闽台民间信仰源流》，福建人民出版社 2003 年版。

[25] 詹石窗、林安梧主编：《闽南宗教》，福建人民出版社 2007 年版。

[26] 李仁芳总编：《2010 年台湾文化创意产业发展年报》，台湾文化主管部门 2011 年版。

[27] 张京成：《中国创意产业发展报告（2009）》，中国经济出版社 2009 年版。

[28] 龚明鑫：《2011 台湾各产业景气趋势调查报告》，财团法人台湾经济研究院 2010 年版。

[29] 魏然：《台湾文化产业论稿》，吉林大学出版社 2010 年版。

[30] 魏然：《视觉艺术与创意产业》，江苏大学出版社 2013 年版。

[31] 台湾"传统艺术中心"：《从传统出发的文化创意产业：陈美娥与汉唐乐府》，生活美学馆 2003 年版。

二、论文

[1] 陈元煦、黄永治：《闽台及东南亚之清水祖师信仰》，《福建师范大学学报》（哲学社会科学版）1995 年第 2 期。

[2] 郑国栋：《萧太傅崇拜与富美宫的历史作用》，《泉州道教文化》1995 年 12 月第 8、9 期合刊。

[3] 林国平：《闽台民间信仰与两岸关系的互动》，《江西师范大学学报》（哲学

社会科学版）2003 年第 4 期。

　　[4] 洪荣文：《闽台民间信仰的传承与交流》，《泉州师范学院学报》2008 年第 1 期。

　　[5] 陈名实、陈晖莉：《福建谱牒文化调查研究》，《泉州师范学院学报》2009 年第 1 期。

　　[6] 蔡嘉源、陈萍：《台湾同胞寻根问祖之钥——论闽台宗亲文化交流》，《福建论坛（人文社会科学版）》2009 年第 6 期。

　　[7] 范正义：《泉州天后宫对推动两岸交流的促进作用》，《莆田学院学报》2010 年第 1 期。

　　[8] 钟巨藩：《发挥客家文化在两岸民间交流中的作用》，《亚太经济》（客家文化与海峡西岸经济区建设专辑）2010 年 5 月。

　　[9] 蔡嘉源：《积极有序开展闽台宗亲文化交流，增进台胞"血脉亲，中华情"——关于做好台湾民众工作的调研报告》，载《福建社会科学院科研成果选编（2009）》，海峡文艺出版社 2011 年版。

　　[10] 王国龙、吴巍巍：《论当前闽台宗教文化交流的新趋势及其影响》，《闽台关系研究》2012 年第 2 期。

　　[11] 范正义、林国平：《闽台庙际往来中的巡游现象研究》，《闽台文化交流》2012 年第 3 期。

　　[12] 余学锋：《加强闽台科技合作创新的思考》，《中共福建省委党校学报》2009 年第 1 期。

　　[13] 张宝蓉：《新时期闽台高等教育交流合作问题探究》，《台湾研究集刊》2011 年第 2 期。

　　[14] 兰自力等：《海峡两岸体育交流研究》，《北京体育大学学报》2004 年第 3 期。

　　[15] 白少华：《两岸体育交流的回顾与展望纲要》，《国民体育季刊》1995 年第 2 期。

　　[16] 陈如桦等：《闽台体育交流合作回顾与现状分析》，《中国体育科技》2000

年第 3 期。

[17] 陈少坚：《闽台两地体育文化及其交流现状和发展前瞻》，《体育科学》2006 年第 7 期。

[18] 刘明辉：《当前海峡两岸体育交流合作存在的问题及解决思路》，《厦门科技》2009 年第 3 期。

[19] 狄松：《两岸媒体交流历程及展望》，《中共福建省委党校学报》2010 年第 7 期。

[20] 杨文新：《关于加强闽台基础教育交流与合作的思考》，《漳州师范学院学报》（哲学社会科学版）2010 年第 3 期。

[21] 许明等：《闽台高等职业教育交流合作的历史沿革与基本模式》，《教育与考试》2010 年第 3 期。

[22] 李红、林华东：《闽台高等教育交流合作的现状、问题与策略》，《龙岩学院学报》，2011 年第 1 期。

[23] 管宁：《加快转型 强化创意 大力推进文化产业升级》，《福建论坛》（人文社会科学版）2008 年第 11 期。

[24] 刘桂茹、刘小新：《闽台文化产业互补性初探》，《福建论坛》（人文社会科学版）2006 年第 11 期。

[25] 郑元凯：《我国文化产业的发展现状与战略对策》，《经济与社会发展》2007 年 2 月第 5 卷第 2 期。

[26] 陈淑媛、黄育聪：《创意文化产业：妈祖文化资源开发与利用的方向——莆田妈祖文化产业深度开发策略研究》，《莆田学院学报》2007 年第 4 期。

[27] 张帆：《闽台表演艺术产业交流与合作研究》，《厦门特区党校学报》2011 年第 2 期。

[28] 陈美霞：《福建文化创意产业的 SWOT 分析》，《福建论坛》（人文社会科学版）2010 年第 2 期。

[29] 陈美霞：《台湾表演艺术产业生态——以云门舞集、表演工作坊、汉唐乐府为分析个案》，《艺苑》2009 年第 8 期。

[30] 陈美霞:《全球化背景下的台湾动漫产业》,《艺苑》2008年第7期。

[31] 陈孔立:《"台湾文化民族主义"的构建》,《台湾研究集刊》2013年第5期。

[32] 孙云、庄皇伟:《以"共同体"视角探析台湾青年认同问题》,《现代台湾研究》2015年第3期。

[33] 谢必震:《互动与创新：新形势下闽台文化深度交流的趋势》,《闽台关系研究》2015年第2期。

[34] 郭百修:《地方文化产业化机制之研究——以美浓镇为例》,台北大学硕士论文,1999年。

三、报纸文献

《习近平总书记会见台湾和平统一团体联合参访团》,《人民日报》2014年9月27日。

四、网络文献

[1]《澎湖宗教直航今赴泉州迎妈祖 三通中继站渐成形》,2002年7月23日,南方网（http://www.southcn.com/news/hktwma/liangan/200207230999.htm）。

[2]《走过2012 数据看闽台交流》,2012年12月31日,新华网（http://news.xinhuanet.com/tw/2012-12/31/c_124171991.htm）。

[3]《截至5月底福建省实有台资企业3856户》,2013年6月26日,新华网（http://news.xinhuanet.com/tw/2013-06/26/c_116301818.htm）。

[4]《中国闽台缘博物馆去年接待台胞近9万人次》,2014年1月27日,新华网（http://news.xinhuanet.com/tw/2014-01/27/c_119147533.htm）。

[5]《第七届海峡两岸图书交易会落幕》,2011年11月1日,（http://news.xinhuanet.com/local/2011-11/01/c_111138662.htm）。

[6] 周步恒、陈庚:《第四届海峡两岸文博会：根植传统文化 创意引领生活》,2011年10月30日,网易新闻（http://news.163.com/11/1030/18/7HKPPN3200014JB5.

html）。

[7]《第四届海峡两岸文博会厦门举行》，2011年10月29日，人民网（http://tv.people.com.cn/GB/166419/16066811.html）。

[8] 谢添实：《湄洲妈祖文化旅游节升为国家级庆典 10月31日开幕》，2010年10月26日，东南网（http://www.fjsen.com/d/2010-10/26/content_3795351.htm）。

[9] 台中县大甲妈祖国际观光文化节专版（http://mazu.hotweb.com.tw/）。

[10] 王文静：《民间行业组织要扮演更重要角色》，2006年1月22日，新浪网（http://news.sina.com.cn/c/2006-01-22/10318049838s.shtml）。

[11] 杨渡：《两岸创意产业的共同未来》，"岭南文化大讲坛"，2009年12月2日，腾讯网（http://news.qq.com/a/20091202/002943_9.htm）。

[12] 江柏樟：《大甲妈祖绕境、跟着去旅行 员林创意的炖饭与焗烤》，2011年4月7日，大台湾旅游网（http://tw.tranews.com/Show/Style1/News/c1_News.asp?ProgramNo=A000001000005&SItemId=0271030&SubjectNo=3247837）。

后　记

《闽台文化交流与合作研究》一书是国家社科基金特别委托项目"互动与创新：多维视野下的闽台文化研究"（项目编号：09@ZH015）子课题"闽台文化交流合作研究"的最终成果。

福建与台湾一衣带水、隔海相望。闽台文化渊源深厚，具有独特的"五缘"优势。2009年5月14日，国务院发布《关于支持福建省加快建设海峡西岸经济区的若干意见》，明确提出，建设海峡西岸经济区"是加强两岸交流合作，推进祖国和平统一大业的战略部署，具有重要的经济意义和政治意义"。在战略定位上把海峡西岸经济区确立为"两岸人民交流合作先行先试区域"，"建设两岸文化交流的重要基地"则是发展目标之一。在这一背景中，进一步加强闽台文化交流合作，促进闽台文化整合的重要性日益突显。基于这样的认识，本书以加强闽台文化交流合作，促进闽台文化整合为主旨，采用社会学与文化传播学相结合的方法，宏观研究与微观分析相结合，从闽台文化渊源与区域特征、闽台民间文化交流与合作、闽台对口文化交流与合作、闽台文化产业交流与合作等不同侧面，回顾改革开放以来闽台文化交流与合作所走过的历程；疏理并述评闽台文化交流与合作所取得的成果；总结提炼闽台文化交流与合作的基本经验；分析探讨闽台文化交流与合作存在的问题及影响因素，并在此基础上提出新形势下加强闽台文化交流与合作的思路和对策，以期对推动闽台文化交流合作的深入发展、推动两岸关系和平发展、促进祖国和平统一有所借鉴和启发。

本书由课题负责人黎昕担任主编，负责全书总体框架设计和统稿。全书撰写分工情况如下：第一章由许维勤撰写；第二章由陈萍撰写；第三、四章由刘凌冰撰写；第五章由陈宇海撰写；第六章由陈美霞撰写；第七章由黎昕撰写。在统稿的过程中，部分章节由主编做了较大的修改。

在研究和撰写的过程中，我们参考了国内外学者有关这方面的研究成果，在此表示由衷的谢意。中国书籍出版社的编辑也为本书的出版付出了辛勤的劳动，在此一并表示感谢。

由于我们时间和水平所限，本书不可避免地存在着一些不足之处，敬请批评指正。

黎 昕

2015 年 8 月 20 日

图书在版编目（CIP）数据

闽台文化交流与合作研究 / 黎昕主编.
—北京：中国书籍出版社，2015.10
ISBN 978-7-5068-5549-5

Ⅰ.①闽… Ⅱ.①黎… Ⅲ.①文化交流—研究—福建省、台湾省 ②文化产业—产业合作—研究—福建省、台湾省 Ⅳ.①G127.57 ②G127.58

中国版本图书馆CIP数据核字（2016）第101020号

闽台文化交流与合作研究

黎　昕　主编

责任编辑	毕　磊
责任印制	孙马飞　马　芝
版式设计	中尚图
出版发行	中国书籍出版社
地　　址	北京市丰台区三路居路97号（邮编：100073）
电　　话	（010）52257143（总编室）（010）52257140（发行部）
电子邮箱	chinabp@vip.sina.com
经　　销	全国新华书店
印　　刷	北京汉玉印刷有限公司
开　　本	710毫米×1000毫米　1/16
字　　数	200千字
印　　张	14.25
版　　次	2016年6月第1版　2016年6月第1次印刷
书　　号	ISBN 978-7-5068-5549-5
定　　价	42.00元

版权所有　翻印必究